나는 초민감자입니다

나는　　초민감자입니다

지나친 공감 능력 때문에 힘든 사람을 위한 심리치료실

주디스 올로프 지음 · 최지원 옮김

라이팅하우스

평소 "제발 좀 대범해져라"라는 말을 들어본 적 있는가? 민감한 성격 때문
에 고통을 받을 때도 있지만, 덕분에 더 큰 기쁨과 공감, 영성, 창의성을 누
리고 있다고 생각하는가? 그렇다면 이건 당신을 위한 책이다. 이 책은 당신
처럼 공감의 말로 가득 차 있다. 『나는 초민감자입니다』는 갈수록 냉혹해지
지만 여전히 아름다움을 간직한 이 세상에서 당신의 참모습과 재능을 깨닫
고 건강하게 살아갈 힘을 주는 책이다.

— 수전 케인
뉴욕타임스 베스트셀러 『콰이어트』의 저자

주디스 올로프는 신경과학과 직관, 에너지 의학을 결합해서 타인에 대한
동정심과 공감 능력은 그대로 간직한 채 강인하고 튼튼하게 이 세상을 살
아갈 수 있는 방법을 알려준다.

— 디팩 초프라
『슈퍼 유전자』의 저자

『나는 초민감자입니다』는 경이롭고 따뜻하며 지혜로 가득하다. 마치 슬기
로운 언니가 극도의 민감성을 다루는 자신만의 경험을 전수해주는 느낌이
다. 민감성이란 때론 골치 아프지만 아주 놀라운 재능이다. 누구나 극도로

민감한 사람을 한 명쯤은 알고 있을 것이다. 당신 자신일 수도 있고, 형제나 자매, 배우자, 직장 동료, 친구일 수도 있다. 그리고 세상은 그들에게 가혹하다. 이 책에는 민감성을 포용해서 축복으로 바꾸는 실용적인 방법이 꾹꾹 눌러 담겨 있다.

― 로린 로슈
『래디언스 수트라』의 저자

지금은 초민감자의 시대다. 그리고 마침내 일상을 살아가며 자신의 높은 민감성을 관리하는 방법을 가르쳐주는 가이드북이 나왔다. 그야말로 환상적이고 시의적절하다. 우리 모두가 읽어야만 하는 책이다.

― 캐롤라인 미스
『영혼의 해부』와 『영혼의 지문』의 저자

이 획기적인 책은 우리가 초민감자를 더욱 깊이 이해할 수 있도록 인도해준다. 전문적인 의학 지식과 초민감자로서 겪은 실제 경험, 힘든 세상살이를 이겨낼 실용적인 방법까지 한데 버무려낸 주디스 올로프는 가히 이 분야의 선구적인 학자라 할 수 있다. 이 책은 단순히 극도로 민감한 사람들이 어떻게 살아야 하는지 가르쳐주는 데서 끝나지 않고, 자신의 능력에 집중해서 스스로를 성장시키는 일련의 도구를 개발할 수 있게 도와준다. 우리 안의 초민감자를 발견하게 도와주는 놀라운 책이다.

― 조 디스펜자 박사
뉴욕타임스 베스트셀러 『당신이 플라시보다』의 저자

올로프 박사가 전 세계의 초민감자들에게 『나는 초민감자입니다』라는 멋진 선물을 선사했다. 이 책을 읽으면 에너지 뱀파이어로부터 스스로를 지켜내고, 건강한 경계선을 설정할 수 있으며, 민감성이야말로 진정한 재능임을 깨닫게 될 것이다.

— 크리스티안 노스럽
뉴욕타임스 베스트셀러 『여성의 몸 여성의 지혜』의 저자

혼란스러운 세상에 압도되지 않고, 더욱 민감하면서도 강력한 사람이 되는 법을 배우고 싶다면 반드시 읽어야 할 책이다. 민감한 연인이나 가족을 더 잘 이해하고 싶은 사람에게도 추천한다. 쉽게 읽히고, 요점을 바로 짚어주는 데다가, 동정심 때문에 소진되지 않고 건강하게 살아갈 수 있는 실용적인 방법이 들어 있다. 정신과 의사이자 초민감자인 올로프 박사는 나르시시스트 같은 뱀파이어들을 상대할 때 건강한 선을 그어 감각 과부하를 막는 법을 가르쳐준다. 삶의 고비마다 두고두고 꺼내볼 만한 인생의 지침서다. 적극 추천한다!

— 조앤 보리센코 박사
뉴욕타임스 베스트셀러 『몸을 돌보고 마음을 고치자』

『나는 초민감자입니다』는 극도로 민감한 사람들에게 던져주는 구명조끼와도 같다. 하지만 파트너의 스트레스에 전염되지 않으면서 서로가 더욱 공감하는 관계를 만들고 싶은 보통 사람들에게도 적극적으로 추천한다.

— 존 그레이 박사
세계적 베스트셀러 『화성에서 온 남자 금성에서 온 여자』의 저자

어떤 책들은 병리학적 측면만 지나치게 강조한다. 하지만 주디스 올로프의 『나는 초민감자입니다』는 특정한 인간군을 사람 냄새가 나게 묘사한다.

이들의 특성과 재능을 일반적인 인간 경험의 범위 안에서 바라보면서, 그 특별함을 인정해주는 것이다. 누구나 한번쯤 이 책을 읽으면서 인간의 다양성에 대한 견해를 넓히고, 특수한 재능에 따르는 어려움에 공감하길 바란다.

— 하빌 헨드릭스 박사와 헬렌 헌트 박사
뉴욕타임스 베스트셀러『연애할 땐 Yes 결혼하면 No가 되는 이유』의 공동저자

개인적인 변화나 전 지구적 차원의 변화 때문에 고통받거나 민감해지는 사람은 이 책에 빠져들 수밖에 없을 것이다. 타고난 민감성 때문에 억울한 오해를 받고 상처받기 쉬운 사람들을 위한 조언과 대처법, 방어 기술 등이 담겨 있다. 사랑과 이해가 넘치는 걸작이다.

— 조 비테일
『호오포노포노의 비밀』의 저자

사랑이나 동정심으로 함부로 다른 사람에게 마음을 열었다가는 도리어 공격을 당해서 영적으로나 정신적으로 상처받을 수 있다는 사실을 깨달은 사람들이 많을 것이다. 하지만 초민감자들이여 힘을 내라! 상처가 두려워 공감 능력을 버리는 건 해결책이 아니다. 남에게 공감하더라도 상처 입거나 공격받지 않도록 방어하는 기술을 개발하면 된다. 주디스 올로프 박사의 『나는 초민감자입니다』가 그 방법을 가르쳐줄 것이다. 여러분을 위한 필독서다. 각종 치유법과 함께 심리학, 의학에서 오랫동안 등한시해온 문제를 정면으로 제시한다.

— 래리 도시 박사
『원 마인드』의 저자

타고난 공감 능력이

인간의 가장 존귀한 자질을 만들어내는 원천입니다.

— 제14대 달라이 라마

당신도 초민감자입니까?

저는 14년간 서던캘리포니아대학교(USC)와 캘리포니아대학교 LA 캠퍼스(UCLA)에서 의과대학 교수이자 정신과 전문의로 일했습니다. 또한 초민감자이기도 하죠. 현재까지 20년 넘게 의사 생활을 하며 저처럼 극도로 민감한 사람들을 전문적으로 치료하고 있습니다. 저마다 수준은 달라도 인간이라면 누구나 어느 정도의 민감성을 지니고 있습니다. 하지만 그중에서도 초민감자는 세상의 괴로움과 즐거움을 가리지 않고 빨아들이는 감정의 스펀지입니다. 우리 초민감자들은 때때로 모든 것을 지나칠 정도로 감지하며, 타인과 나 사이를 막아주는 방어벽이 아주 낮습니다. 그러다 보니 자주 과도한 자극을 받아 압도되고, 기진맥진하거나 감정의 과부하에 걸리기 쉽죠.

저는 이 주제에 직업적인 동시에 개인적인 열정을 갖고 있습니다. 저 자신이 초민감자로서 겪는 어려움을 극복하려고 분투하며 살아왔기 때문입니다. 그 덕분에 구체적인 전략을 개발해서 제 안의 민감성을 지키며 장점을 극대화할 수 있었죠. 이 성격에는 좋은 점이 놀랍도록 많거든요.

여러분에게도 균형 잡히고 자율적이며 행복한 초민감자가 되는 비결을 가르쳐드리고 싶습니다. 그러려면 타인의 에너지와 질환, 스트레스에 전염되지 않는 법을 배워야만 합니다. 여러분이 사랑하는 사람과 지인들(가족, 동료, 상사, 부모, 연인 등)에게도 여러분을 돕고 함께 소통하는 법을 안내하고자 합니다. 이 책을 통해 지금까지 언급한 목표를 어떻게 달성할 수 있는지 보여드리겠습니다.

『나는 초민감자입니다』는 저처럼 민감한 부류의 사람들이 거칠고 잔인하며 민감성을 업신여기는 세상에서 이해와 인정을 받도록 돕기 위한 안내서입니다. 저는 이 책으로 현 세태에 이의를 제기하고, 어떤 범주에 속한 사람에게든 민감성을 바라보는 새로운 표준을 제시하려 합니다. 민감한 것은 절대 '잘못'이 아닙니다. 오히려 가장 '바람직한' 점을 곧 발견하게 될 겁니다. 이 책은 물론이고 초민감자를 위한 워크숍을 통해 든든한 초민감자 지지 공동체들이 자발적으로 생겨나는 것이 저의 소원입니다. 그래서 여러분 각자가 자신이 속한 집단 안에서 진정한 자아를 마음껏 드러내고 밝게 빛날 수 있으면 좋겠습니다. 저는 이처럼 자신의 민감성을 감사히 여기는 사람들의 운동을 뒷받침하고 싶습니다. 사랑의 서클에 들어오신 것을 환영합니다! 제가 전하고자 하는 메시지는 희망과 포용입니다. 자신의 재능을 기꺼이 받아들이고, 초민감자로서의 여정에서 그 능력을 최대한 발휘하시기 바랍니다.

초민감자란 무엇인가?

초민감자의 신경계는 극도로 예민합니다. 우리는 남들처럼 외부 자극을 차단하는 필터가 없습니다. 그래서 우리의 신체는 주변에 흐르는 긍정과 고통의 에너지를 무차별적으로 흡수합니다. 얼마나 예민한가 하면, 물체를 움켜쥔 손의 손가락이 다섯 개가 아닌 오십 개인 것에 비유할 수 있습니다. 진정한 과민 반응자라고 할 수 있죠.

연구 결과에 따르면 전체 인구의 약 20%가 과민 증상을 겪고 있다고 합니다. 물론 개개인의 민감도에는 차이가 있지만요. 초민감자는 종종 '지나치게 예민한 사람'이라는 꼬리표를 달고 다니며 "사람이 좀 대범해져라"라는 충고를 듣습니다. 어릴 때나 성인이 되어서나 우리는 민감성을 격려받기보다 그로 인해 창피를 당해왔습니다. 만성피로에 시달리는 경우도 많고, 세상이 너무 위압적으로 느껴져 수시로 도망치고 싶을 때도 있습니다. 하지만 지금의 저는 억만금을 준다 해도 초민감자로 살아가는 것을 포기할 생각이 없습니다. 초민감자인 덕분에 세상의 비밀을 감지하고, 무의식 너머에 있는 저의 깊은 열망을 이해할 수 있으니까요.

하지만 저라고 초민감자로서의 능력을 늘 자랑스러워한 건 아닙니다.

초민감자로 자란다는 것

초민감자인 아이들이 대개 그렇듯 저도 남들과 잘 어울리지 못했습니다. 제가 지구에 떨어진 외계인이고, 진짜 고향 별로 돌아갈 날을 기다리는 중이라고 생각할 정도였죠. 집 앞마당에 앉아 은하계를 올려다보며 고향에 데려가줄 우주선이 와주기를 바라던 기억이 납니다. 저는 외둥이라 대부분의 시간을 혼자 보냈습니다. 저의 민감성을 이해할 만큼 서로 통하는 사람도 전혀 없었습니다. 저 같은 사람은 아무리 봐도 없었죠. 두 분 다 의사였던 저희 부모님은(저희 집안에서는 의사만 25명이 나왔는데) 이렇게 다그치셨습니다. "마음을 강하게 먹고 대담해져 봐." 하지만 저는 그러고 싶지 않았거나 그렇게 하는 법을 아예 몰랐습니다. 사람들로 바글거리는 쇼핑몰이나 파티에는 갈 엄두도 못 냈습니다. 아무렇지도 않게 들어가도 나올 때는 지치고 어지럽고 불안한 데다가, 원래 없던 통증과 고통이 밀려올 테니까요.

당시에는 몰랐지만 인간은 누구나 자기 몸을 둘러싼 미세한 에너지장이 있습니다. 신체 내부로부터 뿜어져 나오는 이 옅은 방사광은 짧으면 몇 센티미터, 길면 수십 센티미터까지 뻗어 나갑니다. 이러한 에너지장은 사람의 감정과 신체의 건강 상태 같은 정보를 외부로 전달합니다. 붐비는 장소에서는 다른 사람들의 에너지장이 우리의 에너지장과 겹치게 되죠. 저는 온갖 강렬한 감각을 느꼈지만 그게 무엇인지, 어떻게 해석해야 할지 전혀 몰랐습니다. 군중 속에 있으면 그저 불안하고 피곤했죠. 그럴 때면 거의 항상 도망치고 싶었습니다.

로스앤젤레스에서 보낸 10대 시절에는 민감성을 떨쳐버리려고 약물에 심하게 의존했습니다(여러분에게 이 방법을 추천하는 건 아닙니다). 그렇게 하면 민감성이 무뎌져서 견딜 만했거든요. 다른 친구들처럼 파티에 참석하거나 쇼핑몰에 놀러 다닐 수 있었고, 기분도 좋았습니다. 얼마나 안심이 됐는지 모릅니다. 직감과 공감 능력을 차단하려고 약물에 의존하게 된 과정에 대해서는 제 자서전인 『미래를 내다보는 눈(Second Sight)』에도 기술한 바 있습니다. 하지만 제가 약에 취해 교통사고로 목숨을 잃을 뻔하자 부모님은 하얗게 질려서 저를 정신과 상담실로 보내셨습니다. 오스틴 미니 쿠퍼를 타고 새벽 3시에 토팡가 캐니언을 달리다가 450m 높이의 절벽에서 사고를 냈으니까요.

저는 진료 내내 본능적으로 의사에게 맞섰습니다. 하지만 인간의 모습을 한 이 천사 덕분에, 온전한 인간이 되려면 민감성을 회피하지 말고 있는 그대로 받아들여야 한다는 사실을 난생처음 깨달았죠. 바로 그때부터 치료가 시작됐고, 제가 초민감자라는 사실을 완전히 받아들이게 됐습니다. 어린 시절에는 제가 지닌 공감 능력과 직감 때문에 너무 두려웠지만, 이런 능력을 포용하는 법을 배우며 의사이자

> *자신이 세상과 잘 안 맞는다는 느낌이 든다면, 당신은 더 나은 세상을 만들러 온 사람이다.*
> – 작자 미상

한 여성으로서 성숙해질 수 있었습니다. 더욱 갈고 닦으며 지지해야 할 소중한 능력이었던 거죠. 그런 이유로 저는 심리 상담과 워크숍을 통해 초민감자들을 전문적으로 돕게 됐습니다.

네, 우리 초민감자들도 세상을 위해 크게 활약할 수 있습니다. 공감이야말로 세상에 꼭 필요한 치료제니까요.

초민감자의 특징

이제 초민감자들이 겪는 일을 더 구체적으로 살펴봅시다. 여러분 자신, 혹은 연인이나 가족, 동료를 초민감자로 정의할 수 있을지 읽어보고 판단하시기 바랍니다.

우선 일반적인 공감과 초민감자의 특성에는 어떤 차이가 있을까요? 흔히 말하는 공감이란 다른 사람이 힘든 시기를 보낼 때 연민의 정을 느끼는 겁니다. 누군가에게 기쁜 일이 생겼을 때 행복한 마음이 드는 것도 공감이라고 할 수 있죠. 하지만 우리 같은 초민감자는 대부분의 사람들에게 있는 필터가 없어서 타인의 감정과 에너지, 신체 증상을 우리 몸으로 고스란히 느낍니다. 다른 사람의 슬픔은 물론이고 기쁨까지 직접 경험하는 겁니다. 우리는 타인의 목소리 톤이나 신체 움직임에 극도로 예민합니다. 그래서 남들이 입으로 꺼내지는 않지만 침묵 속에서 비언어적으로 하는 말까지 듣습니다. 초민감자는 먼저 느끼고, 그다음에 생각합니다. 지적 능력이 과도하게 강조되는 현 사회에서 대부분의 사람들과 정반대로 기능하는 겁니다. 우리는 세상으로부터 우리를 차단해주는 벽이 없습니다. 거의 태어나자마자 보호막을 세운 다른 사람들과 현저히 다를 수밖에 없죠.

초민감자는 심리학자 일레인 아론(Elaine Aron)이 '매우 민감한 사람(HSP-Highly Sensitive People)'이라고 명명한 부류의 대표적인 특징 중 일부 혹은 전체를 공유합니다. 이들은 자극의 임계점이 낮고, 혼자 있는 시간이 필요하며, 빛과 소리, 냄새에 민감한 데다가, 대규모로 어울리는 걸 싫어하죠. 또한 바쁜 하루를 보낸 후 긴장을 완화하는 데 남보다 오랜 시간이 소요됩니다. 강한 흥분 상태에서 차분하고 침착한 상태로 전환되는 시스템의 성능이 느리기 때문이죠. 자연환경과 조용한 분위기를 좋아한다는 점도 초민감자와 매우 민감한 사람들의 공통분모입니다.

하지만 초민감자는 매우 민감한 사람들보다 몇 걸음 더 나아갑니다. 우리는 동양의 치유 전통에서 말하는 '샥티(Shakti : 힌두 철학에서 우주 전체에 흐르는 창조적인 힘-역주)'나 '프라나(Prana : 모든 생명 안에 존재하는 생체 에너지를 뜻하는 힌두교 개념-역주)' 같은 미세 에너지를 감지하고 이를 우리 몸속으로 흡수합니다. 매우 민감한 사람들은 그렇지는 않죠. 이런 능력 덕분에 우리는 주변에 흐르는 에너지를 매우 심도 있게 경험합니다. 인간의 감정이나 신체 감각을 비롯한 모든 것은 미세 에너지로 구성되기에, 우리는 타인의 기분과 고통, 다양한 신체 감각을 왕성하게 빨아들여 내면화합니다. 때로는 남의 고통을 자신의 고통과 구분 못 해서 힘들어하기도 하죠. 초민감자 중에는 심오한 영적, 직관적 경험을 하는 사람들이 있지만, 단순히 민감한 사람들은 이런 일을 겪는 경우가 거의 없습니다. 심지어 어떤 초민감자들은 동물과 자연, 혹은 자기 내면의 인도자와 자유롭게 대화도 나눕니다. 그렇다고 해서 매우 민감한 사람이 초민감자가 아니라는 법은 없고, 반대도 마찬가지입니다. 한 사람이 두 가지 다일 수도 있습니다.

자신이 초민감자인지 확인하려면, 다음 중 하나 이상의 유형에 속하는지 따져보십시오.

초민감자의 일반적인 유형

신체적 초민감자 다른 사람의 신체 증상에 유달리 쉽게 동조하고 그것을 자기 몸 안으로 흡수하는 경향이 있다. 또한 누군가가 건강한 상태일 때 자신도 활기가 솟는다.

정서적 초민감자 다른 사람의 감정을 주로 감지하며, 행복이든 슬픔이든 가리지 않고 스펀지처럼 빨아들인다.

직관적 초민감자 고도의 직감, 텔레파시, 메시지가 있는 꿈, 동식물과의 의사소통 등 비범한 인지 현상을 경험한다. 아래와 같은 유형으로 나뉘며 각각의 특징은 다음과 같다.

- **텔레파시 초민감자**는 타인에 관한 직관적인 정보를 즉각적으로 수신한다.
- **예지적 초민감자**는 깨어 있을 때나 수면 중에 미래의 징후를 본다.
- **꿈 초민감자**는 꿈을 매우 자주 꾸고, 거기서 다른 사람을 돕거나 그들의 삶을 인도해줄 직관적인 정보를 얻는다.
- **식물 초민감자**는 식물의 욕구를 느끼고, 그들의 본질에 다가갈 수 있다.
- **지구 초민감자**는 지구와 태양계, 날씨 변화에 주파수가 맞춰져 있다.
- **동물 초민감자**는 동물의 생각을 이해하고, 그들과 교감할 수 있다.

초민감자가 지닌 극도의 민감성은 이토록 다양하고 아름다울 만큼 미묘하게 발현됩니다(지금 수준의 과학으로는 완벽히 규명할 수 없는 영역도 포함됩니다). 여러분은 위의 유형 중 하나, 혹은 그 이상에 속할 수 있습니다. 음식 초민감자(음식의 에너지에 주파수가 맞춰진 사람)나 관계·성 초민감자(파트너나 친구의 기분, 성욕, 신체 건강에 주파수가 맞춰진 사람) 등 신체적·정서적 초민감자의 구체적인 유형은 이후에 다른 장에서 소개해드리겠습니다. 자신만의 특별한 재능이 무엇인지 분간하게 되면, 그것을 통해 더욱 윤택한 삶을 누릴 수 있을뿐더러 다른 이들까지 도울 수 있다는 사실도 깨닫게 될 겁니다.

관계를 맺는 방식 : 내향적 초민감자와 외향적 초민감자

신체적, 정서적, 직관적 초민감자는 각각 다른 방식으로 타인과 어울리고 세상과 교류합니다. 초민감자는 대개 내향적이지만 외향적인 경우도 더러 있습니다. 두 가지 성향이 결합된 초민감자도 있죠. 저처럼 내향적인 초민감자는 사교 행위나 잡담을 인내하는 능력이 거의 없습니다. 그래서 모임에 가면 말수가 더 줄어들고 일찍 자리를 뜨곤 하죠. 또한 모임 장소에 갇혀 있는 느낌이 들거나 차를 태워줄 사람에게 의존해야 하는 상황을 피하려고 직접 차를 몰고 갈 때가 많습니다.

저는 소수의 친한 친구들과 어울리는 걸 좋아하고, 규모가 큰 파티나 모임은 웬만하면 피하는 편입니다. 내향적인 사람들이 흔히 그렇듯 수다 떠는 걸 싫어하고, 어떻게 하는 건지도 잘 모릅니다. 여러 사람과 어울릴 때는 두세 시간만 지나도 과잉 자극을 받아 힘들어하죠. 제 친구들은 이런 저를 잘 알아서 먼저 가 보겠다며 일어서도 기분 나빠하지 않습니다.

반면에 외향적인 초민감자는 남들과 교제할 때 말이 많고 대화를 이어갈 줄 알며, 내향적

초민감자들은 대체로 잡담을 즐기지 않는다. 에너지가 고갈되기 때문이다.
– 주디스 올로프

인 초민감자에 비해 농담도 편하게 주고받습니다. 친목을 도모하는 자리에서도 지치거나 과잉 자극을 받지 않고 비교적 오래 머물 수 있죠.

어떻게 초민감자가 되는가?

여러 요인이 작용할 수 있습니다. 어떤 아기들은 남보다 훨씬 강한 민감성을 갖고 태어납니다. 선천적인 기질인 거죠. 엄마 뱃속에서 나오는 것만 봐도 이를 실제로 알아볼 수 있습니다. 이런 아기들은 빛과 냄새, 신체 접촉, 움직임, 온도, 소리 등에 훨씬 더 크게 반응하거든요. 또한, 저의 내담자들과 워크숍 참가자들을 관찰한 결과, 어느 정도의 민감성은 유전되는 것으로 보입니다. 매우 민감한 아이의 경우, 어머니와 아버지에게 그러한 성질을 물려받았을 가능성이 있다는 거죠. 그뿐 아니라 양육도 한몫합니다. 어린 시절에 방치되거나 학대받은 경험은 성인이 된 후의 민감성에 영향을 줍니다. 제가 상담한 초민감자 중 일부는 어린 시절에 정서적 혹은 신체적 학대를 당한 트라우마가 있거나, 알코올의존증, 우울증, 자기애성 성격 장애가 있는 부모 밑에서 자랐습니다. 그런 환경 때문에 자상한 부모 밑에서 자란 아이에게 자연스럽게 발달하는 튼튼한 보호막이 손상됐을 가능성이 큽니다. 이렇게 성장한 아이들은 일반적으로 자기가 가족들의 눈에 '보이지 않는다'고 느끼며, 민감성을 중시하지 않는 더 큰 세상에 나가서도 자신을 투명인간처럼 생각합니다. 위의 모든 경우에 초민감자는 다른 사람들처럼 스트레스로부터 자신을 지키는 법을 학습하지 못합니다. 우리는 이런 면에서 남들과 다릅니다. 감각에 과부하가 걸리는 임계점이 지극히 낮기 때문에 성난 사람이나 군중, 소음, 밝은 빛처럼 유해한 자극에 쉽게 동요되는 겁니다.

과학으로 보는 초민감자

초민감자에게 일어나는 놀라운 현상은 여러 가지 과학 이론으로 설명될 수 있습니다.

거울 뉴런 시스템
과학자들은 사람의 공감 능력에 관여하는 일련의 뇌세포를 발견했습니다. 이 세포들이 감정을 거울처럼 비추는 덕분에 인간은 타인의 고통이나 두려움, 기쁨 등을 느낄 수 있죠. 초민감자는 이러한 거울 신경의 반응성이 매우 높아서 타인의 감정에 깊이 공명한다고 여겨집니다. 이런 일이 어떻게 벌어지는 걸까요? '거울 신경세포(mirror neuron)'는 외부 사건에 의해 촉발됩니다. 예를 들어, 배우자가 다치면 우리도 아픔을 느낍니다. 자녀가 울면 우리도 슬퍼지고, 친구가 행복하면 우리도 행복감을 느끼죠. 반대로 사이코패스나 소시오패스, 나르시시스트는 학문적으로 '공감능력결핍장애(empathy deficient disorder, 4장 참조)'라는 증세가 있다고 알려졌습니다. 남들과 달리 공감하는 능력이 부족하다는 뜻으로, 거울 신경계의 기능 저하가 그 원인으로 추측됩니다. 이런 사람들은 누군가를 무조건적으로 사랑할 수 없기에 반드시 주의해야 합니다.

전자기장

두 번째 발견은 뇌와 심장 모두에서 전자기장(electromagnetic field)이 발생한다는 사실에 근거하고 있습니다. 하트매스 연구소(HeartMath Institute)에 의하면 이러한 전자기장은 인간의 생각과 감정 같은 정보를 전송합니다. 초민감자는 이런 정보의 인풋에 특히 민감하고, 압도되는 경향이 있습니다. 마찬가지로 지구나 태양의 전자기장 변화에 신체와 감정이 강력하게 반응하기도 하죠. 초민감자는 지구와 태양에서 일어나는 일이 우리의 마음과 에너지 상태에 영향을 미친다는 사실을 잘 알고 있습니다.

정서 전이

초민감자를 이해하는 데 도움이 되는 세 번째 발견은 '정서 전이(emotional contagion)'라는 현상입니다. 인간은 대부분 주변 사람들의 감정에 전염된다는 연구 결과가 있습니다. 신생아실에서 아기 한 명이 울기 시작하면 다른 아기들도 차례로 울음을 터뜨리죠. 또한 직장에서 누군가가 큰 소리로 분노를 표출하면 그 감정이 다른 직원들에게로 퍼져 나갑니다. 이처럼 집단 구성원들이 서로의 기분을 포착하는 건 흔한 일입니다. 뉴욕타임스의 최근 기사를 보면 타인의 마음에 동조하는 능력은 좋은 인간관계의 핵심입니다. 이런 사실이 초민감자에게 주는 교훈은 무엇일까요? 부정적 기운에 휩쓸리지 않으려면 긍정적인 사람을 골라 사귀어야 한다는 겁니다. 또한 친구가 힘든 시기를 보내고 있다면, 우리는 두 발을 땅에 단단히 박고 중심을 잡도록 각별히 주의해야 합니다. 이는 매우 중요한 전략으로, 이

후에 더욱 자세히 살펴볼 겁니다.

도파민 민감성

네 번째 발견은 뉴런을 활성화하고 쾌락 반응을 일으키는 신경전달물질인 도파민(dopamine)에 관한 겁니다. 연구 결과 내향적인 초민감자는 외향적인 초민감자보다 도파민에 훨씬 민감합니다. 다시 말해서, 내향적인 초민감자는 적은 도파민으로도 행복을 느낀다는 거죠. 그래서 혼자만의 시간이나 독서, 명상 등에 더욱 만족하고 파티나 대규모 사교 모임 같은 외부 자극을 덜 필요로 하는 겁니다. 반면에 외향적인 초민감자는 활기찬 행사에 가야 도파민이 솟구치기에 이를 갈망합니다. 어느 정도 수준으로는 만족 못 하는 경우가 많죠.

거울-촉각 공감각

다섯 번째 발견은 제가 특별히 주목하는 것으로, '거울-촉각 공감각(mirror-touch synesthesia)'이라는 기이한 상태입니다. 공감각은 뇌에서 두 가지 감각이 짝을 이루는 신경 현상으로, 예를 들어 음악을 듣거나 단어를 음미할 때 색상이 보이는 거죠. 아이작 뉴턴과 빌리 조엘, 이츠하크 펄먼 등이 공감각자로 유명합니다. 하지만 거울-촉각 공감각은 타인의 감정과 감각을 마치 자신의 것처럼 실제 자기 몸으로 느끼는 겁니다. 이는 초민감자의 경험을 설명하는 놀라운 신경학적 해석입니다.

초민감자 기질은 삶의 어떤 영역에 영향을 미치나?

우리 일상의 다음과 같은 영역에서 그 영향력을 찾아볼 수 있습니다.

건강　제 진료실이나 워크숍을 방문하는 초민감자들은 민감성을 극복할 실질적인 방법을 배우기 전이라 대부분 억눌리고, 피곤하고, 완전히 탈진한 상태로 찾아옵니다. 이미 광장공포증이나 만성피로, 섬유근육통, 편두통, 만성 통증, 알레르기, 부신피로증후군(번아웃의 일종) 같은 병명을 진단받은 분들도 많습니다. 정서적인 차원에서는 불안감이나 우울증, 공황발작 등을 겪기도 하죠. 이런 문제에 관해서는 1장에서 논의해 보겠습니다.

중독　민감성을 둔화시키려고 술이나 마약, 음식, 섹스, 쇼핑 등에 중독되는 초민감자들이 있습니다. 초민감자는 무의식적으로 자신을 안정시키려고 음식을 먹기 때문에 흔히 과식에 빠집니다. 또한 그렇게 불어난 살이 부정적인 에너지를 막는 방어막 역할을 하기 때문에 쉽게 과체중이 되죠. 2장에서는 보다 건강한 대응 양식에 대해 알아보겠습니다.

관계　초민감자는 자신도 모르게 해로운 파트너와 관계를 맺고, 이로 인해 불안과 우울, 또는 신체적 질병을 앓습니다. 나르시시스트를 비롯한 사랑할 능력이 없는 사람들에게 쉽게 마음을 허락하기 때문입니다. 초민감자는 사랑을 퍼주고 남들도 그렇게 해주길 바라지만, 그런 기대가 늘 충족되지는 않습니다. 또한 그들은 단지 파트너와 함께 있는 것만으로도 상대의 스트레스나 분노와 우울 같은 감정을 흡수해버리는데, 성관계를 할 때는 특히 취약해지죠. 3장과 4장에서는 과부하에 시달리지 않고 건강한 관계를 맺는 법과 인생에 해가 되는 사람들에게 명확히 선을 긋는 법을 배워봅니다.

직업 초민감자는 직장에서 에너지 뱀파이어에게 기운을 빼앗기면서도 자신을 지키기 위한 경계선을 긋지 못해 쩔쩔매는 경우가 많습니다. 5장에서는 스트레스가 심하거나 사생활이 보장되지 않는 업무 환경에서도 초민감자들이 중심을 지키고 기운을 보충할 방법을 알려드리겠습니다.

양육 초민감자인 부모는 자녀의 기분과 고통을 흡수하기 때문에, 자녀 양육이라는 고된 임무에 압도되거나 탈진해버리는 경향이 있습니다. 6장에서는 이런 일을 방지할 수 있는 비법을 살펴봅니다. 부모뿐만 아니라 초민감자인 자녀도 민감성을 주체 못 할 수 있습니다. 이런 아이의 부모는 특별한 교육을 통해 아이가 자신의 재능을 살려 잘 자랄 수 있도록 도와줘야 합니다.

직관 초민감자는 민감성이 높아서 남보다 직관적이기 때문에 다른 사람들의 에너지를 감지하고 예감이 뛰어나며, 동물과 대화하고 강력한 꿈을 꿉니다. 7장에서는 어떻게 하면 이런 능력을 안정적인 방식으로 활용할 수 있는지 살펴봅니다.

당신은 초민감자입니까?

초민감자 자가 진단을 위해 아래의 각 문항에 '그렇다' 혹은 '그렇지 않다'로 답하세요.

- 지나치게 민감하고 수줍음이 많다거나, 내성적이라는 말을 들어본 적 있는가?
- 자주 압박감을 느끼고 불안해지는가?
- 말싸움이나 고함을 들으면 불편한가?
- 무리에 섞이지 못한다는 기분이 자주 드는가?
- 군중 속에 있으면 녹초가 되기 때문에, 혼자만의 시간을 통해 기운을 차려야 하는가?
- 소음이나 불쾌한 냄새, 쉴 새 없이 떠드는 사람을 견디기 힘든가?
- 화학물질에 민감하거나 따끔거리는 옷을 잘 못 입는가?
- 어디를 가든 일찍 나오고 싶을 경우를 대비해 본인의 차를 가져가는 편인가?
- 스트레스를 받으면 과식을 하는가?
- 친밀한 관계로 인해 숨이 막히게 될까 두려운가?
- 깜짝깜짝 잘 놀라는가?
- 카페인이나 약물에 과민하게 반응하는가?
- 작은 고통도 참기 힘든가?
- 사회적 고립을 택하는 편인가?

- 다른 사람의 스트레스나 감정, 신체 증상을 흡수하는가?
- 멀티태스킹을 감당하기 힘들어서 한 번에 한 가지 일만 하는 게 편한가?
- 자연 속에서 재충전을 즐기는가?
- 어려운 사람이나 에너지 뱀파이어를 상대한 후 회복하는 데 오랜 시간이 걸리는가?
- 대도시보다 소도시나 시골에서 편안함을 느끼는가?
- 여럿이 모이는 것보다 일대일이나 적은 인원과 교류하는 게 좋은가?

이제 결과를 계산해 보세요.
- '그렇다'고 답한 문항이 1~5개라면, 당신은 최소한 부분적인 초민감자입니다.
- '그렇다'고 답한 문항이 6~10개라면, 당신은 초민감자의 성향이 중간 정도입니다.
- '그렇다'고 답한 문항이 11~15개라면, 당신은 초민감자의 성향이 강합니다.
- '그렇다'고 답한 문항이 15개 이상이라면, 당신은 완전한 초민감자입니다.

자신이 어느 정도의 초민감자인지를 알면 스스로의 욕구와, 그것을 채우기 위해 필요한 전략이 명확해집니다. 이는 자신의 삶에서 안전

지대를 확보하는 데 필수적인 지식입니다.

초민감자로 사는 일의 좋은 점과 나쁜 점

초민감자는 좋은 점과 나쁜 점 모두를 갖고 있습니다.

일반적인 장점

저는 초민감자라는 사실을 기쁘게 여깁니다. 민감하기에 누릴 수 있는 축복 속에서 하루하루 감사하며 살아가고 있죠. 직관적으로 판단하고, 세상의 에너지 흐름을 느끼며, 다른 사람의 마음을 읽고, 삶과 자연을 향해 나 자신을 한껏 열어젖히고 풍성함을 맛볼 수 있어서 행복합니다.

초민감자에게는 훌륭한 특징이 많습니다. 우리는 가슴이 따뜻하고, 곤경에 처하거나 경제적으로 어려운 사람을 돕고 싶어 하는 본능이 있습니다. 우리는 꿈꾸는 사람이며 이상주의자입니다. 열정적이고, 사려 깊으며, 창의적인 데다가, 감정에 솔직하고, 인정이 많으며, 큰 그림을 볼 수 있죠. 게다가 다른 사람의 감정을 잘 알아채서 충실한 친구나 배우자가 될 수 있습니다. 우리는 직관적이고 영적이며, 에너지를 감지할 수 있습니다. 자연 세계와 친밀하게 교감하고, 그 속에서 집에 온 것 같은 편안함을 느끼죠. 식물과 숲, 정원 같은 자연과 공명하고, 물을 사랑하는 경우가 많습니다. 따뜻한 물이 담긴 자궁과도 같은 욕조에 몸을 푹 담글 때나 강과 바다 근처에 살 때, 물은 우리의 기운을 북돋아줍니다. 그뿐 아니라 우리는 반려동물과 강한 직관적 유대감을 느낍니다. 동물의 생각을 읽기도 하고, 동물 구조나 동물 커뮤니케이션과 관련된 일에 참여하기도 합니다.

일반적인 어려움

초민감자로서 겪는 곤란을 극복하고 대처법을 늘려가다 보면, 모든 이점을 온전히 즐길 수 있는 날이 올 겁니다. 제가 개인적으로 아는 것에 더해 내담자와 워크숍 참가자들에게서 발견한 일반적인 어려움은 아래와 같습니다.

- **과잉 자극을 받는다.** 다른 사람들과 같은 방어막이 없기에 신경 말단이 쓰라린 느낌을 받거나 쉽게 닳아서 탈진합니다. 매일 혼자만의 시간을 충분히 확보해서 자신을 재충전하고 긴장을 풀어 주지 않으면 과도한 자극과 감각 과부하의 부작용으로 인해 고통받게 됩니다.

- **타인에게서 스트레스와 부정적 기운을 흡수한다.** 어떤 감정이나 신체적 불쾌감이 자기 것인지 남의 것인지 구분하지 못할 때가 있습니다. 타인의 고통에 전염되면 통증부터 불안감까지 다양한 육체적, 정신적 증상이 나타납니다.

- **격렬한 감정을 느낀다.** 사람이나 동물이 등장하는 폭력적이고 무자비한 영화를 잘 못 봅니다. 잔인한 장면을 보면 너무 고통스럽기 때문이죠. 또한, 세상의 모든 짐을 혼자 짊어진 듯 이웃이나

뉴스에서 본 피해자들의 고통에 괴로워합니다.

- **정서적·사회적 숙취를 경험한다.** 너무 많은 사람이나 강렬한 감정에 둘러싸이고 나면, 한참이 지난 후에도 감각 과부하로 인한 불쾌감이 오래 지속됩니다.

- **고립감과 외로움을 느낀다.** 세상이 너무 두려워서 자신을 고립시키거나 다른 사람들과 거리를 두는 경우가 있습니다. 그런 당신을 남들은 오히려 매정한 사람으로 보죠. 대부분의 초민감자들은 안전을 확보하려고 주위를 극도로 경계하는데, 다른 사람들은 이를 멀리 떨어지라는 신호로 인식할 수 있습니다. 또한, 가식적인 사람 앞에서는 그대로 얼어버립니다. 이 때문에 무관심한 사람으로 보일지 몰라도, 이는 분명한 방어기제입니다. 초민감자 중에는 남들과 거리를 유지하려고 온라인으로 사람을 사귀는 걸 선호하는 사람들도 있습니다. 그렇게 하면 상대의 고통과 스트레스를 덜 흡수할 수 있으니까요.

- **정서적 탈진을 경험한다.** 인정이 많은 성격이라 사람들이 자신의 인생 이야기를 털어놓으려고 당신 주위로 몰려드는 것도 불리한 점입니다. 저는 어릴 때부터 '제가 도와드릴게요'라는 표지판을 달고 다니는 사람 같았습니다. 그래서 초민감자는 남들과 선을 분명하게 긋고 '과도한 관심'을 쏟지 않는 훈련을 해야 합니다.

- **빛, 냄새, 맛, 촉감, 온도, 소리 등에 과민하다.** 저를 포함한 대다수의 초민감자는 시끄러운 소리와 밝은 불빛을 고통스러워합니다. 그런 것들은 우리 안으로 침투해 신체에 충격을 주죠. 저는 구급차가 지나가면 귀를 막습니다. 낙엽 청소기나 시끄러운 기계음을 들으면 심하게 거슬립니다. 불꽃놀이의 폭발음도 참기 힘듭니다. 이런 소리를 들으면 화들짝 놀라고, 겁먹은 강아지처럼 반응하죠. 초민감자는 강렬한 감각의 인풋에 민감해서 강한 놀람 반응을 보입니다. 배기가스와 향수처럼 자극적인 향이나 화학 성분의 냄새를 맡으면 메스껍고, 알레르기 반응을 일으키거나 호흡이 곤란해지기도 합니다. 또한 극심한 더위나 추위에 민감하며, 에어컨 바람을 싫어하는 경향이 있습니다. 폭풍우나 돌풍, 폭설처럼 혹독한 날씨가 찾아오면 어떤 초민감자는 활력이 생기거나 탈진합니다. 밝은 보름달을 보면 어떤 초민감자는 기운이 솟아나거나 혹은 그 반대를 겪습니다.

- **친밀한 관계에서 요구 사항을 표현해야 한다.** 초민감자는 누군가와 같은 공간에서 생활하거나 침대를 함께 쓰면 특별한 요구 사항이 생깁니다. 대부분은 독립된 공간이 필요하고, 쾌적한 잠자리를 위해 침대를 따로 써야 하는 경우도 있죠. 자신의 요구 사항을 파트너와 구체적으로 상의하는 것은 초민감자에게 아주 중요한 일입니다.

성별에 따른 특수한 장애 요소

초민감자의 민감성은 남성과 여성에게 각기 다른 방식으로 장애가 됩니다. 물론 겹치는 부분도 상당하지만요.

남성 초민감자는 많은 경우에 민감성을 부끄러워하며 이에 대해 말하기를 꺼립니다. 자신이 '남자답지' 못하다고 느낄 수도 있습니다. 어릴 때부터 성 고정관념과 싸워야 하고, '울보'처럼 굴지 말라든지 '사내처럼 행동하라'는 훈계를 들으며 자라죠. '강한 남자는 울지 않는다'고 배우기 때문에, 민감한 남자아이는 '계집애' 같다며 학교에서 괴롭힘을 당합니다. 또한, 미식축구나 축구처럼 몸싸움이 거친 스포츠에 매력을 못 느끼는 경우에는 다른 아이들에게 놀림과 따돌림을 당하죠. 그래서 종종 자신의 감정을 억누르고 침묵 속에서 괴로워하는데, 이는 결과적으로 관계와 직업, 건강에 부정적인 영향을 끼칩니다. 매우 민감한 성격으로 유명한 남성으로는 에이브러햄 링컨과 알베르트 아인슈타인, 짐 캐리 등이 있습니다.

저는 민감한 남자가 굉장히 매력적이라고 생각합니다. 앨라니스 모리셋(Alanis Morissette)의 노래 '상처받기 쉬운 남자를 찬양하며(In Praise of the Vulnerable Man)'도 무척 좋아하죠. 균형 잡힌 사람이 되려면 남성도 민감한 면이 있어야 합니다. 남성성을 드러내는 법을 배우지 못해 지나치게 여성적인 남자들을 말하는 게 아닙니다. 균형 잡힌 남자는 민감성을 내보일 만큼 강하고, 기꺼이 상처 입을 만큼 인정감이 있습니다. 이런 남자들은 정서 지능도 높습니다. 자신이나 남의 감정을 두려워하지 않죠. 그렇기 때문에 인정 많고 매력적인 파트너나 친구, 리더가 됩니다.

반면 서양 문화권에서 여성 초민감자는 자신의 감정과 '여성적 직감'을 더 자유롭게 드러낼 수 있습니다. 그렇다고 해서 이 세상이 여성적인 힘을 너그럽게 받아주는 곳은 결코 아닙니다. 역사상 대부분의 시대가 여성성을 억압했습니다. 민감한 여성들에게 화형을 내린 중세 시대의 이교도 탄압이나 마녀재판을 생각해 보세요. 저도 직관에 관한 강연을 처음 시작할 때, 혹여 곤욕을 치르게 될까 두려웠습니다. 하지만 제 강연이 오랫동안 억눌려온 여성 선지자들의 에너지를 결속시키는 걸 보고 시대가 변했다는 걸 깨달았죠. 이제는 제 목소리를 내도 안전하다는 걸 알기에 불편한 마음이 사라졌습니다.

저를 찾아오는 여성 내담자들의 상당수도 오해받고 손가락질당하며 버림받을까 두려워 자신의 민감성을 함부로 드러내지 못하고 살아왔습니다. 하지만 우리는 인간관계에서 초민감자로서 자신에게 필요한 바를 솔직하

> 초민감자는 '지나치게 예민한' 사람이 아니에요. 민감성이라는 재능을 관리하는 법을 배워야 하는 사람이죠.
> – 주디스 올로프

게 표현할 줄 알아야 합니다. 어떤 여성 초민감자들은 공의존(共依存, codependency : 상대방과의 관계에 지나치게 의존하며 집착하는 상태) 관계에 빠지기도 합니다. 정이 많은 성격이라 자신보다 남을 돌보는 데 더 많은 시간을 할애하다 보니, 스스로 도우미 역할에 사로잡히는 겁니다. 균형 잡힌 여성 초민감자는 적절한 경계선을 그어 시간과 에너지를 지킬 줄 압니다. 그리고 베푸는 일과 받는 일 사이에 균형 잡는 법을 배워 아주 강력한 조합을 이룹니다. 초민감자로 유명한 여성으로는 니콜 키드먼, 쥬얼('센서티브'라는 초민감자에 관한 곡을 부름), 위노나 라이더, 앨라니스 모리셋, 다이애나 황태자비가 있습니다.

더 나은 초민감자 되기 : 과부하를 방지하는 기술

저는 이 책 전반에 걸쳐 초민감자들이 난관을 극복하고 자신이 지닌 능력의 이로운 점을 강화하는 기술을 가르쳐드릴 겁니다. 이 사회가 초민감자를 '지나치게 예민하다'고 비하하고 마음을 강하게 먹으라고 충고해도, 저는 내적 중심을 유지하며 민감성을 한층 더 발전시키라고 말씀드리고 싶습니다. 초민감자는 미치광이도, 신경과민 환자도, 약해 빠진 사람도, 건강염려증 환자도 아닙니다. 특별한 재능을 가진 멋지고 민감한 사람이지만 이를 제대로 관리할 수단이 필요한 것뿐입니다.

민감한 사람들은 너무 많은 감각이 한꺼번에 빠른 속도로 유입될 때 그런 과부하를 극복하는 기술을 반드시 배워둬야 합니다. 그대로 두면 쉽게 지치고 불안하며 우울해지거나 병에 걸릴 수도 있습니다. 수많은 초민감자들이 그렇듯, 당신도 자신에게 민감성을 켜고 끄는 스위치가 없다고 느낄 겁니다. 하지만 그건 사실이 아닙니다. 민감성 때문에 괴로워하지 않고 오히려 그것을 다스리는 방법을 가르쳐드리겠습니다. 안전하게 보호받고 있다고 느끼는 순간, 세상은 당신의 놀이터가 될 것입니다.

자신이 안전하다는 확신을 얻으려면, 우선 감각 과부하의 원인이 되는 공통 요소를 알아내야 합니다. 자신만의 트리거를 분간하게 되면, 그때부터는 재빨리 나서서 상황을 바로잡을 수 있죠.

초민감자의 과부하 증상을 악화시키는 것 피로와 질병, 교통 체증, 혼잡한 인파, 시끄러운 환경, 유해한 사람(나르시시스트 같은 에너지 뱀파이어들), 저혈당, 말다툼, 과로, 화학물질 과민증, 무리한 사교 활동, 파티나 크루즈 등 과도하게 자극적인 환경 속에 꼼짝없이 갇혔다는 느낌 등. 이런 조건들이 하나 이상 결합될 때 초민감자의 과부하는 증대됩니다. 그러니 이 공식을 반드시 기억하세요.

스트레스 + 저혈당 = 극도의 피로

초민감자의 과부하 증상을 완화해주는 것 저는 감각 과부하를 겪을 때 모든 일의 속도를 늦추고 온갖 자극으로부터 플러그를 뽑아버립니다. 과부하가 정말 심하면 시들어가는 꽃이 된 기분인데, 그럴 땐 고요함에서 양분을 얻어야 합니다. 아무 소리도 안 들리고 조명이 어두운 방에 들어가서 잠을 자거나 명상을 통해 자극 수준을 낮추죠. 감각 과부하가 극한 상태라면 그날 온종일이나 주말 내내 다른 사람들에게서 떨어져 혼자 지내기도 합니다. 그런 시기에도 잠시 자연으로 나가 산책을 하지만, 외출은 간단한 볼일 정도로 제한합니다. 초민감자의 단점은 모든 일을 '모 아니면 도'로 생각하는 경향이 있다는 겁니다. 그래서 분주하게 활동하지 않으면 안전한 피난처인 집에 틀어박히죠. 이렇게 극단적인 태도에서 벗어나면 지나친 고립감이나 외로움을 겪지 않으면서 균형을 맞출 수 있습니다. 어떤 것이 진정 당신을 위한 일인지 자신의 직관에 물어보세요. 자기만의 욕구를 충족시키는 법은 각자 스스로 찾아야 합니다.

저의 내담자 한 분은 자신만의 과부하 극복법을 찾았습니다. "저는 이제 사람들을 일대일로만 상대해요. 여럿을 상대하는 건 힘들어서 못 견디거든요." 그런가 하면 다른 내담자는 이렇게 털어놓았죠. "저는 모두가 잠들고 온 세상이 고요한 밤이 되면 비로소 긴장이 풀려요. 낮에는 눈에 안 보이는 소란스러운 에너지가 가득한데, 그게 가라앉아야 느긋하게 집중할 수 있거든요."

방패막을 치는 것도 과부하를 막는 기본 기술입니다. 자신을 보호하는 신속한 방법이죠. 해로운 에너지를 차단하면서 긍정적인 에너지 흐름은 받아들이기 위해 이 방법에 의지하는 초민감자들이 많습니다. 이 기술을 자주 사용하시기를 권해드립니다. 어떤 사람이나 장소, 상황이 불편해지는 즉시 방패를 들어 올리세요. 공항에서 대기할 때나 파티에서 에너지 뱀파이어와 대화할 때, 혼잡한 병원 대기실에서 이 방법을 사용하면 좋습니다. 방패막을 치면 안전한 에너지 방울 속에 들어가 기운을 빼앗기지 않을 겁니다.

─────〜〜〜〜〜〜〜 방어 전략 〜〜〜〜〜─────

방패막 시각화

최소한 5분의 시간을 확보해 이 훈련을 해봅니다. 우선 조용하고 안전한 장소를 찾으세요. 도중에 방해받지 않을 만한 곳이어야 합니다. 옷을 헐렁하게 풀고 편안한 자세를 취하세요. 책상다리를 틀고 바닥에 앉아도 되고 의자에 똑바로 앉아도 됩니다. 이제 심호흡을 몇 차례 길게 해봅니다. 들이쉴 때는 흡입하는 공기를 생생히 느끼고, 내쉴 때는 최대한 많은 숨을 내뱉습니다. 호흡의 관능성을 음미하세요.

이를 통해 신성한 생명력인 '프라나(prana)'와 연결될 수 있습니다.

잡생각이 떠오르면 하늘의 구름처럼 떠나보내고, 계속해서 호흡으로 돌아와 내면의 중심을 찾습니다. 에너지의 근원이 발끝에서부터 온몸을 통과해 머리 꼭대기까지 올라가는 것을 느낍니다. 이렇게 에너지 흐름에 집중하면 중심을 유지할 수 있습니다.

힘을 뺀 상태에서 하얀빛이나 분홍빛의 아름다운 방패막이 자신의 몸을 몇 센티미터 두께로 완벽하게 둘러싼 모습을 상상해 보세요. 이 방패막은 여러분을 모든 부정적이고, 고통스럽고, 해롭고, 거슬리는 것들로부터 보호해줍니다. 그 안에서 보호받으며 중심이 잡히고, 행복하며, 활력이 넘치는 자기 자신을 느껴보세요. 부정적인 기운은 방패막에 가로막히지만, 긍정적이고 사랑이 넘치는 기운은 통과해 들어옵니다. 당신의 몸을 보호해주는 방패막의 감각에 익숙해지세요. 다른 사람의 부정적 에너지를 흡수하고 있다고 의심이 될 때면 언제든 마음속으로 방패막을 그려보세요.

그만 접고 싶어지면, 나를 지켜준 방패막에게 속으로 "고마워"라고 말합니다. 숨을 길게 들이마시고 내쉰 다음, 천천히 눈을 뜨세요. 원래 있던 장소로 돌아가세요. 그리고 자신의 몸과 100% 하나가 되세요.

~~~~~~~~~~

방패막을 치는 것과 더불어 잘 먹고 스트레스를 최소화하는 것도 날마다 할 수 있는 셀프케어 방법입니다. 더 나아가 육체와 정신 모두에 위안을 주는 행동도 있습니다. 조용히 혼자만의 시간을 보내기,

긍정적인 사람들과 어울리기, 자연 속에서 시간을 보내기, 물속에 몸을 담그고 부정적인 에너지를 씻어내기, 명상하기, 운동하기, 에너지 뱀파이어들에게 확실한 선을 긋기 등이죠. 초민감자는 정기적으로 이러한 셀프케어를 실시하고, 이를 삶의 일부로 받아들여야 합니다. 지금부터 소개할 '그라운딩'처럼 자기만의 의식이나 명상도 큰 도움이 됩니다.

그라운딩과 어싱의 힘

'어싱(earthing)'은 땅에 자신을 접지시켜(그라운딩 : grounding) 지구와 연결되는 방법입니다. 지구의 에너지는 스트레스로 지친 인간에게 좋은 치유제가 됩니다. 땅을 밟으면 그 안의 치유력이 발을 통해 온몸으로 흡수되죠. '어싱'이 건강에 도움이 된다는 연구 결과도 나오고 있습니다. 토양 중에 존재하는 전자와 접촉하면 우리의 신경계가 안정된다는 겁니다. 맨발로 너른 자연을 거니는 게 가장 이상적이지만, 뒤뜰의 잔디밭 정도도 훌륭합니다.

발바닥에는 반사요법(reflexology : 신체 특정 부위에 압력을 가해 이와 연관된 특정 기관의 건강을 향상시키는 요법-역주)에서 말하는 지압점과 침을 놓는 혈자리가 많아서 스트레스를 안정시키는 데 발이 특히 좋습니다. 맨발로 걷거나 발 마사지를 하면 그런 지점들이 활성화되니까요. 여러분의 발은 위치상으로도 땅의 치유력을 다른 신체 부위로 옮기는 데 최적화돼 있습니다. 더욱 큰 효과를 보려면 캠핑장 같은 곳에서 땅에 완전히 누워보세요. 저는 바닷가에 누워 하늘을 올려다보는 걸 아주 좋아합니다.

하지만 자연으로 나가는 게 힘들다면 다음에 소개해드릴 방법으로 집이나 일터, 모임 등에서 시각화를 해도 됩니다. 혼자 있을 만한 공간이 없다면 잠시 바람을 쐬러 실외에 나가든지 몇 분간 화장실에 가도 좋습니다(지난 몇 년간 화장실은 모임에서 잠시 빠져나와 자극 수준을 낮춰야 할 때 저의 피난처가 돼주었습니다). 다음에 소개되는 시각화 방법을 통해 긴장을 풀고 내면의 중심을 되찾으세요. 저는 매일 최소한 5분씩 이 방법을 사용하고, 내담자들에게도 가르쳐줍니다. 책에 소개된 모든 명상법은 직접 낭독해서 녹음해두면, 나중에 명상하고 싶을 때 재생 버튼을 누르고 바로 시작할 수 있습니다.

~~~~~~~~~ 방어 전략 ~~~~~~~~~

그라운딩과 어싱을 시각화하기

과부하가 걸리거나 불안하고 두려울 때, 잠시 조용히 시간을 보내며 자극 수준을 낮추세요. 혼자서 재충전을 하면 긴장을 푸는 데 도움이 됩니다. 컴퓨터와 휴대폰은 반드시 꺼두세요. 편안한 자세로 앉아 심호흡을 몇 번 하며 몸의 힘을 뺍니다. 긴장이 녹아내리는 동안 고요와 안정을 느낍니다. 무엇을 할 필요도, 무엇이 될 필요도 없습니다. 그저 호흡만 계속하며 긴장을 푸세요. 잡생각이 떠오르면 하늘의 구름처럼 떠내려 보내세요. 생각을 붙들어두면 안 됩니다. 천천히 숨을 들이마시고 내쉬는 데만 집중하세요. 평정심이 찾아오면서 스트레스가 당신의 몸을 떠나가는 게 느껴질 겁니다.

이제 평온해진 몸 안에 커다란 나무를 그려보세요. 넓고 튼튼한 나무의 몸통이 당신 몸의 중심부를 통해 머리끝부터 발끝까지 뻗어나갑니다. 몇 분간 멈춰서 나무의 힘과 활기찬 에너지를 느껴보세요. 당신의 발바닥에서 뿌리가 자라나 땅으로 파고들더니 점점 더 깊이 뿌리내리며 견고함이라는 위안을 줍니다. 불안하거나 두려울 때는 이 뿌리에 집중하세요. 뿌리가 당신을 대지에 단단히 고정해서 흔들리지 않게 해줄 겁니다. 삶이 감당하기 힘들 때 이렇게 땅에 뿌리를 박으면 내면의 힘이 생깁니다. 그럼 중심을 유지하며 보호받을 수 있죠. 이제 천천히 눈을 뜨면서 그라운딩의 감각을 계속 느끼세요. 다시 균형이 흔들려도 언제든 이 시각화 방법으로 땅에 뿌리내릴 수 있다는 걸 확신하며 바깥세상으로 돌아가세요.

~~~~~~~~~~~~~~~~~~~~~~~~~~~~~~~

그라운딩은 당신을 튼튼하게 유지해주는 필수 기술입니다. 두려움이나 위압감이 아닌 두 발에 집중하면 신속하게 중심을 잡을 수 있습니다. 발 마사지도 우리가 머릿속 생각에서 빠져나와 몸으로 돌아가게 해주는 놀라운 효과가 있죠. 어싱을 비롯해 앞으로 제가 소개해드릴 여러 명상법을 정기적으로 훈련하면 감각의 과부하를 줄일 수 있습니다.

초민감자라는 축복

지금부터 저와 함께 떠날 7번의 여행에서 당신의 영향력과 친절한 마음, 삶의 모든 것에 감사하는 태도는 당신과 다른 사람들 모두에게 귀중한 선물이라는 걸 기억하세요. 당신의 직관과 섬세한 민감성은 치유 효과가 있습니다. 나 자신을 인정하고, 남보다 깨어 있는 생각과 더 많은 걸 느낄 수 있는 능력에 감사하세요. 자신이 얼마나 특별하고 완벽한 존재인지 깨달으세요. 자기 자신을 있는 그대로 바라보면 온전하고 심오한 내면과 연결될 수 있습니다. 그럼 자신의 민감성을 즐길 수 있죠. 이게 중요한 포인트입니다. 모두가 당신을 이해할 순 없겠지만, 그럼 뭐 어떻습니까. 나를 이해해줄 비슷한 사람들을 찾으면, 당신도 그들을 이해할 수 있을 겁니다. 서로 이어져 있다는 느낌은 아름답기 그지없습니다. 후반부에는 이 책을 활용해 초민감자들의 지지 모임을 구성하는 법도 이야기해 보겠습니다. 지지 모임에서는 책의 특정 부분을 함께 읽은 후에 초민감자로서 여러분의 문제와 관련된 사항을 논의해 볼 수 있습니다. 서로 이런 지지를 주고받으면 놀라운 자유를 얻을 수 있죠.

인류는 의식의 진화 과정 중에 있으며, 초민감자는 앞에서 길을 내는 사람입니다. 우리의 민감성에는 신성한 책임이 따릅니다. 뒤로 물러서서 스스로를 고립시키는 것보다 더 많은 것이 요구되죠. 위압되지 않는 법을 배워서 우리의 능력으로 세상을 환하게 밝혀야 합니다. 초민감자와 민감한 사람들은 새로운 인류의 최전선에 선 개척자니까요.

여러분은 민감함(Sensitivity)의 앞 글자를 딴 S세대로, 동정심과 다정함을 경배합니다. 인류가 더욱 마음 중심적이고 직관을 중시하는 방향으로 나아가도록 새로운 문을 열어줄 사람들이죠. 또한 민감하면서 활기차게 살아가는 법을 만천하에 보여줄 롤모델입니다.

저는 여러분이 자신의 민감성을 잘 관리하고, 자신의 건강뿐 아니라 공공의 선을 위해 쓸 수 있도록 적극적으로 도와드리고 싶습니다. 제가 초민감자인 저 자신을 존중하게 된 후로 놀랍도록 온전한 마음을 느꼈듯이, 여러분도 자신의 재능을 소중히 여기시기를 바랍니다. 이 책에 나온 정보로 이전보다 더욱 참된 자기 자신이 될 힘을 얻으셨으면 좋겠습니다. 여정을 떠나기에 앞서, 아래처럼 선언을 해보세요.

Ꭷ 초민감자 선언 Ꭷ

나는 내가 초민감자로 태어난 의미를 찾고
나의 재능을 받아들이는 과정에서,
민감성을 소중히 여기고
나 자신을 사랑할 것을 맹세한다.
나는 매일 나 자신에게 감사할 것이다.

타인의 고통을 흡수하지 않는 방법

초민감자의 몸은 일반 사람들과 다릅니다. 모든 것을 다 감지하죠. 우리의 몸은 투과성이 좋아서 주변 사람들의 긍정적, 부정적 에너지를 근육과 조직, 기관으로 흡수합니다. 이는 건강에 중대한 영향을 미치죠. 물론 다른 사람의 활기와 행복감, 사랑을 느낄 수 있다는 건 긍정적인 면입니다. 기분이 좋아질뿐더러 건강에도 도움이 되죠. 하지만 우리는 타인의 신체적 고통이나 스트레스, 좌절과 분노, 두려움(말로 표현하지 않더라도) 같은 부정적인 감정도 느낄 수 있습니다. 그래서 초민감자는 해로운 사람들 곁에 있거나 소음, 폭력, 떠들썩한 분위기, 고함에 둘러싸이면 피로와 고통에 시달리죠.

또한 제가 '공감적 질병(empathic illness)'이라 부르는 현상이 나타나기도 하는데, 타인의 신체적 증상을 마치 자기 것처럼 겪는 겁니다. 저는 어렸을 때 버스를 타면 기분이 순식간에 변하곤 했습니다. 옆 사람의 불안이나 고통을 느끼기 시작했던 거죠. 아무렇지도 않게 대형 마트에 들어갔다가도 나올 때면 기진맥진하고 신경이 곤두서거나 전에 없던 통증이나 증세가 생기기도 했습니다. 그때는 제가 현기증이 날 만큼 빽빽한 식료품과 유독한 형광등 불빛, 길게 늘어선 사람들에게 압도된다는 걸 몰랐습니다. 이 모든 일로부터 저와 제 내담자들 같은 초민감자에 대해 배운 사실이 있습니다. 우리는 특정한 상황에서 더욱 큰 스트레스를 받으며, 다른 사람의 감정과 신체 증상이 우리 몸을 사로잡을 수 있다는 겁니다.

초민감자로 살아가려면 타인의 감정과 고통을 흡수하지 않고 과도하게 자극적인 환경에서 그라운딩하는 법을 배우는 것이 필수적입니다. 이번 장에서는 바로 이런 기술들을 가르쳐드리겠습니다. 기본적인 자기방어를 할 수 있으면 세상을 항해하는 일이 훨씬 쉬워지며, 여러분의 건강과 정서적인 만족감도 향상될 것입니다.

주류 의학에 의존할 때의 한계

전통적인 의료 시스템은 민감한 사람들을 돕는 데 충분하지 않습니다. 초민감자를 건강염려증이나 신경증으로 오진하는 경우가 많죠. 취약한 상태라 도움이 필요한 초민감자에게는 절망스러운 일이 아닐 수 없습니다. 때로는 정신과에서 항우울제인 '프로작'이나 신경안정제인 '바리움', '자낙스' 등을 처방해주기도 합니다. 전통 의학에서 우울증이나 불안증에 쓰는 기본적인 생화학 치료제이긴 하지만, 저는 이런 치료제를 초민감자의 과부하 증상에 추천하고 싶지 않습니다.

또한 주류 의학에서 초민감자는 감각 자극을 처리하는 능력이 손상됐다는 감각처리장애(Sensory Processing Disorder) 진단을 받을 수도 있습니다. 이런 질환이 있는 환자는 군중이나 불빛, 소리, 촉감에 '비정상적으로' 민감하다고 간주되거든요. 하지만 저는 높은 민감성을 '감각처리장애'라고 딱지 붙이는 의사들에게 크게 반대합니다. 이들은 민감성을 나름의 고충이 있는 뛰어난 재능이라고 보지 못하죠. 의학은 자신이 이해하지 못하는 조금이라도 '다른' 상태를 너무나도 자주 병으로 낙인찍습니다. 초민감자가 지닌 특별한 재능은 인간 경험의 정상적인 범주 안에 있습니다. 인간이라는 종의 다양성을 보여주는 살아 있는 예죠.

주류 의학의 문제는 신체의 미세 에너지 시스템을 다루는 이론의 틀이 없다는 겁니다. 중국 전통 의학을 비롯해 다양한 문화권의 치유 전통에서 수천 년간 핵심으로 여겨진 개념인데도 말입니다. 그렇다면 미세 에너지란 무엇일까요? 우리 몸을 관통해 몇 센티미터에서 몇십 센티미터까지 뻗어 나가는 필수적인 생명력입니다. 종교화의 후광을 생각해 보세요. 인물의 머리 위에서 뿜어 나오는 아름답고 하얀빛 말입니다. 그게 바로 에너지체의 좋은 예입니다. 중국 전통 의술에서는 '기(氣)'라고 불리는 환자의 미세 에너지를 다루지만, 주류 의학계는 환자를 진단하고 치료할 때 이런 기준을 공유하지 않습니다. 여러분이 보기에도 분명한 한계가 느껴지시겠죠. 저는 의료인들에게 에너지에 극도로 민감한 초민감자를 올바르게 치료하는 법을 교육하는 것을 사명으로 삼고 있습니다. 그래야 우리 같은 사람들에게 마땅히 필요한 이해와 보살핌을 받을 수 있으니까요.

저는 심리치료를 할 때 제가 배운 정통 의술에다가 에너지 의학과 직관력, 영성까지 동원합니다(제 오디오 프로그램인 '직관적인 치유자 되기(Becoming an Intuitive Healer)'에는 의료인과 보건 서비스 직종 종사자들이 위의 다양한 기술을 개발할 수 있는 훈련법이 나와 있습니다). 그래서 내담자와 상담할 때, 사고력뿐만 아니라 직관과 공감 능력을 통해 그들의 말을 듣습니다. 이렇게 얻는 추가적인 정보가 그들을 이해하는 데 큰 도움을 줍니다. 또한 초민감자인 내담자들에게는 내면의 소리에 주파수를 맞추고 기운을 앗아가는 사람들과는 선을 긋는 법을 가르칩니다. 그래야만 우리의 민감성이 '불편함(dis-ease : 병이라는 뜻의 영어 disease는 편안함인 'ease' 앞에 부정형 'dis'가 붙은 합성어-역주)'이 아닌 힘과 사랑, 활력의 원천이 되니까요.

신체적 초민감자와 정서적 초민감자

초민감자는 의식적으로 자신의 건강 상태를 점검해야 합니다. 에너지 수준을 최적화하기 위한 첫걸음은 자신이 신체적 혹은 정서적 초민감자인지, 아니면 둘 다인지 확인하는 겁니다. 자신의 민감성이 어떤 식으로 작용하는지 알면, 거기에 맞게 체력을 기르고 기운이 고갈되지 않도록 지킬 수 있습니다.

신체적 초민감자는 다른 사람의 증상을 자기 몸으로 느낍니다. 예를 들어, 친구가 복통을 호소하면 초민감자도 갑자기 배가 아파지는 겁니다. 직장 동료가 편두통에 시달리면 초민감자의 머리도 욱신거리기 시작하죠. 반면 신체적 초민감자의 장점은 타인의 건강한 경험도 흡수할 수 있다는 겁니다. 제 내담자 중 한 명은 자신이 요가 수업을 들을 때 초민감자인 남편도 이완되며 몸의 긴장이 풀린다고 합니다. 멀리 떨어져 있는데도 말입니다. 부인이 하는 요가의 이점을 남편도 함께 누리는 겁니다.

정서적 초민감자는 타인의 정서를 주로 감지합니다. 코미디 영화를 볼 때 옆자리에 우울한 사람이 앉으면, 영화가 끝나고 우울한 기분으로 극장을 나오게 되죠. 왜 이런 일이 벌어질까요? 영화 내내 다른 사람의 에너지장이 초민감자의 에너지장과 겹치기 때문입니다. 누군가와 가까이 있을수록 그 사람의 정서와 증상에 더 큰 영향을 받습니다. 그런데 문제는, 어떤 감정이 자신의 것이고 어떤 게 다른 사람의 것인지 구분하지 못할 때가 종종 있다는 겁니다. 그래서 자기도 모르게 다른 사람의 감정에 휩싸이고, 어떻게 중심을 되찾아야 하는지 모르는 경우가 많습니다. 제 내담자 한 명은 이렇게 고통을 호소했습니다. "지극히 부정적이거나 화가 난 사람이 근처에 있으면 원래 상태로 회복하기까지 꼬박 하루가 걸려요."

하지만 해결책은 있습니다. 테리라는 다른 내담자는 어느 순간 "아, 그렇구나!"라며 무릎을 탁 쳤습니다. 어릴 때부터 엄마의 불안감을 흡수하며 살아왔다는 사실을 깨달은 겁니다. 초민감자는 마음이 넓어서 사랑하는 사람의 감정에 무의식적으로 전염되는 경우가 많거든요. 하지만 이러한 역학 관계를 인식하고 나서, 저는 테리에게 경계를 설정하는 법을 가르쳐줬습니다. 엄마의 불안감과 이어져 있는 에너지 끈을 잘라버리는 모습을 상상하게 했죠. 덕분에 테리는 건강한 경계를 유지하면서 여전히 엄마를 잘 보살펴드리는 딸로 지내고 있습니다.

신체적 초민감자와 정서적 초민감자는 자신의 능력만 잘 훈련하면 둘 다 좋은 '직관적 치유자'가 될 수 있습니다. 공감 능력으로 다른 사람의 증상을 인지해 병을 진단할 수 있으니까요. 하지만 자기 자신의 건강을 지키려면 그렇게 감지한 증상을 노련하게 방출할 줄 알아야 합니다.

　모든 초민감자의 목표는 부정적인 에너지가 스며들지 않게 막아서 더욱 안정된 삶을 영위하는 것입니다. 우리는 본능적으로 다른 사람의 고통을 없애주고 싶어 하지만, 그러한 노력은 우리의 건강에 유익하지 않습니다. 저도 오랜 경험을 통해 내담자와 워크숍 참가자들의 불안을 짊어지지 않으면서 그들과 함께하는 법을 터득했습니다. 세미나를 자주 여는 데다가 한번에 수백 명 앞에서 강연하기 때문에, 그라운딩으로 자신을 지키는 일이 제게는 필수적입니다. 그것만 조심하면 제가 좋아하는 강연을 하면서도 과도한 자극에 지쳐 쓰러지지 않죠. 균형 잡힌 초민감자가 되기 위해 제가 실제로 사용하는 효과적인 도구들은 이후로도 거듭해서 가르쳐드리겠습니다.

신체적, 정서적 초민감자 자가 진단

건강을 유지하려면 자신이 신체적 초민감자인지 정서적 초민감자인지 아는 것이 중요합니다. 물론 저처럼 둘 다일 수도 있죠. 자신이 어떤 초민감자인지 알면 더욱 확실하게 스스로를 돌볼 수 있습니다. 지금부터 유형을 분별할 두 가지 자가 진단 테스트를 실시하겠습니다.

〜〜〜〜〜〜〜 자가 진단 〜〜〜〜〜〜〜

나는 신체적 혹은 정서적 초민감자인가?

나는 신체적 초민감자인가?

다음 문항에 답해보세요.

- 아픈 사람 옆에 앉았다가 자신도 통증을 느낀 적이 있나요?
- 사람이 많은 곳에 가면 몸이 아픈가요?
- 실제 증상이 자각되는데도 건강염려증이라는 말을 들은 적이 있나요?
- 다른 사람의 스트레스에 내 몸이 신체적으로 반응한 적 있나요?
- 함께 있으면 기운이 나는 사람이 있는가 하면, 내 기운을 고갈시키는 사람도 있나요?
- 병원에 자주 가지만 도움이 되는 치료를 받지 못하나요?
- 만성적으로 피곤하거나, 정체를 모르고 원인 규명도 안 되는 질환을 겪고 있나요?
- 사람들 틈에서는 기진맥진해져서 집에 있는 걸 좋아하는 편인가요?
- 몸이 술과 당분, 가공식품에 민감하게 반응하나요?

나는 정서적 초민감자인가?

다음 문항에 답해보세요.

- 불안, 분노, 좌절 같은 다른 사람의 기분을 잘 알아차리나요?
- 말싸움이나 갈등 후에 감정적인 후유증을 겪나요?
- 사람이 많은 곳에 가면 우울하거나 불안해지나요?
- 다른 사람을 고쳐주거나 스트레스를 없애주고 싶나요?
- 다른 사람의 기분을 그 사람이 말하지 않아도 직감으로 알아

채나요?

- 다른 사람의 감정을 자신의 감정과 구분하기 힘든가요?
- 다른 사람을 배려하느라 자신의 욕구는 소홀히 하나요?
- 까다로운 사람을 상대할 때나 정신적으로 스트레스를 받을 때 과식을 하나요?
- 당분이나 탄수화물, 혹은 특정한 음식을 먹으면 기분이 급격히 변하나요?

자가 진단 결과는 이렇게 해석하면 됩니다.

- 한 카테고리에서 '그렇다'고 답한 문항이 1~2개라면, 당신은 부분적으로 그 유형의 초민감자입니다.
- '그렇다'고 답한 문항이 3~4개라면, 당신은 그 유형의 성향이 강합니다.
- '그렇다'고 답한 문항이 5개 이상이라면, 당신은 그 유형의 초민감자가 분명합니다.

〰〰〰〰〰〰〰〰〰〰〰〰〰〰〰〰

자신이 신체적 혹은 정서적 초민감자(또는 둘 다)라는 사실을 깨달으면 스스로를 이해하고 세상에 더욱 잘 대처할 수 있습니다. 당신은 정신이상도 건강염려증도 아닙니다. 민감성을 개발하고 효율적으로 관리해야 할 특별한 재능의 소유자일 뿐이죠.

공감적 질병

'공감적 질병(empathic illness)'이란 제가 만든 용어로, 다른 사람의 증상이 내 몸에 나타나는 질환을 의미합니다. 네, 이런 것도 전염이 가능합니다. 마치 자신의 증상처럼 아프지만 실제로는 자기 것이 아닌, 아주 혼란스러운 경우죠. 제 내담자인 알리시아는 천식이 있는 언니가 가쁜 숨을 몰아쉴 때 자기 숨도 가빠졌습니다. 천식이 없는데도 말입니다. 또 다른 내담자인 브라이언은 부인과 긴밀히 연결돼 있어서 부인이 관절염 때문에 타들어가는 통증을 느낄 때 자기 손도 같이 아팠습니다. 이처럼 어떤 질병은 순전히 공감에서 비롯되죠.

그런데 다른 사람의 '불편함'을 계속 느끼다 보면 초민감자에게 이미 있는 증상이 악화될 때가 많습니다. 심하면 공감적 질병 때문에 만성 질환에 걸리거나 집에만 틀어박히고, 사회불안장애(Social Anxiety Disorder : 다른 사람들과 상호작용하는 사회적인 상황을 두려워하고 회피하는 불안 장애-역주)로 인한 마비 증세가 오기도 합니다. 초민감자는 사람들이 단체로 발산하는 다양한 유언, 무언의 신호에 압도되어 사회불안을 느끼기 쉽습니다. 온 세상의 스트레스를 다 느끼다 보니 지치고 소진되어 제 기능을 할 수가 없죠.

앞에서도 말했듯이 정통 의학은 우리 몸에 흐르는 미세 에너지 시스템의 존재를 믿지 않기 때문에, 대부분의 의사들은 초민감자가 무슨 일을 겪는지, 그들의 고통을 어떻게 경감시킬 수 있는지 전혀 알지 못합니다.

삶에 민감한 사람은 둔감한 사람보다 훨씬 자주 고통을 받습니다. 하지만 이런 고통을 이해하고 뛰어넘는 순간, 놀라운 것들을 발견할 수 있죠.
– 지두 크리슈나무르티

저를 찾아오는 내담자들은 공감과 관련된 다음과 같은 질환을 공통적으로 갖고 있습니다.

- 부신피로증후군(Adrenal Fatigue)
- 하시모토병(만성 갑상샘염)이나 염증성 장 질환 등의 자가면역 질환
- 각종 공포증(군중이나 운전, 광장, 대형 경기장 행사 등)
- 만성 우울증
- 만성피로
- 섬유근육통
- 통증
- 공황발작과 사회불안장애

심리치료실에서 처음 초민감자를 진료하던 20여 년 전만 해도, 저는 어떻게 해야 그들의 증상에 적절히 대처할 수 있는지 몰랐습니다. 초민감자인 저 자신을 어떻게 다뤄야 하는지도 막 알아가던 시기였으니까요. 하지만 주의 깊게 살펴보니, 이런 환자들은 대부분 고통에 처한 가족이나 애인, 동료와 밀접한 관계를 맺고 있었습니다. 그래서 자신도 모르게 그들의 감정과 증상을 흡수한 겁니다. 저역시 그랬기에 바로 이해가 됐죠. 또 다른 초민감자들은 자연 세계의 변화에 극렬하게 반응했습니다.

내담자 중에는 폭풍우가 치면 허리 통증이 심해지는 분이 있었습니다. 계절성 정서 장애(SAD : Seasonal Affective Disorder)를 앓는 환자들도 많았습니다. 낮이 짧고 어두워지는 겨울에 심해지는 우울증

이죠. 또, 초민감자 중 상당수가 초승달이 뜰 때는 차분하다가 보름달만 뜨면 초조하고 불안해했습니다.

초민감자들은 예리한 민감성을 지녔지만 이를 효과적으로 조절하지는 못한다는 사실을 깨달은 후로, 제가 내담자를 대하는 방식은 현저히 변했습니다. 그라운딩 기술은 물론이고, 건강한 경계선을 그어 자신을 보호하는 법을 가르치는 것이 제 일이 됐죠. 공감적 질병을 제대로 치료하려면 증상에 따른 약을 처방하는 게 아니라, 민감한 사람들이 타인의 에너지와 스트레스를 흡수하지 못하도록 훈련시켜야 합니다. 그래야만 피로나 위압감과의 싸움을 멈추고 혈기 왕성하게 살아갈 수 있습니다.

초민감자와 약물

초민감자에게 항우울제나 신경 안정제를 바로 처방하는 의사들이 많지만, 저는 되도록 처음부터 약을 쓰지 않으려 합니다. 때로는 자신에게 조금 더 너그러워지고, 삶의 고통을 덜어줄 작은 변화를 일으키는 것만으로 충분하니까요. 예를 들어, 제인은 차를 타고 로스앤젤레스의 고속도로를 달릴 때 강한 불안감을 느껴 저를 찾아왔습니다. 차선 가득 수많은 자동차와 양옆으로 쌩쌩 지나가는 거대한 트럭 등에 위압감을 느껴 현기증이 난다고 했습니다. 저를 포함한 수많은 초민감자들은 이렇게 고속도로 운전을 껄끄러워합니다. 미친 듯이 질주하는 차들과 냉정함을 잃은 운전자들을 감당하기 힘든 경우가 많거든요. 그래서 저는 벌써 몇 년째 고속도로를 타지 않고 있습니다.

차를 타기 전에 심호흡을 하고, 운전에 익숙해지려고 거리가 짧은 고속도로를 이용해 봐도 제인의 증세는 나아지지 않았습니다. 담당 의가 신경 안정제 복용을 제안했지만, 제인은 약을 쓰는 게 거북했 습니다. 저는 제인에게 단순한 대안을 제시했습니다. 운전할 때의 불안감을 '극복'하려고 끊임없이 자기 자신을 괴롭히는 대신 고속도 로를 피할 수 있는 권리를 허락하고, 저처럼 도시 이곳저곳에 퍼져 있는 좁은 도로를 이용하는 겁니다. 제인은 이 해결책을 듣고 크게 안도했습니다. 운전 시간만 더 넉넉히 잡으면 되니까요. 또한, 저는 "다른 사람들처럼 되자"고 스스로를 몰아붙이는 걸 그만두라고 설 득했습니다. 민감한 사람들이 흔히 하는 실수죠. 초민감자들의 특수 한 요구는 존중되어야 하며, 그러한 요구에는 아무런 문제도 없습니 다. 자신에게 너그러워진다고 해서 인생에 실패하는 것도, 인생을 회피하는 것도 아닙니다. 쉽고 원만한 방식으로 불안감을 해결하는 것이 약물에 의존하는 것보다 순탄한 방법일 수 있습니다.

하지만 트라우마나 스트레스 때문에 만성적으로 탈진하는 초민감 자라면 우울증이나 불안증 치료제로 생화학적 균형을 재정비해야 할 수도 있습니다. 저는 필요할 경우 그런 약물을 단기간만 처방하 는 편입니다. 신기하게도 대부분의 초민감자는 일반인보다 훨씬 적 은 양만 복용해도 효과가 좋습니다. 매우 민감한 내담자들은 항우울 제를 한 알만 먹어도 약효가 발생하죠. 주류 의학계에서는 이를 속 임약(placebo) 효과라고 평가 절하하겠지만, 저는 그렇게 생각하지 않습니다. 초민감자는 모든 영역에서 남들보다 민감하기에, 약물에 도 그렇게 반응하는 겁니다. 정통 의학에서 약효가 나타난다고 간주하는 적정량이 우리에겐 과할 수도 있습니다. 여러분이 초민감자인데 약이 필요하다면, 미세 에너지를 이해하고 환자의 몸에 맞게 용량을 조절해주는 통합 의료 전문가를 찾아가시길 권합니다.

한편, 진통제가 공감 능력을 억제한다는 최근의 연구 결과도 매우 놀랍습니다. 오하이오 주립대학에서는 타이레놀(아세트아미노펜)을 복용한 피험자 집단에게 타인의 불행한 소식을 들려줬을 때, 약을 먹지 않은 집단보다 슬픔을 적게 느낀다는 사실을 발견했습니다. 약 5천2백만 명의 미국인이 타이레놀을 매주 섭취한다는 사실을 고려할 때, 진통제가 공감 능력을 감소시킨다는 건 중요한 정보가 아닐 수 없습니다.

초민감자와 부신피로증후군

부신피로증후군은 초민감자들이 겪는 흔한 질환입니다. 저한테도 이 증후군으로 찾아오는 환자들이 있는데, 피로와 신체 통증, 불안, 사고력 저하, 불면증 등을 복합적으로 호소합니다. 도대체 원인이 뭘까요? 여러 가설 중 하나는 부신이 스트레스를 견디지 못해서 '코르티솔'처럼 에너지를 공급하는 호르몬이 고갈된다는 겁니다. 초민감자는 다른 사람의 스트레스까지 흡수하기 때문에 부신피로증후군에 취약할 수밖에 없습니다.

그렇다면 부신피로증후군을 완화하는 법을 몇 가지 가르쳐드리겠습니다. 이대로만 하면 증상이 호전되고 에너지도 회복할 수 있습니다. 하지만 단번에 완치되지는 않는다는 걸 명심하세요. 부신피로증후군을 극복하려면 기본적인 생활 방식과 식습관을 완전히 바꿔서 장시간에 걸쳐 효율적으로 에너지를 관리해야 합니다. 책의 후반부로 가면서 이와 함께 사용하면 좋은 다양한 전략들을 살펴볼 겁니다.

―――――〜〜〜〜〜 방어 전략 〜〜〜〜〜―――――

부신피로증후군을 완화하는 법

- **식사는 자연식으로 한다.** 가공식품이나 정크푸드, 글루텐, 설탕, 밀가루를 피합니다(2장에서 더 자세히 다루겠습니다).
- **음식에 히말라야 암염을 뿌려 먹는다.** 질이 나쁜 소금은 치워버립니다(고혈압 환자라면 주치의와 정기적으로 소금 섭취량을 점검하세요).
- **운동을 한다.** 가벼운 운동과 스트레칭은 체력과 활력을 키워줍니다.
- **명상을 한다.** 명상은 천연 진통제인 엔도르핀을 증가시키고, 스트레스 호르몬을 감소시킵니다.
- **혈액 검사로 코르티솔 수치를 측정한다.** 코르티솔 수치가 낮으면 주치의의 권고에 따라 천연 코르티솔 보충제를 단기적으로 섭취할 수 있습니다.
- **충분한 휴식을 취한다.** 잠은 체력을 회복시키며 치유 효과도 있습니다.
- 비타민 B군을 매일 복용한다.
- 급성기에는 비타민 C를 매일 2,000~5,000mg씩 복용한다.
- 고용량 비타민 C(10,000~25,000mg) 정맥 주사도 고려해 본다. 이 방법

은 활력과 면역력을 증진시키고 부신의 건강에 좋습니다. 전체론적(holistic) 의학에서는 자주 사용하는 치료법입니다. 저는 감기에 걸리면 면역체계를 강화하려고 비타민 C 정맥 주사를 맞습니다.

- **당신의 삶에서 에너지 뱀파이어를 제거한다.** 해로운 사람들로부터 달아나고, 그럴 수 없다면 최소한 분명한 선과 한계를 정해서 그들이 당신의 기운을 빨아먹지 못하게 합니다(4장에서 더 자세히 다루겠습니다).

더 나아가 자기 자신을 친절하게 대하고 늘 긍정적인 태도를 취하세요. 병이 아닌 건강에 집중하는 겁니다. "난 평생 이렇게 아플 거야" 혹은 "난 나약하고 병들었어" 같은 부정적인 생각으로 자신을 괴롭히지 마세요. 어떤 일이 생기든 삶을 대하는 태도만큼은 자기가 조절할 수 있습니다. 부신피로증후군을 완화하려면 스스로에 대한 엄격함을 내려놓고 '자기 자비(self-compassion)'를 통해 내면의 스트레스를 줄이세요.

초민감자와 운동

규칙적인 운동은 초민감자의 신체에서 긴장감과 부정적인 에너지를 배출해주는 생명의 은인입니다. 좌식 생활을 하다보면 에너지의 흐름이 정체되어 온갖 독성 물질이 축적됩니다. 스트레스가 쌓이는 게 느껴진다면 산책을 해보세요. 헬스장이나 요가원에 가거나 스트레칭을 해도 좋습니다. 신체를 정화하려면 격렬한 운동이 최선이지만, 가벼운 운동도 효과가 있습니다. 근육이 수축하면 부정적인 기운을 붙들게 됩니다. 몸을 움직여서 유연하게 보전하세요. 운동은 우리의 생체 시계를 거꾸로 돌려서 더욱 젊고 활기찬 삶을 살 수 있게 해줍니다.

해로운 에너지를 상대하는 14가지 전략

저는 이런 질문을 자주 받습니다. "제가 느끼는 감정이나 증상이 제 것인지 남의 것인지 어떻게 구분하죠? 제 것이 아니라면 어떻게 내보내야 하나요?" 행복하고 활기찬 사람이 되는 핵심 비결이 바로 이 질문에 들어 있습니다.

자신이 다른 사람의 스트레스나 증상을 흡수하고 있으며, 부정적인 에너지를 방출해야 한다고 느낀다면 지금부터 알려드리는 기본 전략을 사용하세요. 제가 실생활에서 활용하고, 내담자와 워크숍 참석자들에게 전수해드리는 전략입니다. 어떤 방법이 자신에게 제일 잘 맞는지 실험해 보세요.

전략 1. "이 증상이나 감정은 내 것인가 남의 것인가?"라고 자문해 본다
누군가가 곁에 있을 때 기분이나 몸 상태가 급격히 변하는 건 당신이 그 사람의 에너지를 흡수한다고 알려주는 신호입니다. 이전에는 그런 불안이나 우울감, 피로감, 통증이 없었다면, 당신이 느끼는 불편은 적어도 일부는 그 사람에게서 왔을 가능성이 큽니다. 그 사람에게서 멀어지자 불편감이 사라졌다면, 그건 십중팔구 당신의 것이 아닙니다.

하지만 때로는 그 감정이나 증상이 당신과 다른 사람에게 동시에 속한 것일 수도 있습니다. 기분은 전염성이 있는 데다가, 당신에게 중요한 문제와 연관된 거라면 더욱 그렇습니다. 예를 들어, 당신한테 아버지에게 해결되지 않은 분노가 남아 있다면, 다른 사람의 아버지를 향한 분노까지 빨아들일 겁니다. 당신이 만성질환에 걸릴까 두려워한다면, 다른 사람들의 만성질환 증상을 흡수하기 쉽습니다. 초민감자는 자신이 해결하지 못한 정서적 혹은 신체적 고통을 더 쉽게 받아들이는 경향이 있거든요. 그런 트라우마들을 치료해 나갈수록 다른 사람들에게서 그 증상을 흡수하는 일이 줄어듭니다. 여전히 느낄 수는 있어도, 심각한 영향을 받거나 탈진하는 일은 없어지죠.

전략 2. 호흡을 하고 주문 외우기

부정적인 기운이 덮쳐오면, 그 즉시 자신의 호흡에만 집중하세요. 천천히 깊게 숨을 들이마시고 내쉬면서 불편한 에너지를 방출하세요. 호흡을 하면 부정적인 기운이 당신의 몸에서 빠져나갑니다. 숨을 참거나 얕은 숨을 쉬면 부정적인 기운은 몸속에 갇혀버리죠. 숨을 깊이 쉬면서 이 주문을 크게 세 번 외치되, 진실로 믿는 마음이 목소리를 통해 드러나게 하세요.

보낸 사람에게로 돌아가라.

보낸 사람에게로 돌아가라.

보낸 사람에게로 돌아가라.

목소리의 힘이 몸속에서 불편감을 몰아내고, 호흡하는 숨이 이 불편을 실어서 우주로 날려 보낼 겁니다.

주문을 외면서 호흡을 통해 요추, 즉 허리뼈에서 해로운 에너지를 내보내는 데 집중하세요. 요추 사이사이의 공간들은 당신이 끌어들였을지 모르는 여러 증상을 제거하는 통로가 되어줍니다. 허리뼈 사이의 공간에 존재하는 불편을 머릿속으로 그려보세요. 해로운 에너지가 당신의 몸을 떠나 거대한 에너지 매트릭스에 섞여 들어가는 걸 보며 이렇게 선언하세요. "널 놓아줄게."

전략 3. 불쾌한 장소에서 몸을 피하기

불안의 근원으로 의심되는 곳에서 최소한 6m 이상 떨어지세요. 그리고 마음이 안정되는지 보세요. 낯선 사람의 기분을 상하게 할까봐 걱정할 필요는 없습니다. 병원 대기실이나 영화관, 다른 공공장소에서도 망설이지 말고 자리를 바꾸세요. 식당에서 옆 테이블 사람들이 시끄러우면 계속 앉아서 불편해할 필요가 없습니다. 부담 없이 단호히 일어나 조용한 자리로 옮기세요. 이건 제가 저 자신을 보살피기 위해 쓰는 전략입니다. 어떤 에너지에는 정중하게 "싫어"라고 말해도 괜찮습니다. 자리를 옮겨도 된다고 스스로에게 허락하는 건 셀프케어 행위입니다.

초민감자인 한 친구는 시끄러운 졸업 파티에서 자신이 썼던 방법을 들려줬습니다. "시끄럽고 사람도 많아서 도저히 못 견디겠다고 생각했죠. 저녁도 서빙되기 전이었지만 귀가 윙윙 울렸어요. 신경이 곤두섰죠. 파티에 있는 친구들이 저녁을 먹고 춤을 추는 동안 저는 한 시간 동안 제 차에 앉아 시집을 읽었어요. 잠시 혼자 쉬다가 오겠다고 했더니 친구들도 이해해줬죠. 결국 친구들은 파티장에서 재미있게 놀았고, 저는 다시 돌아가기 전까지 조용히 시간을 보내며 중심을 잡았어요."

초민감자는 사교적인 상황에 압도되는 경우가 많습니다. 그럴 때는 자신을 재충전할 수 있는 휴식을 취하세요. 그러고 나서 모임으로 돌아가면 좀 더 편안하게 느껴질 겁니다.

전략 4. 신체 접촉을 제한하기

에너지는 눈빛과 손길을 통해 전달됩니다. 누군가 불편한 사람이 있다면 시선을 맞추지 말고 포옹이나 악수 같은 신체 접촉은 삼가세요. 사랑하는 사람이 괴로워할 때 포옹해주는 건 두 사람 모두에게 이롭지만, 상대의 스트레스를 떠맡게 될까 걱정이 되면 포옹을 짧게 하세요. 사랑하는 마음은 조금 떨어져서도 전달할 수 있습니다.

에너지를 이해하는 치유자들은 처음 만난 상대에게 예의를 갖춰 "포옹을 해도 되겠습니까?"라고 묻습니다. 이렇게 허락을 구하는 건 좋은 방법입니다. 상대방의 포옹 요청에 정중하게 "아니요"라고 대답해도 괜찮습니다. 저도 누군가와 에너지를 나눌 마음의 준비가 안 됐으면 "전 포옹을 안 해요"라고 거절할 때가 있습니다. 그 사람이 완전히 편해질 때까지는 '약식 포옹'을 해도 됩니다. 서로 등만 가볍게 토닥이는 거죠. 그러다가 안심할 수 있는 관계가 되면 정식으로 포옹하며 에너지를 나누고 만족감을 느낄 수 있습니다. 어떤 신체 접촉을 할 것인지는 오로지 당신이 선택할 일이라는 걸 명심하세요.

전략 5. 물속에서 독소를 제거하기

스트레스와 공감에서 오는 고통을 녹여버리는 빠른 방법은 물속에 몸을 담그는 겁니다. 초민감자들은 물을 사랑하거든요. 목욕물에 엡솜 솔트(흔히 입욕제로 쓰는 마그네슘 함량이 높은 미네랄 소금-역주)를 넣으면 마그네슘의 진정 작용으로 천상의 목욕을 할 수 있습니다. 바쁜 하루를 마치고 들어가는 욕조는 저의 안식처입니다. 물속에서는 버스의 배기가스나 장시간의 비행, 다른 사람들에게서 전염됐을 성가신 증상들이 씻겨 내려가죠. 긴 하루의 피로를 푸는 데 가장 효과적인 라벤더 에센셜 오일을 몇 방울 넣어도 좋습니다. 초민감자에게 가장 완벽한 휴식처는 우리를 괴롭히는 모든 것을 정화해주는 천연 미네랄 온천입니다.

전략 6. 한계와 경계선 정하기

초민감자로 살아남고 번성하려면 인간관계에서 한계를 정할 수밖에 없습니다. 누군가가 당신을 기진맥진하게 하면 동네북처럼 참고 있지 마세요. 이야기를 얼마 동안 들어줄지 시간을 정하세요. "그만해"라는 말 한마디면 충분합니다. 당신이 무엇을 바라고 필요로 하는지 표현하는 건 나쁜 일이 아닙니다. "미안하지만 오늘 밤은 파티에 갈 기분이 아니야" 혹은 "난 고함은 못 견디겠으니까, 이 문제는 네가 차분해진 후에 다시 얘기하자" 아니면 "바로 해결책을 의논할

게 아니면 이런 얘기는 짧게 끝내자"라고 하세요. 이미 우리를 잘 아는 사람과의 대화 패턴을 바꾸려면 재교육 과정이 필요하겠지만, 친절하면서도 단호한 경계를 일관되게 지키면 에너지 뱀파이어로부터 자신을 보호할 수 있습니다.

전략 7. 타인과 나를 잇는 끈을 자르는 상상하기

신체적이나 정서적으로 불편한 누군가와 너무 단단히 연결돼 있다고 느낀다면, 당신의 배에서 나와 그들의 배로 이어지는 빛줄기를 상상해 보세요. 그리고 사랑을 담아 끈을 자르겠다고 마음먹습니다. 그 사람과의 연결을 완전히 끊는 게 아니라 상대의 불쾌한 에너지만 차단하는 겁니다. 이제 가위를 상상한 다음에, 그 사람의 불쾌한 에너지와 이어진 끈을 자르세요. 이건 앞서 언급한 내담자 테리가 어머니의 불안으로부터 자신을 분리하되 애정 어린 유대감만은 유지하기 위해 사용한 방법입니다.

전략 8. 재정비를 위해 혼자만의 시간을 갖기

초민감자는 개인 시간을 통해 내면의 힘과 재접속해야 합니다. 원치 않은 에너지를 흡수했다면 중심을 잡기 위한 혼자만의 시간을 계획하세요. 몇 분 혹은 그 이상 완전히 고요한 상태를 만드세요. 어떠한 소리도, 밝은 빛도, 휴대폰 통화도, 문자도, 이메일도, 인터넷도, 텔레비전도, 대화도 차단해야 합니다. 아무도 없는 상태에서 자신의 에너지를 느끼는 게 중요하니까요. 스스로의 단짝이 되는 것은 자신을 성숙하게 하는 방법입니다. 외부 자극을 줄이는 것도 부정적인 기운을 없애는 데 도움이 됩니다. 저는 다른 사람에게서 전염된 스트레스를 내보내고 싶을 때 '절대 침묵'을 지키며 내면에 집중해서 저의 에너지와 마음에 연결됩니다. 이렇게 중심을 잡으면 다른 사람의 불편감이 저에게 달라붙지 않습니다.

전략 9. 대자연 속에서 시간을 보내고 어싱을 훈련하기

초민감자는 자연을 사랑하고, 자연 속에서 편안함을 느낍니다. 물가와 같이 신선하고 깨끗하며 푸르른 자연환경은 부정적인 기운을 씻어줍니다. 대지는 치유력을 발산하니까요. 초원에 누워 온몸으로 땅의 에너지를 빨아들여 보세요. 얼마나 거룩한 기분이 드는지 모릅니다! 앞에서도 말씀드렸다시피 어싱은 맨발로 걸으며 발을 통해 땅의 힘을 느끼는 겁니다. 다른 사람의 에너지를 떨쳐버리려면 맨발로 잔디를 느끼거나, 모래나 흙을 밟으며 걸어보세요. 만물을 양육하는 땅의 힘이 발을 통해 들어와 당신을 굳세게 해줄 겁니다. 이건 정말로 아름다운 경험입니다. 저는 맨발을 참 좋아해서, 날이 춥거나 집 밖에 나갈 때가 아니면 신발을 신지 않습니다.

저는 누구나 최소한 일 년에 한 번씩은 자기가 사는 세상에서 벗어나 휴식을 해야 한다고 생각합니다. 미리 계획한 휴가를 떠나 자연 속에서 긴장을 풀거나 조용한 장소에서 전신을 재조정하는 겁니다. 저는 매년 캘리포니아주 빅서(Big Sur)의 에솔렌 인스티튜트(미국에 있는 비영리 대안 학교-역주)에서 민감한 학생들을 대상으로 주말

'피정(retreat)'을 진행합니다. 울창한 삼나무 숲과 바다 곁에 자리 잡은 곳이죠. 참가자들은 이 기간에 삶의 속도를 늦추고 직관에 주파수를 맞춰 자신의 영혼과 더욱 깊게 연결됩니다. 또한 저는 개인적으로 매년 자연 속에서 혼자 휴가를 보내며 일상의 궤도에서 벗어나저 자신을 회복시킵니다.

전략 10. 잠을 충분히 자고 짧은 낮잠을 활용하기

잠은 초민감자의 몸과 정신에 좋은 치유제가 됩니다. 신경계를 안정시켜주거든요. 초민감자는 피곤하면 타인의 스트레스와 신체 증상을 흡수하기 쉬운 취약한 상태가 됩니다. 그래서 잠을 충분히 자는게 중요하죠. 매일 밤 충분한 시간을 잠에 할애해서 재충전하는 것이 셀프케어의 원칙입니다. 특별히 스트레스를 많이 받은 날에는 취침 시간을 늘리고, 가능하면 짧은 낮잠으로 원기를 보충합니다. 잠만큼 좋은 치료제는 없습니다. 저는 개인적으로 매일 밤 8시간씩은자야 몸이 최상의 상태가 됩니다.

잠들기 전에 차분하고 조용하게 하루를 되돌아보거나 명상을 하는 것도 중요합니다. 인터넷도, SNS도, 고지서 납부도, 격렬한 대화도, 방송 뉴스도, 폭력적인 TV도 안 됩니다(침실은 휴식과 잠, 섹스만을 위한 공간이라며 텔레비전을 놓지 않는 사람들이 많습니다). 편안한 분위기에서는 각성 수준이 낮아져서 양질의 잠을 자며 다양한 꿈의 영역을 경험할 수 있습니다. 초민감자는 특히 서서히 잠들고 가급적 잠을 재촉하지 말아야 합니다. 잠에서 깰 때도 침대에서 바로 뛰어나오는 것보다 천천히 일어나는 게 이상적이죠. 아침에 일어나서는 지난밤에 꾼 꿈을 기억할 수 있는 시간을 보냅니다. 침대를 '치유의 사원'으로 여기도록 하세요. 어떤 초민감자는 이런 농담을 하더군요. "저는 웬만한 사람보다 침대가 더 좋아요." 저는 크게 동감했습니다. 저도 잠자고 꿈꾸는 시간을 사랑하니까요. 둘 중 하나라도 모자라면 몸에 이상이 느껴지고, 다른 사람의 스트레스를 훨씬 더 쉽게 흡수합니다.

전략 11. 인터넷 휴지기 갖기

초민감자는 너무 많은 정보를 제공하는 테크놀로지를 정기적으로 끊을 필요가 있습니다. 페이스북이나 인스타그램 같은 온라인 미디어나 불편한 정보로 가득한 뉴스피드는 감정을 들쑤셔서 우리의 잠 드는 능력이 손상될 수 있습니다. 가상 세계의 에너지는 전염이 잘 되기 때문에 자연 속에서 휴식하거나 명상을 하고, 오프라인 활동에 참여해 자신을 회복시켜야 합니다. 가끔 한 번씩 테크놀로지 금식을 하는 것도 행복감을 느끼는 데 아주 효과적입니다.

전략 12. 여행 중 에너지 정화를 위한 조언

여행의 스트레스는 일상에서라면 침범하지 않았을 해로운 에너지에 우리를 노출시킵니다. 출장이든 관광이든 마찬가지입니다. 여기저기 거치는 공항, 비좁은 비행기나 기차, 호텔과 새로운 사람들을 상대해야 하니까요. 지금부터 제시하는 방법을 활용하면 더욱 편안하게 여행하면서 수많은 사람이나 다닥다닥 붙은 좁은 공간에 압도되지 않을 겁니다.

공항과 비행기 안에서 중심을 유지하는 법

초민감자는 공항에서 유난히 더 힘들어질 수 있습니다. 시끌벅적하고, 사람들로 붐비고, 모두가 서두르고, 온갖 고통스러운 에너지가 소용돌이치는 곳이라 위압감을 느끼기 쉽죠. 이런 혼란을 극복하려면 자신만의 에너지 방울 안에 들어가 집중하세요. 조바심을 내는 주변 사람들에게 몰입하지 말고, 자기 마음의 에너지에 집중해서 스스로를 진정시키는 겁니다. 게이트에서 비행기를 기다릴 때, 저는 지갑과 서류들을 옆자리에 놓아 공처럼 둥근 사적 공간을 만듭니다. 누군가 그 자리에 앉으려 하면 그 사람의 에너지 때문에 불안해집니다. 그럼 물건을 챙겨서 자리를 옮기죠. 해명할 필요는 없습니다. 분노가 아닌 애정으로 하는 행동이니까요.

비행기 기내야말로 감각의 과부하를 유발할 수 있습니다. 좁은 공간에 여럿이 밀집해 있기 때문에 도망갈 곳이 없다는 생각에 불안해질 수 있죠. 편안한 비행을 위한 조언을 몇 가지 해드리겠습니다.

- 수하물을 위탁하면 머리 위 선반을 차지하려고 옥신각신할 필요가 없다.
- 복도 쪽 좌석을 선택하면 쉽게 빠져나올 수 있고, 필요할 때 화장실을 피난처로 삼을 수 있다.
- 비행기 탑승 시의 혼잡을 피하려면, 다른 승객들이 모두 탈 때까지 기다렸다가 마지막에 홀가분하게 들어가 좌석에 앉는다.
- 에어컨 바람 때문에 추울 수 있으므로 보온용 겉옷을 준비한다.
- 수분 보충을 위해 물을 챙긴다.

- 음이온을 방출하는 휴대용 공기청정기를 목에 걸어 기내에서 내부 순환되는 퀴퀴한 공기를 정화한다.
- 귀마개로 듣기 싫은 소리를 차단한다. 음악을 감상하거나 정신을 고양시키는 오디오북을 들어도 된다.
- 다른 승객들과의 대화는 진이 빠질 수 있으므로 피한다. 낯선 사람들은 초민감자에게 자신의 인생사를 털어놓으려고 하는 경향이 있다. 누군가와 대화할 마음이 없다면 "혼자 있고 싶습니다."라고 알리는 불청 범위를 주위에 설정한다.
- 명상으로 중심을 잡는다.
- 난기류로 흔들릴 때는 두려움이 아니라 두 발에 집중해서 단단하게 뿌리를 박는다.

발에는 9km 상공에서도 당신의 중심을 잡아줄 강력한 지압점과 혈자리가 여러 군데 있습니다. 단순히 발에 집중하는 것만으로도 불안감이 머리에서 발로 방향을 바꾸기 때문에, 불안한 에너지가 자연스럽게 방출됩니다.

호텔 객실에서 중심을 유지하는 법

이전 투숙객이 남기고 간 에너지를 없애려면, 로즈워터나 라벤더 에센셜 오일(혹은 둘 다)을 뿌려 방 안을 정화하세요. 저는 부정적인 에너지를 제거하려고 '3분 마음 명상(전략 13에서 소개)'도 실시합니다. 예전에는 에너지가 제일 나은 곳을 찾아 객실을 자주 바꾸곤 했지만, 도교 스승님께 가르침을 받고는 생각이 바뀌었습니다. 호텔에서 배정해준 객실에 그대로 머물면서 직접 에너지를 정화하는 게 더 강력한 방법이라는 거죠.

여행을 다닐 때는 탈수되지 않게 물을 자주 마시고, 그라운딩을 위해 단백질 식단을 규칙적으로 섭취합니다. 초민감자는 끼니를 거르거나 당분을 과다 섭취할 때, 그리고 휴식을 충분히 취하지 않을 때 방어벽이 약해지고 원치 않는 에너지를 흡수하게 됩니다. 다른 사람의 스트레스를 받아들이고 있다면 호흡으로 다시 내보내세요. 과도한 자극을 받거나 기진맥진해진다면, 명상할 만한 곳을 찾아가 중심을 잡으세요. 이런 원칙을 지킨다면 더욱 편안한 마음으로 여행을 즐길 수 있을 겁니다. 새로운 문화와 지형을 감상하고, 초민감자의 이점을 만끽하세요!

전략 13. 3분 마음 명상을 하기

정서적이거나 신체적인 고통을 막으려면, 직접적인 해를 끼치는 상황에서 재빨리 빠져나와 최소한 3분 이상 명상합니다. 집이나 직장, 공원 벤치, 파티장의 화장실 등 어디서든 할 수 있습니다.

───── 〰〰〰 방어 전략 〰〰〰 ─────

3분 마음 명상

눈을 감으세요. 심호흡을 몇 번 하면서 긴장을 풉니다. 그런 다음 손바닥을 가슴 한가운데 있는 '심장 차크라'에 대세요. 노을이나 장미, 바다, 아이의 얼굴 등 당신이 사랑하는 이미지에 집중하세요. 몸과 마음에서 사랑이 자라나는 걸 느끼세요. 애정 어린 기분이 당신을 진정시켜줄 겁니다. 사랑으로 깨끗이 정화되면 해로운 에너지가 몸에서 떠나갑니다. 3분만 시간을 내서 당신 마음속에 있는 자비심을 명상하고, 그 에너지가 당신의 스트레스를 쓸어내는 걸 느껴보세요.

몸의 특정한 부위로 자비심을 보낼 수도 있습니다. 저는 소화기가 제일 약해서 다른 사람의 증상에 전염됐다고 느끼면 배에 손을 대고 자비심을 보내죠. 그러면 고통이 가라앉습니다. 당신은 어느 부위가 제일 예민한가요? 목이 아픈가요? 방광염에 자주 걸리나요? 두통이 있나요? 이런 부위에 자비심을 보내서 해로운 에너지가 머물지 못하게 제거해버리세요.

때로는 자기 자신보다 다른 사람의 건강을 위해 명상하는 게 더 쉽습니다. 그러면 당신의 마음도 열리죠. 자신을 두고 명상이 잘 안 된다면 이 방법을 써보세요.

～～～～～～～～～～～～～～～～～

조건 없는 사랑이 자리 잡고 있는 자신의 마음으로 관심을 돌리세요. 스트레스를 받고 있다면 가슴에 손을 얹고 따뜻하고 개방적인 사랑의 감각을 느끼세요. 당신은 보호받고 있습니다. 당신은 사랑받고 있습니다. 당신은 안전합니다.

전략 14. 자신의 몸과 완벽한 하나가 되기

초민감자는 자신의 몸과 하나가 될 때 가장 안전합니다. 몸을 두려워하거나 미워하지 마세요. 몸과 머리가 따로 놀지 않게 서로 사랑하는 관계를 구축하세요. 민감한 우리가 원치 않는 에너지를 물리치려면 몸과 하나가 돼야 합니다. 몸은 정신이 거하는 성전입니다. 그러니 적이 아닌 동지로 여기세요. 지금부터 소개해드릴 명상법을 따라 하면 몸과 완전히 하나가 되어 더욱 주체적이고 즐거운 삶을 사는 데 도움이 됩니다.

방어 전략

자신의 몸을 사랑하게 해주는 명상법

아름다운 공간에서 혼자 명상할 시간을 내세요. 마음을 강제로 침묵시키지 말고 주파수를 바꿔봅니다. 심호흡을 합니다. 숨을 쉴 때마다 들숨과 날숨을 느껴봅니다. 속도를 늦추면 자신의 몸을 더 잘 느낄 수 있습니다. 부정적인 생각이 들면 떠내려가게 하고, 신성한 프라나(prana : 힌두 철학에서의 생명 에너지)인 호흡으로 돌아오세요. 숨의 움직임을 느끼면 내면으로 더 깊숙이 들어갈 수 있습니다. 자신의 에너지를 몸과 세포, 각종 기관 안에 붙잡아두세요.

발가락을 의식하세요. 발을 꼼지락거리며 감각이 깨어나는 느낌에 주목합니다. 발목으로 의식을 옮겨보세요. 호흡을 계속하면서 이제 종아리를 타고 올라가 무릎에 집중합니다. 계속 올라가서 이번에는 단단한 허벅지에 정신을 모으고, 그 견고함에 주목하세요. 나를 지탱해줘서 고맙다고 속으로 인사하세요. 그런 다음 외음부와 골반으로 생각을 옮겨갑니다. 이 부위가 뻣뻣한 여성들이 많습니다. 속으로 이렇게 말해주세요. "네가 거기에 있다는 걸 알아. 다시는 너를 배척하지 않을게. 너를 공부하고 사랑할 거야. 너는 나의 일부야."

당신의 의식을 배로 옮겨갑니다. 배에서 긴장감이나 화끈거림, 불쾌함이 느껴지나요? 이 부위는 감정을 처리하는 차크라(chakra : 우리 몸의 에너지 중심점)입니다. 애정을 담아 배를 의식하면서 잘 달래고 치료하세요. 이제 심장 차크라가 있는 가슴에 집중하세요. 조건 없는 사랑의 중심지죠. 가슴과 친해져야 자기 자신을 사랑할 수 있습니다. 심장을 드나드는 긍정적인 에너지의 세찬 흐름을 느껴보세요. 자신을 성장시키는 에너지를 느끼고 싶다면 언제든 이 부위로 돌아오면 됩니다. 이제 의식을 더욱 뻗어서 어깨, 팔, 손목, 손에 차례로 집중합니다. 손가락 하나하나를 느끼며 움직여 보세요. 이 부위들은 전부 심장 차크라의 연장선에 있습니다.

다음에는 목으로 의식을 가져갑니다. 목구멍에는 소통 차크라가 있습니다. 이 부위가 긴장되면 자기 자신을 표현할 수 없다는 걸 유념하세요. 목에 당신의 사랑을 전하세요.

이제 머리에 집중해 봅니다. 아름다운 얼굴과 귀, 입, 눈, 코, 그리고 두 눈썹 사이에 있는 '제3의 눈'을 느껴보세요. 직관력의 근원이죠. 여기에 집중하다 보면 마음의 눈에 보랏빛 소용돌이가 보일 수도 있습니다. 마지막으로 머리 꼭대기로 정신을 옮겨가 봅시다. 여기는 영혼과 연결돼 있는 왕관 차크라이며, 하얀빛의 근원입니다. 정수리에서 뿜어 나오는 영감을 느껴보세요.

명상을 마칠 준비가 됐다면, 몸의 여러 기운을 느끼게 해줘서 고맙다고 속으로 인사하세요. 그리고 이렇게 선언하세요. "나는 육체와 하나가 된 초민감자로서 내 능력을 최대한 발휘할 준비가 됐어."

이제 심호흡을 몇 번 하세요. 그런 다음 천천히, 부드럽게 눈을 뜨세요. 자신의 몸을 그 어느 때보다 생생히 느끼며 원래 있던 곳으로 완전히 돌아가세요.

~~~~~~~~~~~~~~~~~~~~~~~~~

위의 14가지 전략은 다양한 상황에서 활용할 수 있습니다. 자주 사용할수록 몸에 통증과 스트레스가 축적되는 일이 줄어들 겁니다. 그렇게 계속 훈련하다 보면 민감성을 잘 돌본 결과를 톡톡히 누릴 수 있죠. 연습이야말로 성공의 비결입니다. 건강이 증진되니 더 활기찬 기분을 느낄 수 있을 겁니다. 다른 사람의 고통이나 감정에 전염되는 낌새가 보여도 두려워하지 마세요. 잘못된 게 아닙니다. 부정적인 기운을 몰아내는 만큼 외부 에너지가 다시 침입하지만, 제가 여기서 알려드린 방법을 사용하면 어떤 고통스러운 상황에 부닥쳐도 재빨리 셀프케어 모드를 작동할 수 있습니다.

몸과 마음의 결합은 건강에 강력한 영향을 미칩니다. 생각이 엄청난 차이를 만들어낸다는 사실을 명심하세요. 부정적인 생각은 스트레스 호르몬의 분비를 증가시켜서 노화를 촉진시키고, 면역력을 약화시키며, 불안감과 혈압을 높여 심장병을 유발합니다. 반면에 긍정적인 생각은 우리 몸의 천연 진통제이자 쾌감 호르몬인 엔도르핀의 분비를 활성화해서 건강과 평온을 불러오죠. 그러니 긍정적인 혼잣말을 자주 하세요. 아프거나 스트레스를 받을 때, 정신적으로 너무 심란할 때 자기 자신을 특히 측은하게 여겨주세요. 매일 이렇게 선언하세요. "나는 행복하고 건강할 권리가 있다.", "희망은 절대 날 버리지 않는다." 부정적인 생각이 들어선 자리를 긍정적인 생각으로 채워버리면 행복감이 자라납니다.

기쁠 때나 힘들 때, 혹은 그 중간 어딘가에 있을 때라도 마음을 최대한 편히 먹고 모든 것을 만끽하려고 노력하세요. 바짝 긴장하면 고통이 더 심해질 뿐입니다. 저는 환자들에게 이렇게 충고합니다. "설령 지금 지옥에 있더라도 긴장을 풀어야 해요. 그럼 그나마 덜 괴로울 테니까요." 그리고 천국에 있다면(앞으로는 그럴 날이 더 많아질 거예요) 초민감자의 기질을 발휘해 매 순간을 즐기세요.

ᕬ 초민감자 선언 ᕬ

나는 강하다.

나는 사랑이 넘친다.

나는 긍정적이다.

나는 부정적인 기운과 스트레스를 내 몸에서 몰아낼 힘이 있다.

나는 육체적, 정서적, 영적으로 건강해질 것이다.

중독에서 해방되기

과도한 자극으로 인한 불안을 술이나 약물, 음식, 섹스, 쇼핑, 도박 등의 중독으로 자가 치료하는 건 초민감자에게 흔한 일입니다. 초민감자는 왜 이런 행동에 쉽게 빠질까요? 극도로 민감해서 쉽게 위압되거나 자기 자신이나 타인의 고통을 '너무 많이 느끼기' 때문입니다. 그리고 이렇게 생긴 감각의 과부하를 처리할 방법을 모르니 생각과 감정을 차단하려고 자기 자신을 무감각하게 만듭니다. 공감 때문에 겪는 일들을 줄이려는 거죠. 물론 모두가 이런 동기를 알아채고 행동하는 건 아닙니다.

사람을 둔감한 상태로 만드는 타이레놀 같은 진통제가 공감 능력을 감소시킨다는 연구 결과도 있듯이, 초민감자는 무의식적으로 중독에 끌리는 건지도 모릅니다. 제가 치료했던 각종 중독의 회복기 환자들도 상당수가 초민감자였죠. 이로써 민감한 사람들이 술이나 일반 약, 처방전이 필요한 전문 의약품 등 나름의 진통제를 찾는 이유가 설명될 것 같습니다.

중독 치료를 위해 저의 워크숍이나 진료실을 찾는 초민감자들은 건강하지 못한 자가 치료법 대신 중심을 잡고 자신을 지킬 방법이 필요했습니다. 한 여성분은 제게 이런 말을 털어놓았습니다. "저는 지난 몇 년간 감정을 숨기려고 술을 이용해왔어요. 로데오를 좋아하지만 취하지 않고는 나갈 수가 없었죠. 사람들에게 둘러싸이는 게 너무 힘들었거든요. 하지만 저 자신을 지키는 법을 배우고 나서는 이제 안전하다고 느꼈고, 술이 없어도 즐겁게 지낼 수 있었어요." 여행 때마다 술을 과하게 마셨던 다른 남성분은 자신을 지키는 법을 배우고 나서 깨달은 바를 말해주셨죠. "이제 수많은 사람의 에너지가 저를 갉아먹게 놔두는 일도, 그런 사태를 막으려고 공항 바에서 술을 마실 일도 없어졌어요."

우리는 민감성에 대처하려고 중독에 빠지면서 비싼 대가를 치릅니다. 몸과 정신, 영혼이 피폐해지고, 자극으로 가득한 세상을 겨우겨우 감당해 내느라 질병이나 우울증, 더 큰 불안감이 생겨나죠. 중독은 감각 과부하 상태에 잠시 위안을 줄 뿐입니다. 장기적으로는 효과가 사라지는 데다가 위압감만 악화시키죠. 북미 원주민은 전통적으로 알코올의존자와 각종 중독자들이 악한 힘에 사로잡히기 쉽다고 믿습니다. 악한 힘이 중독 물질을 통해 그들의 영혼과 몸에 침투해 완전히 장악해버린다는 겁니다. 자신에게 그런 일이 일어나길 바라는 사람은 없겠죠.

이 장에서는 중독을 대체할 건전한 방법을 가르쳐드리겠습니다. 하지만 그 전에 자기만의 트리거를 올바로 인식하고 제가 알려드릴 전략을 기꺼이 사용하겠다고 다짐하세요. 그래야 스트레스가 심할 때 충동적인 행동에 빠지지 않습니다. 중독 행동이 간헐적이든 주기적이든, 작고 겁먹은 중독자에서 벗어나 뛰어난 민감성을 자유자재로 활용하는 사람이 되는 것을 목표로 삼으세요.

자가 치료의 대안 : 전략과 해결책

초민감자는 자가 치료를 대신할 수단이 필요합니다. '12단계 프로그램(Twelve-Step Programs)'은 AA의 창립자 빌 윌슨이 만든 중독의 치유와 완치를 돕는 중요한 도구입니다. 저는 약 30년 전부터 12단계 프로그램의 멤버였고, 제가 가르치는 전략 말고도 이 프로그램을 바탕으로 개인적인 대처 기술을 만들었습니다.

첫 번째 저서인 『미래를 내다보는 눈(Second Sight)』에서 묘사했듯이 10대 초민감자였던 저는 각종 예감 때문에 두려웠고 다른 사람의 에너지를 흡수하면서 짓눌리곤 했습니다. 그런 민감성을 차단하려고 약물과 술에 심하게 의존했죠. 저는 내향적인 초민감자였습니다. 그래서 친구들과 활발하게 어울리고 파티에 섞여들려고 불안감을 줄이는 중독 물질을 사용했습니다. 나만 어울리지 못한다는 기분을 없애려고요. 당시에는 압도적인 공감 능력이나 직관, 불안정함을 관리할 다른 방법을 몰랐기에 이런 것들을 차단해줄 외부 요소에 손을 뻗은 겁니다. 그러면서도 저한테 무슨 일이 벌어지는 건지 알아차리지 못했는데, 다른 초민감자들도 대개 그렇습니다. 약물과 술이라는 완충제 덕분에 저는 마침내 다른 사람들의 에너지를 흡수하지 않고 사람들 속으로 들어갈 수 있었습니다. 얼마나 안심이 됐는지 모릅니다. 정상인이 된 것 같았으니까요.

하지만 당연하게도 중독 물질은 해결책이 될 수 없었습니다. 파멸의 길을 걸으며 어떻게 빠져나가야 할지 모르던 그 시기에 신성한 힘이 개입해 저를 자비롭게 인도했습니다. 머리말에서 설명한 충격적인 교통사고 후에, 딸이 장차 어떻게 될지 두려웠던 부모님이 저를 정신과 상담실로 끌고 가셨습니다. 의사 선생님은 저의 모든 면(지적, 정서적, 육체적, 공감적, 직관적, 영적인 면)을 융합해야 한다고 가르쳐 주셨죠. 전 그때부터 초민감자로서 치유의 여정을 시작했습니다. 이런 배움의 기초가 바로 12단계 프로그램이었죠.

자가 평가와 12단계 프로그램

알코올의존자를 비롯한 모든 중독자가 타인의 에너지를 흡수하는 건 아니지만, 제가 관찰하기로는 상당수가 그러합니다. 불행히도 초민감자의 대부분은 병원 진단조차 받지 않은 채 살아가기에 과도한 자극과 높은 민감성이 중독 행동을 부채질한다는 사실을 깨닫지 못합니다. 자신이 민감성을 극복하려고 중독에 빠져드는지 확인하는 일이 그래서 중요합니다. 어떻게 알 수 있느냐고요? 아래와 같이 자문해 보세요.

- "과식만 안 하면, 혹은 술만 안 마시면 내 인생이 훨씬 나아졌을 텐데"라고 생각해 본 적 있나요?
- 한 달간 과식을 안 하거나 중독 물질을 끊어보겠다고 마음먹었지만 며칠 만에 실패한 적이 있나요?
- 사회 불안이나 세상에서 받는 스트레스를 누그러뜨리려고 자가 치료를 하나요?

자신이 초민감자로서 겪는 감각 과부하에 대처하려고 술이나 약물, 음식, 혹은 다른 중독 행위를 이용한다는 의심이 들면, 아래의 문항을 점검하며 본인의 대응 방식을 곰곰이 생각해 보세요.

나는 이럴 때 중독 물질이나 중독 행위에 빠진다

- 다른 사람이나 나의 감정에 압도될 때
- 정신적으로 고통스럽거나 좌절감, 불안함, 우울감을 느낄 때
- 기분이 상했을 때
- 나 자신이 불만스러울 때
- 잠이 오지 않을 때
- 어떤 상황에서 정서적으로 불안할 때
- 비판이나 비난을 받거나 거절당한 기분이 들 때
- 부끄럽고 불안하거나 사교성이 떨어진다고 느낄 때
- 집에 꼭꼭 숨어 있다가 사람들 앞에 나설 자신감이 필요할 때
- 피곤해서 에너지원이 필요할 때
- 에너지 뱀파이어들에게 기운을 빼앗겼을 때
- 세상의 문을 닫고 도망치고 싶을 때

자가 진단 결과는 이렇게 해석하면 됩니다.
- 한 문항이라도 '그렇다'고 답했다면 당신은 때때로 민감성을 극복하려고 중독에 빠집니다.
- '그렇다'고 답한 문항이 2~5개라면, 당신은 감각 과부하를 자

가 치료하려고 중독에 의존하는 경향이 다소 있습니다.

- '그렇다'고 답한 문항이 6개가 넘는다면, 당신은 중독 행위에 사로잡혀 민감성을 극복하고 있습니다.

~~~~~~

자각하면 해방될 수 있습니다. 부끄러울 것도 자책할 것도 없습니다. 중독 성향을 자각함으로써 자신이 공감적 민감성에 어떻게 대처하는지 이해하게 됐으니까요. 이제 더 건설적으로 접근할 수 있게 된 거죠. 초민감자로서 겪는 감각 과부하를 처리하려고 중독을 이용하고 있다면, 치유를 위해 취할 수 있는 행동이 몇 가지 있습니다.

우선, 자신의 중독 상태를 파악하는 게 필수입니다. 일주일에 몇 번 정도 술을 마시거나 다른 중독 물질을 이용하는지 정직하게 검토해 보세요. 위압감을 이기려고 얼마나 자주 과식을 하나요? 불안 수치를 낮추거나 민감성을 차단하려고 다른 중독 행위(섹스, 도박, 쇼핑, 일, 비디오게임, 인터넷 등)에 의존하고 있나요? 자기 자신에게 연민을 느끼세요. 감정을 자가 치료하는 자신만의 패턴을 찾으세요. 일주일에 한 번, 한 달에 한 번이라도 자가 치료를 한다면 당신은 중독에 빠졌을 가능성이 있습니다.

두 번째로, 외부에 있는 그 무엇도(어떤 물질이나 사람, 일, 아무리 많은 돈도) 당신이 자기 자신과 자신의 민감성을 받아들이는 일을 궁극적으로 도와줄 수는 없습니다. 행복은 내면의 문제니까요. 자기 자신을 이해하고, 사랑하고, 받아들이는 법을 배워야 합니다. 자신을 발견하는 건 평생 반복해야 하는 과정이죠. 민감성에서 벗어나려 할수록 자기 자신이 더욱 불편하게 느껴질 겁니다. 석가모니의 가르침처럼 피난처는 외부에 없습니다. 저는 12단계 프로그램 덕분에 살아가는 내내 이러한 진실의 힘을 반복해서 되새길 소중한 기회를 많이 얻었죠.

세 번째로, 자신의 중독에 관해 털어놓는 '익명의 알코올중독자들(Alcoholics Anonymous: 에이에이한국연합의 주소는 www.aakorea.org입니다-편집자 주)', '익명의 약물 중독자들(NA)', '익명의 과식자들(OA)' 같은 자조 모임에 참석하는 것도 고려해 볼 수 있습니다. '익명의 도박 중독자들(GA)'과 '익명의 채무자들(DA)'은 재정 문제에 도움을 줄 수 있죠. 관계 중심적인 12단계 프로그램으로는 '알아넌(Al-Anon: 알코올의존자의 친족과 친구를 위한 모임)', '익명의 상호 의존자 모임(CoDA)', '익명의 섹스와 사랑 중독자 모임(SLAA)' 등이 있습니다. 이런 모임은 건강한 관계를 맺을 수 있게 도와주고, 초민감자의 인간관계에서 특히 중요한, 타인에게 명확한 선을 긋는 법을 가르쳐줍니다.

모두 영성을 중심으로 하는 프로그램이며, 중독 극복을 위한 12단계 모델을 사용합니다. 이러한 모임에 한번 참여하거나 직접 조직해 보시기를 강력히 권합니다. 다른 사람들의 이야기를 들으며 스트레스가 많은 세상에서 자신의 공감 능력을 잘 관리할 수 있는 긍정적인 기술을 배울 수 있을 겁니다. 그렇게만 된다면 민감성을 둔화시키려고 술을 마시거나, 중독 물질을 사용하거나, 폭식을 하거나, 성행위를 할 필요가 없죠.

영적인 힘에서 위안을 얻기

영성은 12단계 프로그램에서 회복 단계인 중독자가 사랑의 에너지에 연결되어 자신의 힘을 되찾는 데 필수적인 요소입니다. 우리는 다른 사람을 만족시키려 노력하고, 위험을 감지하려고 극도로 경계하고, 타인의 스트레스를 무방비 상태로 흡수하느라 자기 자신을 소진합니다. 12단계 프로그램은 불안감을 자가 치료하는 대신 더 높은 차원의 도움을 받는 법을 가르쳐줍니다. 영은 우리를 돕고 싶어 하지만, 그러려면 우리가 먼저 손을 뻗어야 합니다.

중독은 아주 비열합니다. 우리가 가장 연약하고 기진맥진한 순간에 공격해오죠. 의지력만으로는 중독에 저항하기 힘듭니다. 중심을 잡으려면 다음과 같은 영적 과정이 필요합니다. 여러분이 아버지에게 질책을 받았고, 그 상처가 아주 심하다고 가정해 봅시다. 아니면 직장에서 에너지 뱀파이어들 사이에 끼어버렸다든지, 과도한 대화나 빛, 소음에 압도됐다고 칩시다. 이 중 어떤 경우든 여러분이 바라는 건 단 하나, 고통의 경감입니다. 이럴 때 우리는 와인이나 초콜릿 케이크, 마구잡이 쇼핑에 의존하는 대신 불안감을 가라앉혀줄 더 높은 힘에 접속할 수 있습니다. 자기 자신을 진정시킬 수 없을 때 영적인 힘에 의지하면 진정이 됩니다. 그 힘은 우리를 두려움에서 사랑으로 옮겨줍니다. 흥분과 불안의 도가니에 빠져 빙빙 도는 우리를 건져내 스스로의 마음을 마주하게 해주는 겁니다. 이렇게 영적인 힘은 우리의 방향을 조정해줍니다.

영성은 여러분의 친구입니다. 선과 사랑이라는 진실한 힘으로 당신을 감싸 지켜주죠. 영적인 힘 안으로 들어가 귀 기울이는 법을 배우면 언제든 당신에게 필요한 평화와 보호받는 느낌을 곧바로 받을 수 있습니다. 영성의 정의는 각자가 생각하기 나름입니다. 내가 생각한 대로의 신이나 자연, 사랑, 선함, 우주적 지성, 자기 마음의 힘, 믿음 등 여러분이 공명할 수 있는 어떤 개념으로 받아들여도 좋습니다. 영성은 여러분을 자신의 직관에 연결시켜줍니다. 그래서 저는 직관을 신성한 힘의 연장이라고 생각합니다. 초민감자는 종종 영과 연합하기 때문에 직관력이 강한 편이지만, 이러한 직관을 더욱 강화해야 합니다. 명상과 사색, 기도, 자연에서의 시간, 영적인 독서, 신성한 음악 감상, 12단계 모임 참여 등으로 영과의 활발한 유대 관계를 발전시키시길 간곡히 당부드립니다.

다음에 자신이 또 음주나 과식, 다른 중독 행위를 하려 한다면, 잠시 멈춰 서세요. 중독에 빠지기 쉬운 연약한 자기에게서 벗어나 영적인 힘 안으로 들어가는 것이 갈망과 두려움, 불안감을 극복하는 비결이라는 걸 기억하세요. 지금부터 소개할 영적인 힘에 의지하는 연습을 해보세요. 위압적인 장소에 있는 당신을 훨씬 커다란 의식 속으로 안내할 겁니다. 그곳에서라면 상처받지 않으려고 자신의 민감성을 둔화시킬 필요가 없습니다.

~~~~~~~~~~ 방어 전략 ~~~~~~~~~~

영적인 힘에 마음을 열기

매일 최소한 5분씩 바쁜 일상을 멈추고, 스스로 문제를 해결하려는 노력도 그만둔 채 더 높은 차원의 힘과 연결돼 보세요. 집이나 공원, 대자연의 품처럼 조용한 장소에 앉으세요. 여건이 안 되면 그냥 사무실 문만 닫아도 좋습니다. 그런 다음 천천히 깊은숨을 쉬면서 몸의 긴장을 푸세요. 이런저런 잡생각이 방해하면, 저건 하늘을 떠다니는 구름일 뿐이라고 생각하세요. 생각을 붙잡지 마세요. 계속해서 자신의 호흡 주기로 관심을 돌리세요.

고요하고 평온한 상태에서 영(당신이 어떻게 정의하든)을 내면으로 초대하세요. 영은 에너지입니다. 자신의 외부가 아닌 내부를 바라보면 성령을 감지하는 게 더 쉬워집니다. 몸과 마음에서 성령을 느끼세요. 생각을 너무 많이 하지 마세요. 사랑의 온기가 당신의 마음을 활짝 열어젖히고 몸 구석구석으로 흘러드는 것을 느끼세요. 자신의 더 높은 힘, 활기 넘치는 그 감각을 느껴보세요. 온전함을 맛보고 있나요? 정신이 고양되나요? 아무것도 문제가 안 된다는 기분이 드나요? 어떤 감정이든 그것을 만끽하세요. 서두르지 마세요. 부담도 느끼지 마세요. 천천히 아름다운 감각이 스며들게 하세요. 자신의 더 높은 힘이 어떤 느낌인지 알게 되면, 다음부터는 언제든 다시 연결될 수 있습니다.

영에게 구체적인 부탁을 할 수도 있습니다. 예를 들어, "저를 괴롭히는 상사에게 분노하는 일을 그만두게 해주세요"라든지 "사교적인 상황에서 생기는 제 불안감을 없애주세요" 또는 "제 파트너가 저의 민감함을 이해하게 도와주세요" 같은 것들입니다. 최상의 결과를 내려면 한 번 명상할 때 한 가지 부탁에만 집중하세요. 그래야 소원이 더욱 강력해지고, 결과를 추적하기도 쉽습니다.

명상을 마치려면 마음속으로 영에게 고맙다고 말한 다음, 존경을 표하는 뜻에서 경건하게 고개를 살짝 숙이세요. 그리고 천천히, 부드럽게 눈을 뜨세요.

~~~~~~

이 명상법을 연습하면 무언가에 압도됐을 때 신속히 안도감을 얻을 수 있습니다. 영과 깊이 연결될수록 불러오기가 더 쉬워지죠. 이런 보호자가 생기면 더욱 안전하고 자유롭게 세상의 긍정적인 에너지를 빨아들일 수 있습니다. 고조된 기쁨이나 동정심, 평안, 열정 등 영혼을 살찌우는 기분을 느낄 수 있다는 건 초민감자의 큰 혜택 중 하나입니다. 중독을 극복하면 인생의 긍정적이고 아름다운 길이 열립니다.

저는 자신을 지키고 중심을 잡기 위해 하루에도 여러 차례 영과 연결됩니다. 그리고 스스로 의식을 지닌 나만의 교신 상대가 생생히 살아 있다는 사실을 확인하죠. 10초 정도로 짧게 접촉할 때도 있지만, 제 스케줄에 따라 더 길어질 수도 있습니다. 때로는 1장에서 소개해드린 3분 마음 명상법 같은 다른 방어 전략도 함께 사용합니다. 재정비를 위해 혼자만의 시간을 보내기도 하고, 집에 있을 때는 엡솜 솔트를 푼 욕조에 뛰어 들어가 스트레스를 풀기도 합니다. 다른 사람의 에너지에 영향을 받지 않으려고 방어막을 치기도 하고, 자연 속으로 걸어 들어가 아름다움을 느끼기도 합니다. 여러분도 제가

> *내 안에 있는 영이 중독이나 두려움보다 큰 존재입니다. 나는 내 두려움과 한 몸이 아닙니다. 내가 더 큽니다.*
> – 주디스 올로프

추천하는 여러 방어 기술을 정기적으로 사용해 보세요. 이런 방법은 신체적, 정신적, 영적 건강을 증진하는 데 도움이 되며, 특히 중독으로 고생하는 분들에게 효과가 큽니다.

공감적 섭취 : 음식, 몸무게 그리고 폭식

심리 상담을 하다보면 폭식과 음식 중독을 호소하는 초민감자들을 흔히 볼 수 있습니다. 음식은 약입니다. 초민감자의 민감한 시스템을 안정시킬 수도, 흔들어놓을 수도 있죠. 음식 중독은 음식물을 향한 제어할 수 없는 갈망입니다. 주로 설탕이나 탄수화물 중독이 많은데요. 영성에 기반을 두지 않은 음식 조절이나 체중 감소 프로그램으로는 지속해서 이겨내기 힘듭니다. 간헐적인 폭식은 심각성이나 중독성이 덜하지만, 건강에 해롭기는 마찬가지입니다.

음식 중독이나 폭식을 극복하는 게 초민감자에겐 왜 이렇게 힘들까요? 20세기 초의 신앙 치료사들에게서 답을 찾아볼 수 있습니다. 그런 여성들은 주로 고도비만이었습니다. 환자의 고통과 신체 증상이 침투하는 걸 막으려면 살집이 있어야 한다는 게 그들의 주장이었죠. 이러한 대응 기제가 어떤 면에서는 효과가 있을지 몰라도, 더 나은 자기 보호법이 얼마든지 있다는 걸 말씀드리고 싶습니다.

살을 찌우는 건 다른 사람의 스트레스가 내 몸으로 흡수되지 않도록 막는 방법의 하나입니다. 몸무게가 몇 kg 늘어나면 안정감이 생기고 부정적인 영향을 차단할 수 있죠. 하지만 임시변통으로 설탕이나 탄수화물, 정크푸드에 손을 대는 건 단기적이고 건강에 해로울뿐더러 중독으로 이어질 수도 있습니다. 이 때문에 폭식이나 구토를 동반하는 공감적 섭식 장애를 겪는 분들도 있습니다. 자기 몸에서 부정적인 에너지를 몰아내려는 생각에서 비롯된 행동이죠. 대부분은 이런 동기를 눈치채지 못하지만요. 민감한 사람들은 자신이 위압적이고 부정적인 에너지로부터 스스로를 지키려고 해로운 음식을 섭취하거나 과식한다는 걸 인식하지 못해서 식이 조절에 실패하는 경우가 많습니다. 과체중인 초민감자에게 이런 사실을 지적해주면 일생일대의 깨달음을 얻곤 하죠.

여러분도 감각 과부하를 극복하려고 음식에 손을 댈 수 있습니다. 몸이 마른 사람은 온갖 종류의 고통을 더 쉽게 흡수하니까요. 하지만 더 나은 해결책이 있습니다. 이 책에 소개된 방어 전략을 연습하면(저도 마른 편이라 이런 방법을 씁니다) 온 세상의 병폐를 흡수하던 행위를 멈출 수 있습니다. 올바른 음식을 선택하는 등 안정과 보호를 위한 보다 건강한 방법을 찾아 공감적 섭취를 그만두는 겁니다.

——————— 자가 진단 ~~~~~~~

당신은 음식 초민감자인가?

- 정신적 위압감을 느낄 때 과식을 하는가?
- 마음을 진정시키기 위해 설탕이나 탄수화물, 정크푸드에 의존하는가?
- 음식이 주는 효과에 몸이 극도로 민감하게 반응하는가?
- 설탕이나 카페인, 탄산음료, 정크푸드를 섭취하면 기분이 급격

히 변하고, 머리가 멍해지고 독성이 퍼지는 게 느껴지는가?

- 글루텐이나 콩 같은 특정 음식에 알레르기나 과민증이 있는가?
- 몸집이 비대할 때 자신이 더 보호받는다는 느낌을 받는가?
- 건강하고 깨끗한 음식을 먹으면 기운이 넘치는가?
- 식품 보존제에 예민한가?
- 살이 빠졌을 때 스트레스에 더 취약한가?

테스트 결과는 다음과 같이 해석하면 됩니다.

- '그렇다'고 답한 문항이 1~3개라면, 음식 초민감자의 경향이 약간 있습니다.
- '그렇다'고 답한 문항이 4~6개라면, 음식 초민감자의 경향이 상당 부분 있습니다.
- '그렇다'고 답한 문항이 6개 이상이라면, 당신은 음식 초민감자입니다. 음식을 통해 스트레스와 불안을 자가 치료하고 있죠.

초민감자는 극도로 민감한 자신의 몸을 존중해줘야 합니다. 우리는 일반 사람들보다 음식에 더 강렬하게 반응할 수 있습니다. 음식도 에너지이므로, 서로 다른 음식이 몸에 끼치는 미묘한 차이를 느끼는 거죠. 그러므로 우리는 체질상 음식을 까다롭게 선택해야 합니다. 저는 도살당한 가축의 고통이 온몸으로 느껴져 극단적 채식주의자인 비건이 된 환자들도 만

> *과체중도 타인의 스트레스로부터 자신을 지키는 하나의 방편입니다. 하지만 우리는 더욱 건강하게 민감성을 보호할 방법을 터득해야 합니다.*
> *– 주디스 올로프*

나눴습니다. 초민감자는 음식에 깊은 동조 반응을 보이기 때문에 과식을 촉발하는 요인을 알아차리는 것이 중요합니다. 그러고 나서 아래의 전략들을 연습하면 음식에 의존하지 않고도 자신을 안정시킬 수 있습니다.

공감적 음식 섭취자를 위한 10가지 가이드라인
공감적 음식 섭취자는 사람의 진을 빼는 동료나 말싸움, 거절당한 기분 등 자신에게 과식을 촉발하는 스트레스 요인을 정확히 찾아내야 합니다. 그리고 최대한 빨리 에너지를 정화해서 시스템을 안정시키도록 훈련해야죠. 과식에 빠지기 전에 부정적인 감정을 미리 방출할 방법을 몇 가지 알려드리겠습니다.

1. 호흡을 통해 몸에서 스트레스를 몰아내라. 스트레스를 느끼는 즉시 천천히 심호흡하는 데만 집중하세요. 그러면 부정적인 에너지가 빠져나갑니다. 두려워서 숨을 멈추면 독성이 몸 안에 갇혀버립니다.

2. 수분을 보충하라. 부정적인 에너지가 감지되고 폭식 충동이 느껴진다면 정수된 물이나 광천수를 마시세요. 물은 모든 불순물을 씻어줍니다. 몸에 쌓인 독성을 지속해서 배출하려면 물을 하루에 6잔 이상 마셔야 합니다. 이와 더불어 목욕이나 샤워로 부정적인 에너지를 씻어내주세요.

3. 설탕 섭취를 제한하라. 설탕이나 탄수화물, 술에 의존하면 마음이

불안정해지고 기분이 급격히 변해서 원치 않는 스트레스를 더 쉽게 흡수합니다.

4. 단백질을 섭취하라. 단백질은 신경계를 안정시켜서 땅에 뿌리내리고 있다는 느낌이 들게 해줍니다. 적은 양의 단백질을 하루에 4~7번씩 나눠서 섭취하는 게 가장 바람직합니다. 이런 식이요법을 활용하면 자신이 더욱 강하고, 안전하며, 세상에 닻을 내리고 있는 사람으로 느껴집니다. 특히 비건은 단백질을 충분히 먹어줘야 합니다. 저는 하루에도 몇 번씩 소량의 단백질을 섭취하는데, 인도적으로 사육된 닭, 풀만 먹여서 키운 유기농 소, 자연산 생선 등을 간단하게 먹는 겁니다. 여행 중에는 이런 식단을 유지하기 힘들어서 견과류나 칠면조 육포 같은 간식과 물에 타 먹을 수 있게 소포장 된 단백질 파우더를 준비해 갑니다. 그러면 에너지와 안정감을 유지할 수 있죠.

5. 혈당 수치가 떨어지지 않게 관리하라. 초민감자는 저혈당증에 극도로 민감합니다. 혈당이 낮은 상태로 바쁘게 지내다 보면 감당 못 할 상황에 부닥칠 수 있거든요. 그러니 식사는 절대로 거르면 안 됩니다. 사람이 붐비는 장소에 있거나 여행할 때, 사업상 회의를 할 때는 특히 주의해야 합니다. 혈당이 낮은 초민감자는 금세 지치고 위압감에 억눌리니까요.

6. 채소를 많이 먹어라. 과식으로 체중이 불어나고 있다면 채소를 많이 먹어서 배를 채우고 식욕을 억제하세요. 통곡물을 같이 먹어도

좋지만 과하면 탄수화물 중독을 유발할 수 있으니 조심해야 합니다.

7. 건강한 지방은 몸에 이롭다. 좋은 지방을 먹으면 살이 찌지 않습니다. 오히려 온종일 우리 몸에 에너지를 공급해서 허기지거나 폭식에 빠지지 않게 막아주죠. 그러니 올리브 오일과 코코넛 오일, 다양한 견과류를 반드시 식단에 넣으세요. 오메가-3 지방산이 풍부한 연어, 오메가-3 달걀, 아마씨 같은 식품도 빠뜨릴 수 없죠. 아보카도와 견과류, 콩류에도 건강한 지방이 많습니다. 저도 저열량, 저지방, 저탄수화물 다이어트를 했던 적이 있습니다. 좋은 지방에서 얻는 에너지를 놓치는 큰 실수를 한 거죠. 최근에는 지방도 잘 선택해서 먹으면 체중 감소에 도움이 된다는 연구 결과가 나오기도 했습니다. 우리가 피해야 할 건 나쁜 지방입니다. 경화유나 포장 식품에 들어가는 트랜스지방은 동맥을 막고 질병을 유발하죠.

8. 카페인 섭취를 제한하라. 초민감자는 카페인에 민감한 경우가 많습니다. 저도 하루에 한 잔씩 커피를 즐기지만, 과도하게 흥분할 수 있어서 그 이상은 마시지 않습니다. 두 잔을 마시고 싶다면 카페인 커피와 디카페인 커피를 섞는 것도 한 방법입니다. 소량의 카페인이 부정적인 에너지를 완충해주는 경험은 초민감자라면 대부분 해봤을 겁니다. 하지만 과하게 마시면 초조하고 피곤하며, 타인의 증상과 스트레스에 더 쉽게 감염될 수 있습니다. 청량음료에 든 카페인도 과용하지 않도록 주의해야 합니다. 설탕이 다량 함유된 청량음료는 완전히 피하는 게 가장 좋습니다. 반면에 캐모마일 같은 허브차나

디카페인 차는 진정 성분이 있어서 감정 과부하를 조절해줍니다.

9. 에너지를 고려해 음식을 섭취하라. 신선한 유기농 식품, 가공하지 않은 식품, 현지에서 기른 식품, 유전자변형이 없는 식품은 최고의 에너지원입니다. 다양하게 시식하면서 어떤 음식을 먹었을 때 에너지가 오래 지속되고 어떤 때는 그렇지 않은지 실험해 보세요. 저는 이 방법을 '음식 조율(eating with attunement)'이라고 부릅니다. 영성 워크숍이나 콘퍼런스처럼 긍정적인 에너지가 높은 환경에서는 식욕도 증가하기 때문에, 올바른 음식을 먹는 게 더 중요해집니다. 저희 직관력 워크숍 참석자들만 봐도 평상시보다 명상을 많이 하고 새로운 치유법을 경험하다 보니 금세 배고파합니다. 음식을 먹으면 우리 몸이 안정되기 때문에 더 큰 에너지를 처리할 수 있습니다. 다양한 음식을 먹으며 내 몸에서 어떤 기분이 드는지 감지하고, 건강에 도움이 되는 음식을 찾아 더 많이 섭취하세요. 그러면 자연히 음식 중독을 피할 수 있습니다. 당신의 기분이 좋아질수록 바깥세상으로 인해 소진되는 일이 줄어듭니다. 일반적으로 건강한 식사를 하는 초민감자가 더 건강하고 튼튼하며, 스트레스에 덜 취약합니다.

살아 있는 음식이 초민감자를 건강하게 한다

살아 있는 음식을 먹으면 몸속에서 활력을 느낄 수 있습니다. 죽은 음식을 먹을 때와는 확연히 다르죠. 초민감자는 에너지에 극히 민감하기 때문에 살아 있는 음식과 죽은 음식의 차이를 느낄 수 있습니다. 그럼 음식의 생명력을 직관적으로 알아내는 법을 가르처드리겠습니다. 이렇게 음식을 선택하면 건강을 보전하고 음식 중독을 예방할 수 있습니다.

살아 있는 음식은 빛이 난다. 이런 음식은 향기롭고 맛있으며 활기를 띱니다. 화학물질과 보존제가 없는 유기농 식품이라 폭식 충동을 불러일으키지 않죠. 살아 있는 음식이 제공하는 순수한 에너지는 조화로운 느낌을 줍니다. 텃밭에서 기른 토마토와 마트에서 흔히 보는 대량생산 토마토의 맛과 에너지를 비교해 보세요. 살아 있는 음식을 먹는 훈련을 하세요. 여러분의 몸을 든든히 지탱해줄 겁니다.

죽은 음식은 생기가 없고 시들어 보인다. 이런 음식은 향이 없고 먹어도 기분이 찜찜합니다. 우리 몸에 에너지를 더해주지 못하고, 심하면 빼앗아가기도 하죠. 보존제와 화학물질이 들어가거나 인공적으로 영양을 강화시켰기 때문입니다. 죽은 음식을 먹으면 배가 더부룩하거나 탈이 나고, 머리가 멍해지며, 설탕과 탄수화물을 폭식하게 됩니다. 함부로 먹지 않도록 주의하세요.

10. 음식 알레르기 검사를 받아라. 초민감자는 화학물질에 민감하거나 글루텐, 콩, 효모 등에 알레르기가 있는 경우가 많습니다. 병원에 가서 음식 알레르기나 글루텐 과민증이 있는지 검사해 보세요. 간단한 혈액 검사나 타액 검사로 알아볼 수 있습니다. 결과에 따라 금지해야 할 음식을 식단에서 제거하세요. 이렇게 하면 몸의 에너지를 끌어올리면서 위장의 염증은 감소시켜 과민성대장증후군이나 다른 위장 질환의 원인을 치료할 수 있습니다.

위의 10가지 가이드라인 외에도 다음의 방어 기술을 익히면 스트레스가 심할 때 폭식 충동을 물리칠 수 있습니다.

냉장고 앞에 명상용 방석을 두기

살을 찌워서 자신을 보호하거나 음식 중독에 쉽게 빠지는 성향이라면 냉장고 앞에 명상용 방석을 놔두세요. 과식 충동이 일어날 때 이 방석이 보이면, 냉장고 문을 여는 대신 명상을 해야겠다는 생각이 들 겁니다.

음식에 손을 대려던 마음을 접고 방석에 앉아 눈을 감아보세요. 천천히 호흡하면서 내면의 중심을 잡습니다. 무엇 때문에 과식 충동이 일어났는지 찾아보죠. 가족 중 누군가가 내게 화를 냈나요? 외로운 기분이 들었나요? 사람들 틈에서 과부하에 걸렸었나요? 쇼핑몰에 다녀와서 지친 건가요? 자기 자신을 너그럽게 대해주세요. 과식하고 싶다는 강박관념이 밀고 들어오면, 자신의 몸 안에 사랑이 넘쳐흐르는 모습을 상상해 봅니다. 크나큰 사랑이 두려움과 불안을 녹여버리는 순간 만족감이 느껴질 겁니다. 자기 자신을 위로하는 기분을 즐기세요. 당신은 명상을 통해 자신의 기분과 에너지 수치를 안정시킬 힘이 있습니다. 숨을 끝까지 들이마시고 내쉬며, 내겐 아무런 문제도 없다는 확신을 가지세요.

음식은 에너지원이 될 수도, 에너지 파괴자가 될 수도 있습니다. 자신의 민감성을 악화시키지 않고 잘 보살펴주는 식습관을 개발하세요. 그러면 음식에서 얻는 에너지를 최대화하고 민감성 과식이라는 방어 기제는 최소화할 수 있습니다. 자신을 지키고 안정시킬 도구만 있으면 당신의 선한 마음을 허물어버리던 음식 갈망이 사라질 겁니다.

이 장에서 제안한 방법을 활용하면 여러분은 더 건강해질 수 있습니다. 초민감자는 음식과 건강의 상관관계와 자신의 중독 성향을 잘 파악할 필요가 있습니다. 건강을 다스리면 감각 과부하로부터 자신을 지켜서 중독 행동을 막을 수 있죠.

♥ 초민감자 선언 ♥

나는 내 몸이 주는 지혜에 귀를 기울일 것이다.
나는 건강한 식사를 할 것이다.
나는 스스로를 돌보며,
중독을 치유하고,
신체적, 정신적, 영적 균형을 지켜나갈 것이다.

3

The Empath's Survival Guide

진정한 소울메이트를 찾아서

초민감자는 극도의 민감성 때문에 연인이나 부부 사이에서 특히 어려움을 겪을 때가 많습니다. 친밀감이 생기면 포용력이 향상됩니다. 그러면 우리는 상대를 더욱 사랑하고, 자신의 필요를 솔직히 표현하게 되죠. 친밀한 관계를 잘 유지하려면 초민감자는 더욱 진실하게 대화하고 경계를 확실히 그어야 합니다. 그래야만 안정감을 느끼고 과부하에 걸리지 않습니다.

올바른 애정 관계는 초민감자에게 강력한 힘을 줍니다. 우리는 누군가가 귀하게 여기고 사랑해줄 때 지상에 더 깊이 뿌리내릴 수 있습니다. 파트너가 민감성을 존중해주면 초민감자는 더욱 안정되고 든든해지죠. 그런데 친밀감이 주는 놀라운 혜택이 아무리 많아도, 너무 오래 함께 지내다 보면 초민감자는 결국 지치고 감각의 과부하에 걸립니다. 관계 자체에서 정신적인 피로를 느끼며 도망치고 싶은 마음이 들기도 하죠. 왜 그럴까요? 우리는 민감해서 자기도 모르게 파트너의 감정과 스트레스에 전염되기 때문에, 경계선을 긋는 법을 모르면 질식할 것 같은 공포를 느끼는 겁니다.

이게 바로 우리의 문제입니다. 친밀한 교제를 원하면서도 그 관계 때문에 불안해지죠. 저를 비롯한 초민감자들은 사랑받고 싶지만 혼자 있고도 싶은 모순된 욕망을 지니고 있습니다. 누군가 나를 필요로 했으면 좋겠지만, 다른 사람의 필요를 채워야 한다는 부담감은 싫은 거죠. 나의 내면이 풍요로워지기를 바라지만, 파트너와 교제도 하고 싶습니다. 그렇다고 마음을 닫아걸고 불안감을 억누르며, 매번 살얼음판을 걷듯이 조심스럽게 행동하고, 문제가 수면 위로 떠오를 때마다 달아나는 건 해답이 아닙니다. 그럼 어떻게 해야 할까요? 우리의 민감성을 잘 다스리며 보호하는 한편, 파트너와 분명한 경계를 설정해야 합니다. 이 장에서는 그런 방법을 가르쳐드리겠습니다.

매번 사랑해서 안 되는 사람에게만 끌리나요?

워크숍과 심리치료실에서 민감한 사람들을 만나다 보면 항상 놀라는 점이 있습니다. 그들 중 상당수가 연인과 장기적으로 친밀한 관계를 유지하고 싶어 하지만, 현실에서는 싱글인 상태를 못 벗어나거나 계속해서 '사랑 불능자'에게만 끌린다는 겁니다. 아무리 진심을 다해 데이트를 하거나 흔쾌히 소개팅을 하고, 비슷한 사람들이 모이는 사교 모임에 가입해도 마찬가지입니다.

　그런 분들의 마음은 충분히 이해합니다. 저도 오랜 세월 인생의 소울메이트를 갈망하며 살았으니까요. 하지만 몇 년씩 연애를 해도 결국은 헤어지는 패턴이 계속됐습니다. 연인 관계에서 오는 안정감과 열정을 사랑하지만, 초민감자로서 제가 원하는 바를 확실히 표현하지 못했기 때문입니다. 그런 말이 편하게 나오기까지 오랜 시간이 걸렸고, 아직도 연습해가는 중입니다. 그래서 예전에는 감각 과부하에 걸리면 어쩔 줄 모르고 중압감을 못 이겨 도망쳤습니다. 그리고 혼자 있을 때 관계에서 오는 수많은 감정을 처리했죠. 그러면 파트너와 있을 때 현재에 더욱 집중하고 갈등을 덜 겪을 수 있었습니다. 이게 얼마나 중요한지는 최근에야 깨달았습니다. 그러다가 싱글 생활로 돌아오면 외롭기는 해도 다른 사람의 필요를 채우려고 노력하지 않아도 되니 정신적으로 덜 힘들었죠. 대신 관계를 유지하며 감각 과부하를 감당하지 못하는 저 자신을 비난하지 않으려고 특별히 더 신경 써야 했습니다.

지금도 저는 파트너(혹은 다른 누구라도)를 사랑하고 존중하는 것과는 별개로 타인과 오래 함께 있다보면 과도한 자극으로 힘들어집니다. 그 사람 때문에 신경이 거슬리면 마음도 불안해지죠. 혼자 있는 시간과 파트너와 보내는 시간 사이에 균형을 맞추는 것이 초민감자인 제게는 큰 도전이었습니다. 배려심 많은 제 파트너는 두 사람 다 행복한 중간 지점을 찾기 위해 저와 함께 해결책을 모색했고, 그게 불가능할 때는 저를 혼자 있게 해줬습니다. 이런 저를 포용해준 파트너에게 정말 감사하죠. 초민감자는 함께 살기에 편한 짝꿍은 아닙니다. 온전한 정신을 유지하려면 혼자만의 휴식이 필요하니까요. 연인이나 배우자는 우리의 이런 면을 이해해줘야만 합니다.

소울메이트를 찾는 일이 초민감자에게는 왜 이렇게 힘든 걸까요? 단순히 이 세상에 교제 가능한 사람이 부족해서일까요? 아니면 우리가 신경과민이라서? 그렇지 않습니다. 저는 개인적인 경험과 심

> *초민감자인 저는 사랑을 추구하는 마음과 혼자 있고 싶은 마음 사이에서 평생 갈등했습니다.*
> – 주디스 올로프

리 상담 과정을 통해 다른 요인을 찾았습니다. 제가 '관계 초민감자'라는 깨달음이 중요한 퍼즐 조각이었죠. 초민감자는 민감하고 직관적이며 친절하지만, 한편으로는 신경이 정교하게 발달한 '충격 흡수체'라서 어떤 자극에나 격렬하게 반응합니다. 민감성에는 놀라운 장점이 많습니다. 일단 우리는 파트너의 감정을 똑같이 느낍니다. 때로는 텔레파시를 통해 이런 일이 이뤄지기도 하죠. 또한 우리는 관능적이고 반응을 잘 해주는 연인입니다. 하지만 타인의 스트레스까지 흡수한다는 건 단점입니다. 누군가와 가까워질수록 우리의 민감성은 고조됩니다. 더군다나 연인과 함께라면 자극이 더욱 심해서 쉽게 지치고 과부하로 힘들어지죠. 이건 일반적인 공감과는 차원이 다릅니다. 직장에서 힘든 일을 겪은 파트너에게 동감해주는 것과 달리, 초민감자는 파트너의 기쁨이나 슬픔을 실제 자신의 감정처럼 느끼며 동화됩니다. 그래서 연인 관계, 특히 동거하는 관계는 우리에게 큰 시험이죠.

자신이 파트너의 스트레스를 흡수한다는 사실을 여태 파악하지 못했다면, 무의식적으로 연인 관계를 피하거나 사랑이 불가능한 사람들에게만 끌렸을 가능성이 있습니다. 감당이 안 될 정도로 짓눌릴까 봐 두려웠던 거죠. 소울메이트를 원하는 내가 있는가 하면, 탈진하고 질식하거나 자기 자신을 잃어버릴까 봐 무서운 나도 있는 겁니다. 우리는 누군가와 친밀해질수록 공감 능력이 올라가고, 그에 따라 불안감도 커집니다. 그래서 초민감자는 종종 '사랑 불능자'를 선택합니다. 사랑할 줄 모르는 사람은 상대가 가까이 다가오지 못하게 막기 때문에, 이런 사람을 만나면 친밀한 관계에서 오는 두려움을 경험할 필요가 없으니까요. 같은 이유로 실제 모습을 보여주지 않는 온라인 데이트에 빠지거나, 사랑에 대해 모호한 태도를 보이며 헷갈리는 메시지만 던져주는 사람을 고릅니다. 절대로 얻을 수 없는 친밀함을 끊임없이 갈망만 하는 거죠. 때로는 제가 '새로운 관계 중독(new relationship addict)'이라고 부르는 행동에 빠지거나, 자기 자신이 새로운 관계 중독자가 되기도 합니다. 관계 초기의 설렘만 즐기고 친밀감이 끼어들면 중압감 때문에 떠나버리는 겁니다.

헌신을 싫어하는 사랑 불능자에게 끌릴 때 여러분을 가장 혼란스럽게 만드는 건, 당신이 그들에게 강렬한 감정적, 성적 케미스트리를 느낀다는 사실입니다. 그래서 당신은 친구라면 절대 용납하지 않았을 행동도 그들에게는 용인해버리고 맙니다. 그들과 있을 때의 자극이 너무나 강렬하고 새로워서 친밀감으로 착각하고, 관계를 이어나가기 위해 비정상적인 자기합리화와 타협을 거치기도 하죠. 그래서 누군가와 가까워지기 전에 우선 그 사람에 대해 날카롭게 판단할 줄 알아야 합니다. 그러니 명심하세요. 친밀감이나 유대감이 느껴지는 모든 사람이 당신의 소울메이트인 것은 아닙니다. 억울하고 혼란스럽겠지만, 절대 사랑하면 안 되는 사람에게 빠져버릴 수도 있다는 걸 명심하세요. 판단을 돕기 위해 사랑 불능자의 몇 가지 특징을 알려드리겠습니다.

- 이미 결혼했거나 다른 누군가와 사귀고 있는데도 당신과 동시에 관계를 이어나가고 있다.
- 당신에게 헌신하지 못하고, 과거의 연인에게 헌신했던 두려움에

대해 말한다.

- 멋대로 관계를 진전시키거나 단절시킨다.
- 당신에게 감정적으로 거리를 두거나, 마음의 문을 닫아버리거나, 갈등 상황을 회피한다.
- 알코올, 성관계, 약물 등 무언가에 의존하거나 중독되어 있다.
- 메신저, 문자 같은 비대면 연락에 익숙하며, 당신을 주변 친구나 가족들에게 소개시켜주지 않는다.
- 이해하기 어렵고, 교활하며, 일과 피곤함을 핑계로 잠수를 탄다.
- 유혹적인 말들을 늘어놓지만 공허하며, 말과 행동이 일치하지 않는다.
- 명확한 대답을 하지 않고 둘러말한다. 그래서 당신은 항상 그들이 진정으로 의미하는 것을 해독하려고 애써야 한다.
- 나르시시즘의 성향이 있고, 당신의 요구는 무시하고 자기 자신의 요구만 말한다.
- 당신을 감정의 쓰레기통으로 취급하면서 계속 유혹적인 미끼를 던진다. 그리고는 결국 당신을 버린다.

수년간, 저는 많은 환자들이 왜 사랑 불능자에게 목을 매는지, 그리고 어떻게 이 파괴적인 패턴을 그만두게 할 수 있는지 알아내기 위해 일했습니다. 우리는 일부러 사랑 불능자에게 끌리는 게 아닙니다. 그들의 모호하고 복잡한 메시지가 우리의 특별한 민감성과 반응해 의식적으로든 무의식적으로든 유혹되는 겁니다.

사랑 불능자의 심리를 이해하는 것도 그들의 굴레에서 벗어나는 데 도움이 됩니다. 그들의 행동은 과거의 트라우마에 대한 무의식적인 방어기제입니다. 연구 결과에 따르면 대부분의 사랑 불능자들이 지배적이고, 강압적이고, 자녀를 학대하는 부모 밑에서 자라왔기 때문에 누군가와의 관계에 사로잡히는 걸 두려워한다고 합니다. 특히, 사랑 불능자인 남자들은 사랑이 없는 성적 관계만을 원하기도 합니다. 여성에 의해 통제되는 것을 두려워하는 거죠. 물론 그들은 인정하지 않겠지만요. 오히려 스스로를 마초라고 자부하며, 여성들이 자기가 줄 수 있는 것보다 지나치게 많은 것을 요구한다고 생각합니다. 그래서 긴밀한 관계를 맺기보다는 얕은 관계를 이어나가는 걸 선호합니다.

만약 여러분이 사랑 불능자와 연애하고 있고, 그 관계가 사랑처럼 느껴진다면 더 가까이에서 살펴보길 바랍니다. 운명적인 사랑은 분명 불가항력이지만, 그래도 다시 천천히 생각해 볼 여지는 남겨두세요.

관계와 집착의 차이

초민감자는 나쁜 사람에게 집착할 때가 있습니다. 내 눈에 보이는 그 사람의 '잠재력'을 끌어내주고 싶은 겁니다. 그러면서 "내가 사랑해주면 언젠간 나한테 마음을 열거야"라며 이유를 갖다 붙이죠. 하지만 보통은 동정심에서 나왔을 뿐 현실과는 동떨어진 생각입니다. 건강한 관계라면 연인 사이를 쌍방이 인정하고, 서로에게 마음을 열 의향이 있어야 합니다. 상대방이 변하기를 기대하며 한쪽에서

만 죽기 살기로 매달리는 건 집착입니다. 집착하면 사랑 불능자나 해로운 관계에서 벗어날 수가 없습니다. 친밀감을 원한다면 당신과 함께 있는 걸 기뻐하는 사람을 찾으세요.

초민감자인 내담자 중에는 누군가가 자신의 소울메이트라는 강한 확신이 드는데 지금은 사귈 수 없다든지, 구애를 받아주지 않아서 혼란스럽다고 토로하는 사람들이 있습니다. 저는 이들이 느낀 감정이 진짜지만, 전생을 믿는 사람들이 말하듯 때와 장소가 어긋났다고 생각합니다. 현생에서는 함께할 수 없는 사람인 거죠. 하지만 초민감자들은 그 사람에게 집착하고 짝사랑에 괴로워합니다. 사랑이 이루어지기를 마냥 기다리며 시간을 보내죠. 하지만 그런 기적은 거의 일어나지 않습니다. 그래서 저는 환자들에게 꼭 이뤄져야 하는 관계라면 어떻게든 반드시 이뤄진다고 말해줍니다. 지금 차지할 수 없는 사람 때문에 기다리지 말라는 겁니다. 그래서 당신이 지금 위험하고, 중독성 있고, 폭력적이고 일방적인 관계에 사로잡혀 있다면, 아무리 강렬한 열망이 당신을 붙잡아도 뿌리치려고 의식적으로 노력해야 합니다. 아직 미련과 희망이 남아 있는데도 관계를 놓아버려야 하는 현실이 견디기 힘들 수도 있습니다. 그런 분들에게 제 도교 스승님의 가르침을 알려드리겠습니다. "우리의 마음은 모든 일이 충분한 때를 스스로 안다."

헌신의 두려움

저는 동거를 몇 번 해봤지만 아직 결혼은 한 적이 없습니다. 왜냐고요? 저도 스스로 이 질문을 자주 해봅니다. 빠져나갈 구멍도 없이 잘못된 관계에 발목이 잡힐까 봐 두려운 마음도 있고, 초민감자로서의 요구를 짓누르며 나 자신을 너무 많이 포기하게 될까 봐 무섭기도 합니다. 제게 그런 삶은 죽음이나 마찬가지일 테니까요. 1988년도에 쓴 일기를 보니까 (이미 그때부터) 개인 시간이 필요하다는 걸 인정해주는 파트너를 찾기가 왜 이렇게 힘드냐며 슬퍼하고 있더군요.

제가 지금껏 관계를 통해 배운 게 하나 있습니다. 초민감자는 자신의 짝과 창의적이고 솔직한 대화를 끊임없이 해야 한다는 사실입니다. 저의 도교 스승님은 연인들이 서로의 성장과 신뢰를 위해 노력하지 않으면 "소울메이트(soul mate)가 감방 동료(cell mate)로 돌변할 수 있다"고 말씀하셨죠. 대화를 우선시하지 않는 관계는 고통스럽습니다. 가장 사랑하는 사람이 원수가 되죠. 초민감자는 상호 이해가 없으면 온전하게 살아갈 수 없습니다.

저는 이제 원하는 바를 입 밖으로 말하는 게 수월해졌고, 파트너는 제 말에 귀를 기울여줍니다. 그리고 제 감정이 격해져도 두려워하지 않는 그 사람 덕분에 더욱 안정감을 느끼게 됐습니다. 예전에는 남자에게 버림받을까 두려워 '격한 감정'을 드러내는 걸 조심했거든요.

파트너에게 자기 생각을 허심탄회하게 밝힐 수 있으려면 먼저 자신이 관계 초민감자인지 아닌지 확인해야 합니다. 관계 초민감자라면 적절한 경계선을 설정하고 자신의 요구를 주장해야 하죠. 그래야만 비로소 친밀감이 자라날 수 있으니까요.

나는 관계 초민감자인가?

자신이 관계 초민감자인지 확인하려면 아래의 자가 진단 문항에 답해보세요.

- 나는 파트너의 스트레스와 신체 증상, 감정을 흡수하는가?
- 관계 때문에 숨이 막히거나 나의 정체성을 잃어버릴까 봐 두려운가?
- 너무 오래 같이 있으면 불안해지는가?
- 재충전을 위해 혼자만의 시간이 필요한가?
- 때로는 혼자 잠들고 싶은가?
- 둘이 함께 있을 때 파트너가 TV를 보거나 전화하는 소리가 거슬리는가?
- 쉽게 상처를 받는가?
- 말싸움을 하면 몸이 아프거나 탈진하는가?
- 명확히 선을 긋고 내 요구를 주장하는 게 힘든가?
- 파트너와 여행을 할 때 방을 따로 쓰는 게 더 편한가?

결과는 다음과 같이 해석하면 됩니다.
- '그렇다'고 대답한 항목이 1~2개면, 당신은 관계 초민감자 성향이 약간 있습니다.
- '그렇다'고 대답한 항목이 3~6개면, 당신은 관계 초민감자 성

향이 상당히 있습니다.

- '그렇다'고 대답한 항목이 7개 이상이면, 당신은 관계 초민감자 성향이 강합니다. 관계를 잘 유지하려면 민감성을 관리하는 기술을 배울 필요가 있습니다.

~~~~~~

정서적으로 조화로운 반려자 찾기

자신이 관계 초민감자라는 사실을 깨달았다면, 이제 장애물을 제거하고 서로를 성장시킬 파트너를 찾을 준비가 된 겁니다. 어디서부터 시작할까요? 먼저 부부나 연인 사이란 어떠해야만 한다는 고정관념을 완전히 버리세요.

커플의 의미를 새롭게 규정할 필요가 있습니다. 소울메이트 관계에서는 두 사람 모두 자신과 상대방의 성장에 전념해야 합니다. 물론 소울메이트라고 해서 완벽한 사람은 아니거니와, 평생 동안 여러 명의 소울메이트가 생길 수도 있습니다. 저의 도교 스승님은 누구와 사귈지 결정하기에 앞서, 내가 어떤 문제들을 그나마 잘 해결하는지 생각해 보라고 말씀하셨죠. 하지만 교제 기간이 2달이든, 2년이든, 20년이든, 아니면 평생 가든, 우리는 모든 관계에서 마음을 열고 내면의 상처를 치유하는 법을 배울 수 있습니다.

초민감자와 파트너는 관계에 지장이 없는 범위 내에서 서로 얼마만큼의 시간을 함께 지내고 싶은지 결정해야 합니다. 제 내담자 중에는 매년 자녀들의 학교가 쉬는 여름 방학과 긴 연휴에만 파트너와 만나는 분이 계시는데, 두 사람 모두 만족스러워합니다. 멀리 떨어져 살면서 주말에만 보는 걸 선호하는 커플도 있죠. 의사나 변호사, 비행기 조종사, 또는 출장을 자주 다니는 배우자를 얻고 싶어 하는 초민감자들도 꽤 있습니다. 그럼 개인 시간이나 친구들을 만날 시간이 많아지니까요. 자기도 집에 있는데 파트너까지 재택근무를 해서 종일 붙어 있다면 견디기 힘들 수 있습니다. 또한 초민감자는 파트너가 친구들과의 교제나 취미생활, 운동 등 여러 가지 활동으로 꽉 찬 삶을 살기를 바랍니다. 자신이 파트너의 유일한 측근이라면 완전히 지쳐버릴 수 있으니까요. 서로 떨어져 지내는 시간은 관계에 큰 도움이 됩니다. 커플이라면 어느 정도의 시간을 서로 함께해야 한다는 정답은 없습니다. 제가 드리고 싶은 충고는 여러분에게 가장 편한 방식으로 시간을 배분하시라는 겁니다.

초민감자에게 최고의 파트너는 어떤 사람일까요? 저는 파트너 유형을 '학구파'와 '초민감자' 그리고 '바위'의 세 가지로 분류했습니다. 두세 가지 유형에 모두 포함되는 사람들도 있을 것입니다. 자신의 소울메이트가 어떤 유형인지 알면, 교제하는 데 필요한 통찰력이 생깁니다. 또한 파트너가 여러분의 뒷골을 당길 때(소울메이트들이 자주 하는 짓이죠) 욱해서 반응하지 않고 감정을 다스리는 데도 도움이 됩니다. 화를 억누르거나 덜 느끼게 된다는 뜻이 아닙니다. 자신의 약점을 치유하고 강점을 최대화해서 균형을 찾아가는 거죠.

어떻게 하면 자신과 조화를 이룰 파트너를 찾을 수 있을까요? 초민감자는 말보다 에너지가 앞서는 사람에게 영혼에서부터 친밀감을 느낍니다. 그러니 누군가와 에너지가 연결될 때 특히 주의하셔야 합니다. 그 사람이 하는 말과 내면의 에너지가 일치하는지 살펴보세요. 어딘가 모르게 어긋나 보이나요? 뚜렷한 이유도 없이 마음이 안 가나요? 초민감자는 진실하지 않은 사람 앞에서 얼어붙는 경향이 있습니다. 직관적으로 조심해야 한다든지 어딘가 이상한 사람이라는 느낌이 드나요? 말과 행동, 에너지가 일치하지 않는다는 의심이 들면, 그 사람과 가까워지는 속도를 늦추세요. 당신의 사랑을 받을 만한 가치가 있다고 스스로 증명하기 전까지는 마음을 주지 마세요. 직관을 통해 그 사람의 본모습을 알아내세요.

그럼 어떤 사람이 초민감자에게 가장 이상적일까요? 그건 각자의 성격과 욕구에 따라 다릅니다. 자신이 선호하고 오랜 시간 함께 지낼 수 있는 유형, 혹은 유형의 조합을 알아내세요. 아래에 설명된 유형들은 외향적일 수도, 내향적일 수도 있습니다.

유형 1. 학구파 – 생각이 많은 사람

날카로운 분석가 스타일로, 머리 쓰는 일을 가장 편안해합니다. 논리와 이성적인 사고의 틀로 세상을 관찰하죠. 의견 충돌이 생겨도 평정심을 유지하고, 감정을 잘 드러내지 않으며, 육감을 믿지 않는 유형입니다. 걱정 없이 즐기거나 관능적인 신체 접촉을 하는 일이 좀처럼 없죠. 이런 논리력으로 극렬한 감정에 휩싸인 상대방을 보완하고 안정시키기 때문에 어떤 초민감자에게는 좋은 파트너가 될 수 있습니다.

학구파와 대화할 때 초민감자가 유의할 점

- **도움을 구하라.** 학구파들은 문제 해결을 즐깁니다. 당신의 고민이나 문제를 어떻게 도와달라고 아주 구체적으로 말하세요. 그러면 정확히 알아들을 겁니다.

- **한 번에 한 가지 문제만 말하라.** 학구파에게 '요동치는' 감정을 퍼부으면 나가떨어질 수 있습니다. 당신은 초민감자라서 바쁜 하루가 끝나면 재충전을 할 혼자만의 시간이 필요하다고 파트너에게 설명하세요. 이때, 파트너가 무언가를 잘못해서가 아니니 기분 나빠하지 말라고 분명히 말해야 합니다.

- **자주 대화하라.** 소통의 끈을 계속 붙잡고 있어야 당신이 어떤 사람인지 정확히 이해시키고, 사랑을 유지할 수 있습니다.

초민감자와 대화할 때 학구파가 유의할 점

- **호흡하라.** 자기 머릿속에만 갇혀 있지 말고 '박스 호흡(box breathing)'을 연습하세요. 코로 숨을 들이쉬면서 여섯까지 세고, 숨을 멈추고 셋을 센 다음, 입으로 숨을 내쉬며 다시 여섯까지 셉니다. 여러 번 반복하세요. 그러면 긴장이 풀리고 어지러운 생각이 가라앉아서, 초민감자인 파트너에게 더욱 집중할 수 있습니다.

- **운동하라.** 산책, 수영, 헬스 등 운동을 하면 신체의 인지 능력이 향상되어 생각 많고 어지러운 머릿속이 잠잠해집니다. 더불어

긴장도 완화되어 차분한 상태로 파트너와 시간을 보낼 수 있죠. 요가를 하는 것도 초민감자인 파트너를 이해하는 데 도움이 됩니다. 머리를 비우고 자연 그대로 받아들이는 연습이 되니까요.

- **공감하라.** 초민감자의 감정 문제에 대응하기 전에 이렇게 자문해 보세요. "어떻게 하면 머리만이 아닌 가슴으로 대할 수 있을까?" 그리고 초민감자의 딜레마를 너무 빨리 '해결'하려고 하지 마세요.

유형 2. 초민감자 – 감정의 스펀지

초민감자인 파트너는 친절하고 열정적이며 당신을 지지해줍니다. 자신의 감정뿐만 아니라 상대방의 감정도 매우 강하게 느끼니까요. "초민감자끼리도 좋은 관계를 맺을 수 있나요?"라는 질문을 자주 받는데요. 네, 물론입니다. 놀랄 만큼 마음이 잘 통하죠. 두 사람 다 서로를 이해하니까 자신을 설명할 필요가 없거든요. 하지만 성공적으로 관계를 맺고 좋은 사이를 유지하려면 공통의 욕구에 대해 끊임없이 소통해야 합니다. 초민감자인 두 사람이 동시에 흥분하면 사태가 심각해질 수 있습니다. 그래서 민감한 사람들이 사귈 때는 서로 양보하고, 각자 차분히 쉴 수 있는 독립된 공간을 마련해야 합니다.

저는 양쪽 모두 초민감자인 커플을 많이 상담해 봤습니다. 안정된 상태를 유지하면서 서로의 민감성을 존중하는 법을 가르쳐드렸죠. 이런 관계의 이점은 서로가 상대방의 감정을 쉽게 이해한다는 겁니다. 대신 자신의 욕구를 밝히고 경계선을 그어 안정감과 차분함을 유지하는 게 어렵죠. 초민감자는 자극을 받으면 휴식을 취하며 마음을 가다듬고 누그러뜨려야 합니다. 흥분한 초민감자 둘이 붙어 있으면 서로 불안감만 키울 뿐이죠. 각자 조용한 공간에서 긴장을 풀어야 합니다. 초민감자끼리 사랑에 빠지면 어려움이 많지만 장기적으로 성공적인 관계를 이어갈 수 있습니다.

초민감자끼리 대화할 때 유의할 점

- **매일 각자의 휴식 시간을 확보하라.** 짧게라도 혼자만의 시간을 통해 마음을 가라앉히고 기력을 회복하세요. 야외 산책도 좋고, 방에서 혼자 명상을 해도 좋습니다. 불안이나 두려움같이 억눌린 감정이 몸속에 머물지 않도록 호흡을 통해 내보내세요. 그러고 나면 둘 다 맑은 정신으로 서로에게 집중할 수 있습니다.

- **자신의 민감성을 보호하라.** 각자 자신이 감정적으로 가장 힘든 상황 5가지를 목록으로 작성하세요. 그리고 이럴 때 어떻게 대처할지 함께 계획을 세웁니다. 둘 중 누구도 공황상태에 빠지면 안 되니까요. 예를 들어, 사교 모임에 같이 가더라도 차는 각자 가져가서 먼저 집에 가고 싶은 사람이 억지로 붙들려 있지 않게 하는 겁니다.

- **함께 명상하라.** 침묵 속에서 서로의 영혼이 연결되고 유대감이 강화됩니다.

유형 3. 바위 – 조용하면서 강한 유형

한결같이 믿음직하며 안정감 있는 유형으로, 언제나 그 자리에서 우리가 기대 쉴 수 있게 해줍니다. 이런 파트너에게는 초민감자도 자유롭게 감정을 표출할 수 있죠. 그래도 바위는 우리를 비판하는 법이 없습니다. 오히려 듬직한 성격으로 일관성을 사랑하는 초민감자를 안심시켜주죠. 하지만 바위 유형은 감정 표현을 어려워하는 경우가 많습니다. 초민감자는 이들의 마음을 열려고 노력하다가 더딘 행보에 좌절하곤 하죠. 감정이 없는 사람으로 느껴지기도 합니다.

하지만 초민감자와 바위 유형은 환상의 커플이 될 수 있습니다. 서로 균형을 이루기 때문이죠. 바위 유형은 초민감자에게 감정과 열정을 확실히 표현하는 법을 배울 수 있고, 초민감자는 바위 유형에게 안정적인 성격을 배울 수 있습니다. 바위 유형이라고 감정이 없는 건 아닙니다. 감정을 끄집어낼 수 있는 애정 어린 응원이 필요할 뿐이죠. 바위는 두 발을 땅에 굳게 디디고 있다는 걸 잊지 마세요.

바위 유형과 대화할 때 초민감자가 유의할 점

- **고마운 마음을 표시하라.** 바위 유형의 긍정적인 면을 언급하며 자주 고맙다고 말하세요. 자신의 순수한 행동이 관계에 도움이 된다는 확신이 들면 이들은 더욱 밝아질 겁니다.

- **친밀감을 요구하라.** 상대와 더욱 깊이 연결되고 싶다면, "기분이 좋아"나 "사랑해", 혹은 "난 불안해" 같은 감정 표현을 하루에 하나씩이라도 해달라고 부탁하세요.

- **자연 속에서 함께 시간을 보내라.** 자연환경 속에서 신체 활동을 같이하다 보면, 서로 더욱 가까워질 수 있습니다.

초민감자와 대화할 때 바위 유형이 유의할 점

- **대화를 유도하라.** 파트너가 이끄는 대로 반응만 할 게 아니라 서로 감정을 나눌 수 있게 당신이 주도해 보세요.

- **감정을 드러내라.** 자신의 느낌을 말해야 내면의 열정과 배려가 전해진다는 걸 명심하세요.

- **신체 접촉을 하라.** 포옹을 하거나 파트너에게 팔을 둘러보세요. 초민감자는 이런 신체 접촉을 좋아합니다.

저는 개인적으로 초민감자가 아닌 바위 유형과 제일 잘 맞습니다. 제 파트너는 땅에 뿌리내린 사람으로, 제가 감정을 토로해도 거기에 휩쓸리지 않습니다. 다른 초민감자와 함께하는 건 제게 너무 벅찬 일입니다. 또한 저는 말이 많고 자신의 감정 상태를 자주 표현하는 사람보다 조용하고 침착한 사람을 선호합니다.

파트너가 당신의 민감성을 존중하는지 확인하기

잠재적 파트너가 초민감자인 당신의 민감성을 소중하게 여기는지 생각해 보세요. 누군가와 서로 알아가는 동안, 당신이 민감한 성격이라 감정을 강렬하게 느끼고 혼자 있는 시간이 필요하다고 가르쳐 주세요. 당신의 인연이라면 그런 면을 이해해주겠지만, 그렇지 않다면 '지나치게 예민하다'며 따질 겁니다. 그럼 당신에게 맞는 사람이 아닌 거죠.

저는 환자들에게 민감성 IQ를 바탕으로 데이트 상대를 심사하라고 조언합니다. 그게 뭐냐고요? 다음의 평가 항목을 보면 이해가 가실 겁니다.

자가 진단

파트너의 민감성 IQ 측정하기

- 당신에게 사랑과 존중을 표현하는가?
- 다른 사람을 배려하고 친한 친구가 있는 사람인가?
- 주차 요원이나 식당 종업원에게 예의를 갖추는가?
- 사랑과 우정을 인생의 우선순위에 두는가?
- 당신이 선을 긋고 경계를 표시하면 존중해 주는가?
- 아이와 동물에게 친절한가?
- 자연을 감상할 줄 아는가?
- 지구를 소중히 여기고 환경 보호를 위해 적극적으로 나서는가?
- 대체로 마음이 넓고 이타적인가?
- 그리고 무엇보다도, 사랑할 줄 아는 사람인가?

결과는 다음과 같이 해석하면 됩니다.

- 그렇다고 답한 항목이 7~10개라면, 당신의 잠재적 파트너는 민감성 IQ가 매우 높습니다. 좋은 성적이죠.
- 그렇다고 답한 항목이 3~6개라면, 민감성 IQ가 다소 높습니다.
- 하지만 3개 미만이라면 민감성 IQ가 낮은 편입니다. 개인 지도나 심리치료를 받지 않는 한 민감한 파트너가 될 가능성이 작습니다.
- 그렇다고 답한 항목이 없다면, 당장 그 사람에게서 도망치세요. 정서적으로 깨어 있는 파트너를 만나라는 신호입니다.

하지만 모든 초민감자가 장기적인 소울메이트 관계를 원하는 건 아니고, 꼭 그럴 필요도 없습니다. 이건 잘못된 게 아닙니다. 커플이 되는 것만이 능사는 아니니까요. 우리는 여러 가지 다른 방법으로 만족스럽게 성장할 수 있습니다. 성장과 치유를 위해 관계의 휴지기가 필요한 초민감자들도 있습니다. 한 초민감자는 제게 이렇게 털어놓았습니다. "저는 3년 정도 싱글로 행복하게 살고 있어요. 연애할 때는 상대를 우선시하고 제 욕구를 무시하다가 결국 불행해지곤 했죠. 관계를 맺고 있으면 내가 중심에서 밀려나기 때문에 싱글일 때 더욱 강해진 느낌을 받아요. 하지만 언젠가는 관계 안에서도 당당할 수 있었으면 좋겠어요."

초민감자가 애정 관계를 공고히 하는 법

민감한 사람은 그렇지 않은 사람보다 싱글이거나 이혼 및 별거 상태인 경우가 많고, 결혼을 한 번도 안 한 경우도 많다는 연구 결과가 있습니다. 초민감자나 민감한 사람들의 특수한 욕구가 결혼 생활에서 자기 자신과 배우자 모두를 힘들게 한다고 해석할 수 있겠죠.

그런데도 친밀한 관계를 원한다면 어떻게 공고한 동반자 관계를 맺을 수 있을까요? 자신의 욕구를 터놓고 말하는 진실한 대화가 중요하다는 건 아무리 강조해도 지나치지 않습니다. 여기서 핵심은 타협입니다. 파트너가 바라는 점도 들어줘야 둘 사이의 균형을 찾을 수 있습니다. 자기 자신이 아닌 다른 사람이 되라고 강요받고 싶은 사람은 없으니까요. 초민감자는 신뢰와 포용을 바탕으로 일관된 관계가 이어져야 자신을 꽃피울 수 있습니다. 한 초민감자의 고백이 이를 증명합니다. "제 남편은 저를 있는 그대로 받아들여줘요. 그 사람에게 인정을 받으면서 비로소 제 본모습을 알게 됐죠."

> 초민감자인 당신의 욕구를 표현하세요. 다른 사람을 편하게 해주려고 자신의 민감성을 부정하는 건 너무 고통스러운 일입니다.
> – 주디스 올로프

아무리 잘 맞는 짝을 만나도 관계에서 해결할 문제는 생기게 마련입니다. 이제 갓 사귀기 시작했거나 오래된 사이라면, 지금부터 제시하는 쟁점을 두고 파트너와 상의해 보세요. 초민감자를 어떻게 사랑해줘야 하고, 흔히 발생하는 문제는 어떻게 극복해야 성공적인 관계를 유지할 수 있는지 다뤄보겠습니다.

사랑에 빠진 초민감자를 위한 12가지 조언

1. 정기적으로 혼자만의 시간을 통해 긴장을 풀고 명상하기

초민감자는 개인 시간을 보내야 관계에서 자신을 보호할 수 있습니다. 절대 사치가 아닙니다. 혼자 지내는 시간과 여럿이 어울리는 시간 사이에 균형을 잡으세요. 혼자만의 시간을 자주 확보해서 긴장을 푸세요. 저는 이런 시간을 '골든아워(golden hour)'라고 부릅니다.

하루에도 여러 번 짧게 휴식하는 습관을 기르세요. 초민감자는 혼자서 고민하고 정보를 처리해야 마음을 가다듬을 수 있다고 파트너에게 가르쳐주세요. 휴식 시간에 관계에서 생긴 문제를 되새기면 나중에 파트너와 더욱 명쾌하게 대화를 나눌 수 있습니다. 때로는 둘이 함께 침묵의 시간을 보낼 수도 있습니다. 멀리 떨어지지 않은 채 서로 간섭만 안 하면 됩니다. 애정을 담아 이런 마음을 설명하면, 파트너도 거절감이 들거나 기분이 나빠지지 않을 겁니다. 상대방의 문제가 아니라 내 문제이며, 나의 민감성 때문이라고 분명히 밝히세요.

혼자만의 시간이 필요한 초민감자의 전형적인 딜레마를 해결할 방법이 몇 가지 있습니다. 저는 북투어를 다니며 온종일 사람들을 만나고 나면 밤에는 한마디도 더 하고 싶지 않았습니다. 그래서 파트너가 제 호텔 객실로 전화했을 때 침묵 속에서 마음을 주고받았죠. 둘 다 전화기를 들고 아무 말 없이 통화한 겁니다. 사랑하는 사람과 이런 일을 할 수 있다니 정말 멋진 경험이었습니다. 말을 해야 한다는 의무감 없이 서로의 존재를 느낄 수 있었으니까요. 하지만 아무리 서로 사랑하고 파트너가 배려심이 깊어도, 초민감자라서 생기는 문제는 여전히 남아 있습니다. 제가 은둔 기질이 너무 강해서 서로를 위한 해결책을 찾고 있죠. 친밀한 관계의 핵심은 희생과 타협입니다. 그러면서 각자의 고유성은 지켜줘야 하죠. 그 사이의 균형점을 찾는 게 우리의 숙제입니다.

2. 사교 행위에 투자할 시간을 논의하기

초민감자 중에서도 내향적인 사람은 사교 능력이 현저히 떨어집니다. 다른 사람들은 서로 어울리고 싶어 하지만, 우리는 진심으로 혼자 있고 싶어 하죠.

한 초민감자는 이렇게 토로했습니다. "파티에 끌려다니느니 배달 음식을 먹으며 넷플릭스를 보는 게 낫죠." 또 다른 초민감자는 이렇게 말하더군요. "저는 사람을 좋아하지만, 혼자만의 시간이 사라지는 건 두려워요. 숨이 막히는 기분이거든요. 하지만 혼자 보내는 시간이 너무 길어지면 외부와 단절된 기분이 들어요." 당신의 짝이 초민감자가 아니라면, 사교 활동을 어느 정도까지 함께해야 내가 감당할 수 있을지 절충해 보세요.

저는 파트너와 바하마에서 휴가를 보낼 때 이런 방법을 썼습니다. 우리는 밤마다 모든 투숙객이 함께 저녁을 먹는 B&B(Bed and Breakfast) 숙소에 묵었는데요. 제 파트너는 흥미로운 사람들을 사귈 좋은 기회라며 무척 기뻐했죠. 하지만 저는 때로 지극히 비사교적이고, 담소도 즐기지 않습니다. 그렇게 많은 낯선 사람과 새로 알아가다가는 미쳐버릴 것만 같았죠. 그래서 우리는 어떻게 할지 상의했습니다. 저만 혼자 방에서 식사하는 것도 한 방법이었습니다. 그러는 편이 저도 마음이 편했으니까요. 하지만 파트너와 함께하는 시간도 놓치고 싶지 않았습니다. 그래서 타협을 했죠. 먼저 우리 둘만 선창에 나가 식사를 했습니다. 그런 다음 파트너는 다른 투숙객들과 어울리러 가고, 저는 혼자서 시간을 보냈죠. 각자 원하는 바를 얻었으니 성공적인 타협안이었습니다.

제가 아는 다른 여성 초민감자도 비슷한 일을 겪었습니다. 크루즈 여행을 하는 동안 약혼자가 여럿이 모인 큰 테이블에 앉아 다른 사람들을 사귀자고 한 겁니다. 여객으로 붐비는 크루즈 여행은 초민감자에게 고역일 수 있는데, 사교 활동까지 하자 그녀는 기진맥진해졌습니다. 그러다가 약혼자가 며칠간 자기 방에서 앓아누웠고, 그녀는 혼자 식사를 하며 그 시간을 즐겼습니다. 그러자 사람들은 그녀에게 밖에 나와서 함께 먹자고 했죠. "다들 제가 안됐다고 생각했나 봐요. 하지만 저는 정중하게 거절했어요. 혼자 있는 게 좋으니까요. 그런 걸 이해하는 사람은 거의 없지만, 제 약혼자는 이제 절 이해하게 됐어요."

3. 물리적 공간에 관해 의논하고 타협하기

사적인 공간은 반드시 필요합니다. 자신에게 필요한 공간을 정하고, 파트너와 함께 기본 원칙을 세우세요. 어떻게 쓰는 게 좋을지 스스로에게 물어보세요. 개별 화장실(저한테는 필수예요!)이나 개인 방이 필요한가요? 한 아파트 안에서 다른 호수에 살든지, 각자 분리된 집에 살며 휴식을 취하고 싶은가요? 너무 가까이 맴돌아 서로에게 방해가 되지 않는다면 어떤 선택을 해도 괜찮습니다. 함께 여행을 해도 각자 객실을 잡고 화장실을 따로 쓸 수 있습니다(저는 그렇게 합니다). 같은 방을 쓸 수밖에 없는 상황이라면 침대 시트를 위에 걸어 칸막이처럼 늘어뜨려도 됩니다. 예전 남자 친구는 제게 '방해하지 마시오' 표지판을 줬는데, 저에게는 완벽한 방법이었죠.

초민감자는 후각이 예민하기 때문에, 머무를 공간에 향이 나거나 화학물질이 있는지도 고려해야 합니다. 자신의 선호를 밝히세요. 예를 들어, 애프터셰이브 로션이나 향수, 인공 향이 나는 바디 오일은 쓰지 말라고 부탁하는 겁니다. 에센셜 오일은 괜찮지만 인공 향은 초민감자에게 해로울 수 있습니다.

4. 침대나 침실을 따로 사용할지 생각해 보기

다른 사람과 함께 잔다고 무조건 좋지는 않습니다. 우리는 대부분 어린 시절부터 혼자 잠을 자는데, 성인이 되면 갑자기 다른 사람과 침대를 함께 써야 하는 상황이 옵니다. 대다수의 초민감자에게는 감당하기 힘든 변화죠. 우리 같은 사람들은 이렇게 사회가 만들어낸 고정관념에 적응하지 못해서 상처를 받습니다. 부부는 항상 같은 침대에서 자야 한다는 법칙은 제가 볼 때 말이 되지 않습니다. 전통적으로 대부분의 커플이 함께 잠을 잔 건 사실이지만, 이를 불편해하는 초민감자들도 있습니다. 파트너가 아무리 배려해줘도 우리는 독립적인 공간을 더 선호합니다. 물론 킹사이즈 침대를 쓰거나 트윈 사이즈 침대 두 개를 붙이는 방법도 있죠. 이렇게 하면 각자 자기 자리에서 최대한 몸을 뻗어도 상대방에게 닿지 않으니까요. 침대를 따로 써도 된다고 자기 자신에게 허락해 주세요. 매트리스를 두 개 붙이거나, 필요하다면 각방을 사용해도 됩니다.

초민감자가 아닌 사람은 혼자 자면 외로울 수 있으니 타협이 필요한 경우도 있습니다. 예를 들어, 일주일에 나흘은 함께 자고 사흘은 따로 자는 겁니다. 제가 아는 한 여성 초민감자는 파트너에게 너무 꼭 끌어안고 자지 말아달라고 부탁했습니다. 밤새 남에게 안겨서 자는 게 힘들었던 거죠. 초민감자는 포옹이 너무 오래 지속되는 걸 못 참을 수 있습니다. 제가 아는 또 다른 여성은 이런 문제를 다른 식으로 해결했습니다. 그녀는 남편과 애무할 때 '바깥쪽'에 눕습니다. 그리고 서로 에너지를 교류하는 멋진 경험을 하죠. 하지만 충분하다 싶으면 자기 자리인 침대 안쪽으로 굴러가서 남은 밤은 혼자 잡니다. 이렇게 하면 여유 공간이 없이 침대 가장자리에만 몰려 있지 않아도 되죠.

초민감자는 잠을 얕게 자는 경향이 있습니다. 그래서 파트너가 코를 골거나 팔다리를 휘두르면 방해받기 쉽죠. 우리는 파트너보다 오래 잘 필요가 있는데, 꿈의 사이클이 간섭받으면 잠에서 깨버립니다. 저는 이런 이유로 오랫동안 혼자 잤습니다. 하지만 지금의 파트너가 같이 자보자는 제안을 했습니다. 그러면서 함께 잘 때 제가 민감해지지 않게 도와주겠다고 약속했죠. 저는 한번 시도해 보기로 했습니다. 파트너는 킹사이즈 침대의 반대편에 멀찍이 떨어져 자다가 제가 안 되겠다고 하면 다른 방으로 옮겨가기로 했죠. "불편하면 나한테 손을 대. 그럼 나갈게. 반대로 신체 접촉을 하고 싶으면 말만 해. 가까이 갈 테니까." 이런 방법을 쓰고 시간이 지날수록 저는 함께 자는 일이 편해졌습니다. 물론 제 파트너가 조용히 자는 편이고,

침대 반대쪽에 주로 머물러 주기 때문이기도 하죠. 그런데도 너무 가깝게 느껴져 저만의 공간이 필요해지면, 더 떨어져달라고 부탁합니다. 그럼 파트너는 제 말을 들어주죠.

어떤 초민감자들은 밤늦게까지 깨어 있습니다. 배우자와 아이들이 잠들어야 혼자 보낼 시간이 찾아오기 때문이죠. 당신도 그런 경우라면 파트너에게 이런 필요를 털어놓고 상대방이 이해할 수 있게 해주세요.

5. 한 가지 감정 문제에만 집중하고, 반복해서 말하지 않기

초민감자는 여러 가지 감정적인 문제를 동시에 느껴서 자기 자신은 물론이고 파트너까지 힘들게 합니다. 이럴 때 가장 좋은 방법은 한 번에 한 가지 문제만 털어놓고, 상대가 다시 묻지 않는 한 반복하지 않는 것입니다.

제 파트너는 제가 여러 문제를 동시에 내세우거나 제 말이 옳다는 걸 증명하려고 계속 반복하면 머리가 터질 것 같다고 합니다. 남성들은 특히나 과제 지향적이어서 문제 해결을 돕고 싶어 합니다. 하지만 한 번에 여러 가지를 바꿔달라고 요구하면 전부 불가능하게 느껴질 수밖에 없습니다. 예를 들어, 파트너에게 이런 말들을 퍼붓는다고 생각해 보세요. "사장님이 날 그렇게 대하다니 정말 화가 나" 하다가, "정신 사나우니까 TV는 꺼줘" 하더니, "식료품 옮기는 것 좀 도와줄래?"라고 부탁하고, 마지막에는 "내가 이렇게 속상할 땐 내 말 좀 들어달란 말이야!"라고 소리치는 겁니다. 당신의 파트너는 이 모든 걸 한 번에 다 소화할 수가 없습니다. 또한 초민감자는 갈등을 겪은 후에 긴장을 해소할 공간이 필요합니다. 개인 시간에 자신만의 리듬을 되찾아 문제를 처리한 다음, 내면의 중심을 잡으세요.

6. 설령 기분이 나쁘더라도 기분 나쁘게 받아들이지 않기

이는 매우 중요하지만 지키기 어려운 원칙입니다. 그래도 원활한 의사소통과 조화로운 관계를 위해서 반드시 필요하죠. 상대방의 비판에 크게 반응하지 말고 중심을 잡으려고 노력하세요. 그러면 너무 자주 혹은 격렬하게 반발하는 습관을 고칠 수 있습니다.

7. 샌드위치 기술 활용하기 : 요구가 아닌 부탁

파트너가 변했으면 하는 점이나 의견이 다른 점을 말할 때는, 샌드위치처럼 두 가지 긍정적인 문장 사이에 끼워 넣으세요. 어떻게 하는 건지 보여드리죠.

먼저 "당신을 정말 사랑해. 늘 내 편이 되어줘서 고마워!"라고 말한 다음에 요구 사항을 집어넣습니다. "당신이 도와줬으면 하는 게 있어. 매일 밤 30분씩 명상을 하고 싶어. 그때만큼은 나 혼자 있게 해주면 정말 좋을 것 같아. 그럼 끝난 후에 당신한테 더 집중할 수 있을 거야." 그러고 나서 파트너를 안으며 이런 식으로 배려해줘서 고맙다고 말합니다. 어려운 문제를 꺼낼 때는 이런 유용한 기술을 활용해 보세요.

8. 고함 금지법 지키기

초민감자는 상대가 고함을 지르거나 큰소리로 따지면 위압감을 느껍니다. 파트너는 우리의 이런 면을 인정해줘야 하죠. 저는 저 자신을 보호하기 위해 집 안에서 이 규칙을 엄격하게 적용합니다. 어떤 초민감자는 제게 이렇게 하소연을 했습니다. "저는 큰소리가 오가는 걸 못 견뎌요. 몸속에서 분노가 요동치고 실컷 얻어맞는 듯한 상태가 되거든요. 소리 지르며 싸우고 나면 며칠은 맥을 못 춰요."

9. 남을 만족시키려 하거나 파트너를 고치려 하지 않기

초민감자는 다른 사람의 문제를 해결하거나 자신의 욕구를 희생해서라도 남을 만족시키다가 점점 지쳐갑니다. 상대를 사랑하되 자신과 분리하고 선을 긋는 연습을 하세요.

제 파트너는 저한테 자기계발을 위한 조언을 듣는 게 싫다고 처음부터 밝혔습니다. 자기가 힘들 때는 부탁하지도 않은 조언 대신 "난 당신이 이 일을 감당할 수 있다고 믿어"라고 말해달라는 거였죠. 덕분에 저는 파트너의 스트레스를 흡수하지 않고(초민감자가 타인과 관계를 맺을 때 꼭 필요한 생존 기술이죠) 자기 문제를 스스로 해결할 수 있는 사람으로 상대를 존중할 수 있었습니다. 파트너의 인생에 개입하려 하지 마세요. 자신의 문제를 직접 대면하게 해주는 것도 좋은 선물입니다.

10. 주변의 소리를 조절하기

초민감자는 조용한 성격인 경우가 많습니다. 우리를 사랑한다면 이런 면을 받아들이고, 집안에서 내는 소리에 주의를 기울여야 합니다. 당신은 평화롭고 차분하게 있고 싶으니 이해해달라고 파트너에

게 부탁하세요. 계속되는 TV나 라디오 소리를 못 참겠다면 헤드폰
이나 귀마개로 해결할 수 있습니다. 침실에서 컴퓨터를 치우는 것도
좋은 방법입니다. 눈부신 빛과 거슬리는 소리, 해로운 전자파를 방
출하니까요.

11. 목욕 시간을 협의하기

초민감자는 물에 들어가는 걸 좋아합니다. 그래서 샤워나 목욕을 오
래 하는 편이죠. 저는 매일 밤 한 시간도 넘게 물속에 잠겨 있을 수
있습니다. 운이 좋게도 욕실에 창문이 있어서 목욕 중에 물에 반사
되는 달빛을 감상합니다. 그러면 마치 최면에 걸린 듯 활력이 되살
아나죠. 하지만 제 파트너는 저와 함께 침대에 누워 잠드는 걸 좋아
합니다. 그래서 둘이 타협을 했습니다. 어떤 날은 목욕을 길게 하고,
어떤 날은 짧게 하고 나오는 거죠.

12. 장난치기

초민감자는 진지한 편이지만 노는 것도 좋아합니다. 파트너와 장난
을 치면서 자기 안에 있는 어린아이를 꺼내 보여주세요.

초민감자와 성

초민감자에게 성은 중요한 주제라서 명확히 해둘 필요가 있습니다.
당신이 싱글이든, 데이트 중이든, 오랜 연인이 있든 모두 마찬가지
입니다. 우리는 에너지에 민감해서 '가벼운 섹스'라는 게 불가능합

니다. 성관계를 할 때는 두 사람의 에너지가 결합되니까요. 우리는 상대의 불안과 기쁨을 동시에 수신하고, 때로는 그 사람의 생각과 기분을 직감적으로 파악합니다. 그래서 섹스 파트너를 분별 있게 선택해야 합니다. 그렇지 않으면 성관계를 하는 동안 스트레스와 두려움, 또는 다른 유해한 에너지를 흡수하게 됩니다. 당신이 '성 초민감자'라면 문제는 더욱 심각해지죠.

성 초민감자란 무엇일까요? 성적인 접촉을 할 때 공감 능력이 증대되어 강력한 황홀감과 스트레스를 느끼는 사람입니다. 성 초민감자는 썸을 탈 때도 극도로 민감해집니다. 이런 상황에서 다른 초민감자보다 상대방의 에너지를 더 많이 흡수하죠. 모든 초민감자가 마찬가지지만 성 초민감자는 더욱더 자신을 사랑하고 존중해주는 사람과 육체관계를 맺어야 합니다. 그래야만 최상의 기분을 맛볼 수 있죠.

초민감자인 내담자 중에는 너무 오래 혼자 지내다 보니 실수를 하는 경우가 있습니다. 누군가가 성적 매력을 발산하며 다가오면 관계를 시작하고자 하는 열망에 직감이 주는 경고를 무시해버리는 거죠. 그래서 자신과 어울리지 않는 사람을 선택해 성급하게 육체관계를 맺어버립니다. 누군가를 찾기까지 오랜 시간이 걸렸기에 다시 혼자가 될까 두려운 나머지 직감이 경고음을 내도 일단 관계를 맺고 보는 거죠. 하지만 사랑을 받는 만큼 되돌려주지 않는 사람에게 집착하는 건 스스로 상처를 받겠다고 뛰어드는 것이나 다름없습니다.

어떤 초민감자는 제게 이렇게 고백했습니다. "지난 5년간 진지하게 만난 사람은 없었어요. 하지만 누군가와 데이트를 할 때마다 순식간에 격정적으로 빠져들어 사랑에 미친 여자가 돼버렸죠. 그렇게 경고음을 듣지 않다가 실망하는 일이 반복됐어요. 하지만 이제는 날 사랑할 수 있는 사람인지 확인하며 천천히 다가가요."

인연이 나타나기를 기다리면서 탄트라 워크숍에 참석하거나 탄트라 강사에게 개인 교습을 받는 것도 좋은 해결책입니다. 탄트라는 고대 인도의 수행법으로, 신체 단련을 통해 성과 영성을 결합시킵니다. 개인 수련과 집단 수련이 있지만 방법은 같습니다. 자신의 몸에 주파수를 맞추고 성과 영적 에너지에 접근해서 오랜 트라우마와 파괴적인 관계 패턴, 감정 불능의 마비 상태를 해결하는 겁니다. 이런 훈련으로 성적 에너지를 증가시키면, 에너지가 막힘없이 흘러서 우리의 매력이 극대화되죠. 성적 에너지가 정체되면 당신이 얼마나 섹시한지 다른 사람들이 알아보지 못합니다.

저는 몇 년 전 잘못된 사람에게 너무 쉽게 빠져들어 호되게 당한 후, 탄트라 교습을 처음 받았습니다. 아주 소중한 경험이었죠. 당시에는 사랑 불능인 남자만 고르거나 오랫동안 혼자 지내는 패턴이 계속돼서 이런 문제를 일으키는 방해물이 무엇인지 이야기해 보고 싶었습니다. 심리치료사에게 털어놓는 것도 한두 번이지 지칠 대로 지쳐서 탄트라 수업을 들어본 건데, 덕분에 막힌 에너지가 뚫리고 저와 잘 맞는 파트너를 끌어당기는 효과를 봤죠.

당신에게 어울리는 파트너를 찾았다면, 다음으로 할 일은 친밀감의 토대가 되는 마음 에너지와 성적 에너지를 결합하는 겁니다. 초민감자는 마음 에너지를 먹고 자라납니다. 성과 영성, 마음이 연합된 성관계는 당신의 시스템을 놀라울 만큼 성장시켜 주죠.

파트너와 교감하다가 무언가 잘못됐다 싶으면 선을 긋는 것도 마음이 중심이 된 성생활을 유지하는 좋은 방법입니다. 파트너가 불만스러운 하루를 보내 화가 나 있다면, 초민감자인 당신이 그 분노를 흡수할 수 있기 때문에 성행위를 하기 적합한 때가 아닙니다. 이런 것들에 관해 허심탄회하게 대화를 나누세요. 파트너도 자신이 화가 나거나 특히 스트레스를 받았을 때 접촉을 피하는 당신을 이해할 필요가 있습니다.

파트너에게 당신의 민감성에 관해 가르쳐주세요. 상대방도 초민감자인 경우가 아니라면 당신이 왜 그런 반응을 하는지 차분히 설명해줘야 합니다. 그래야 파트너도 자신이 원하는 바를 충족시킬 수 있죠. 초민감자의 세상은 초민감자가 아닌 사람들의 세상과 다릅니다. 하지만 동정심과 인내심을 발휘한다면, 다름을 극복하고 더욱 친밀해질 수 있습니다.

관계에서 자신의 욕구를 존중하기

초민감자는 나가는 에너지와 들어오는 에너지 사이의 균형을 잡아야 합니다. 우리는 다정한 성격이라 가족과 친구, 배우자, 자녀에게 너무 많이 퍼주는 실수를 저지릅니다. 그래서 소진돼버리죠. 너무 많이 도와주고, 너무 많이 베풀지만 그만큼 돌려받지 못하니까요. 우리의 에너지를 지키려면 균형점을 찾는 게 가장 중요합니다. 사랑은 서로 주고받아야 만족스러운 관계를 유지할 수 있습니다.

초민감자는 자신의 욕구를 알고 이를 상대에게 주장해서 자신을 강력하게 보호해야 합니다. 그래야만 관계에서 최선의 능력을 발휘할 수 있죠. 싱글이라면 지금부터 자신의 욕구를 찾아내서, 나중에 누군가와 데이트를 하거나 연인 관계가 됐을 때 어떻게 해야 할지 미리 정해두세요. 관계에서 뭔가 잘못됐다고 느낀다면 혼자 괴로워하지 말고 파트너에게 문제를 제기하세요. 자기 목소리를 찾는 일은 자신의 힘을 찾는 것과 같습니다. 목소리를 내지 못해서 기본적인 욕구가 채워지지 않으면 지치고 불안해지며 자기만 당하고 있다는 느낌이 들 수 있습니다. 파트너는 당신의 속마음을 읽지 못합니다. 그러니 자신의 행복을 위해 모두 털어놓고 얘기하세요. 지금부터 가르쳐드리는 훈련법이 도움이 될 겁니다.

∼∼∼∼∼∼ 방어 전략 ∼∼∼∼∼∼

자신의 관계 욕구를 알아내고 표현하기

천천히 규칙적으로 호흡하면서 마음을 가라앉힙니다. 기쁜 마음으로 깊은 곳에서 들려오는 내면의 소리에 귀를 기울여 봅니다.

이제 스스로에게 물어보세요. 이 관계에서 꼭 필요하다고 생각되지만 두려워서 말하지 못한 것이 있나? 내가 민감해서 나오는 행동 중에 파트너가 어떤 부분을 가장 지지해줬으면 하는가? 나는 누군가와 함께할 때 언제 가장 편안해지는가? 이런 질문을 비롯해서 궁금한 점을 모두 물어보세요. 그런 다음 답을 파악하려고 애쓰지 말고 직관의 소리에 집중합니다. 몸에서 보내오는 신호에 귀를 기울이세요. 무언가 깨닫는 느낌이나 직관적 통찰이 마음껏 흘러나오게 하세요. 내가 더욱 강력해지고 보호받고 있다는 느낌을 주는 직감에 특별히 주목하세요.

마음의 문을 계속 열어두세요. 아무것도 검열하지 마세요. 혼자만의 시간이나 침묵의 시간이 더 있었으면 하나요? 때로는 혼자 자고 싶은가요? 더 자주 놀고, 대화하고, 성관계를 맺고 싶은가요? 옳고 그름을 판단하지 말고 직관이 흐르게 놔두세요. 솔직한 감정을 드러내세요. 부끄러워하거나 감출 필요는 없습니다. 자신의 별난 성격과 민감성을 넓은 마음으로 받아들이세요. 스스로를 사랑하는 감정이 더욱 진실한 답을 가져올 겁니다.

무엇을 할 때 기분이 좋은지(그리고 언제 기분이 나쁜지) 규정하는 것만으로도 부정적인 에너지가 배출되어 자기 자신을 보호할 수 있습니다. 질문의 답을 다 찾았다고 생각되면 얼마간 조용히 앉아서 좋은 감정에 휩싸이는 기쁨을 맛보세요.

명상을 마친 후에는 자신의 관계 욕구에 관해 알아낸 점을 기록장에 적어두세요. 싱글이라면 이렇게 깨달은 욕구가 장차 도움이 될 테고, 커플이라면 그러한 욕구를 점차 표현해서 사랑하는 사람에게 당신을 도울 방법을 가르쳐주세요.

초민감자도 얼마든지 좋은 관계를 유지하며 안정감과 사랑, 그라운딩 능력을 강화할 수 있습니다. 부부 사이뿐만 아니라 신성한 연합을 맺은 모든 사람은 서로 경쟁적으로 관용을 베풀어야 합니다. 파트너끼리 서로에게 봉사하면 헌신과 친절, 열정, 사랑이 날마다 깊어집니다. 친밀한 관계는 서로에게서 많은 것을 배우고, 마음을 나누고, 서로를 돌봐주는 영적인 경험입니다. 배려와 인내를 우선순위로 삼고 진솔한 대화를 목표로 한다면 초민감자는 관계 속에서 성장할 수 있습니다.

ᕙ 초민감자 선언 ᕗ

고요한 상태에서 자신을 인정하며 이렇게 선언하세요.
나는 사랑하는 관계를 맺고 그 안에서 편안함을 누릴 자격이 있다.
나는 나의 진실한 욕구를 표현할 자격이 있다.
나는 민감한 성격을 존중받을 자격이 있다.
나는 내 목소리를 낼 자격이 있다.

4

The Empath's Survival Guide

에너지 뱀파이어로부터
자신을 보호하는 법

에너지 뱀파이어들은 너그럽고 친절한 초민감자에게 매력을 느낍니다. 그래서 민감한 사람은 이들의 공격에 대비해야 하죠. 초민감자인 내담자들을 상담하다 보니 우리가 어떤 인간관계에서는 긍정성과 활력을 얻지만, 다른 관계에서는 기운을 빼앗긴다는 사실을 발견했습니다. 자기 확신과 내면의 평화를 빨아먹는 사람들은 분명히 존재합니다. 저는 이런 사람들을 '에너지 뱀파이어'라고 이름 붙였습니다. 직장이나 집은 물론이고 일상의 모든 장소에서 에너지 뱀파이어는 당신의 신체적, 감정적 에너지를 빼앗아갑니다. 그중에서도 특히 해로운 유형이 있는데, 당신에게 결함이 있어 사랑받을 자격이 없다고 믿게 만들죠. 뱀파이어는 언제 폭발할지 모르기 때문에 당신은 그들 곁에서 늘 조심스럽게 행동합니다. 어떤 뱀파이어들은 우리를 몰아세우고, 헐뜯으며, 수치심을 불러일으키거든요. "어머, 오늘 진짜 피곤하고 늙어 보인다"라든지 "넌 너무 예민해"라며 공격하는 겁니다. 그런 말을 들으면 별안간 내가 잘못된 인간으로 느껴지죠.

이 책에서 소개하는 필수 행동 중 하나는 당신 주위의 에너지 뱀파이어를 알아보고, 그들을 효과적으로 상대할 전략을 개발하는 겁니다. 그럼 관계의 질이 굉장히 크게 향상될뿐더러 그들에게 기를 빼앗기는 일을 막을 수 있습니다. 우리는 에너지 뱀파이어가 불시에 공격하지 못하게 막아야 합니다. 그러려면 계획을 세워야죠. 그들이 내뱉는 가시 돋친 말에 기분이 상하지 않게 노력하세요. 의도성이 다분히 보이더라도 말입니다. 이런 노력이 때로는 몹시 고되겠지만, 당신의 힘을 되찾고 민감성을 보호하려면 불가피한 일입니다. 에너지 뱀파이어들의 동기는 불안과 두려움이라는 사실을 명심하세요. 이들이 괴롭히며 에너지를 빨아먹는 대상은 당신뿐만이 아닙니다. 피해자는 훨씬 더 많습니다.

~~~ 자가 진단 ~~~

내가 만난 사람이 에너지 뱀파이어라는 걸 어떻게 알 수 있을까?

다음과 같은 징후를 주의 깊게 관찰하세요.

- 피곤해서 자러가고 싶다.
- 갑자기 기분이 지독하게 나빠졌다.
- 몸이 아프다.
- 남에게 보이지도 들리지도 않는 투명인간이 된 기분이다.
- 기운을 내려고 설탕이나 탄수화물을 찾고 있다.
- 나 자신에게 의구심이 들고 자아비판을 하게 된다.
- 불안하고 화가 나거나 이전에 느껴보지 못한 부정적인 기분이 든다.
- 매우 수치스러우며. 조종당하거나 비난받은 기분이다.

때로는 당신이 특정한 유형의 에너지 뱀파이어만 끌어들일 수도 있습니다. 두 사람에게 치유해야 할 공통의 감정 문제가 있는 경우죠. 이는 건강하지 않은 '상처메이트 관계(wound-mate relationship)'로, 서로에게 해를 입히는 과정을 반복하게 됩니다. 그런데 신기한 건 두 사람이 이 관계에서 기묘한 심리적 안정을 얻는다는 겁니다. 자신이 잘 알고 익숙한 상처이기 때문입니다. 그래서 해로운 사람에게 집착하면서 헤어 나오지 못하죠. 그렇게 당신은 고통스러운 사이클에 갇혀버립니다.

예를 들어, 자존감이 낮은 초민감자는 자신을 비판하는 사람에게 끌리고, 상대방은 자신이 업신여길 수 있는 초민감자에게 매력을 느끼는 식입니다. 우리는 이러한 상처메이트가 영속되지 않도록 주의해야 합니다. 친구나 동료, 배우자, 혹은 그 누구라도 이런 사람이 있다면 당신이 내면의 상처를 자각하고 치유할 수 있는 동기로 삼으세요. 그래야만 병적인 관계에서 벗어나 만족스러운 인생을 되찾을 수 있습니다.

에너지 뱀파이어의 7가지 유형

20여 년간의 의료 경험을 바탕으로 초민감자에게 특히 더 위험하며 주의가 필요한 에너지 뱀파이어를 7가지 유형으로 나누어 봤습니다.

1. 나르시시스트

에너지 뱀파이어를 통틀어서 초민감자에게 가장 큰 해를 끼치는 유형이 나르시시스트(narcissist)입니다. 제가 말하는 건 약간의 자기도취성을 보이는 사람(이런 사람은 공감 능력이 뛰어난 경우가 많죠)이 아니라 완전한 나르시시스트입니다. 자세히 설명해드리죠. 나르시시스트는 세상이 자기를 중심으로 돌아간다는 듯이 행동합니다. 자기를 지나치게 중요시하며 과도한 권리를 요구하죠. 자신이 언제나 관심의 대상이 되어야 하고 끊임없는 칭찬을 원합니다. 극도로 직관적인 경우도 있지만, 그 직관력을 이용해 남을 조종하고 자신의 목적을 성취합니다. 이들이 초민감자에게 특히 해로운 건 누군가를 조건 없이 사랑할 능력이 부족하거나 애초에 없기 때문입니다. 그래서 당신이 자기 방식대로 행동하지 않거나 반기를 들면 차갑게 돌변해서 응징하죠. 사랑 표현을 하지 않거나, 며칠 혹은 몇 주씩 침묵 요법을 쓰는 겁니다.

나르시시스트에 관한 연구 결과(소시오패스와 사이코패스도 마찬가지)에 따르면 이들은 '공감능력결핍장애(empathy deficient disorder)'입니다. 물론 당신이 멀어지려고 할 때 자신이 원하는 바를 얻기 위해 공감처럼 보이는 능력을 사용하기도 합니다. 하지만 이들의 공감 능력은 신뢰할 수 없거나 가짜로 만들어낸 겁니다. 나르시시스트는 설득력이 뛰어나서 당신을 유혹하려면 어떤 말을 해야 할지 정확히 알고 있습니다. 당신이 떠나려 하면 마음을 되돌리려고 달콤한 말로 꼬드기죠. 하지만 목표를 성취하는 순간 '공감 능력'은 흔적도 없이 사라집니다. 그들이 던져주는 호의에는 낚싯줄처럼 끈이 달려 있습니다. 당신이 돌아서면 다시 자기도취적인 본모습을 내보이죠.

초민감자와 나르시시스트가 서로에게 치명적으로 끌리는 이유가 뭘까요? 저는 이런 자기 파괴적인 관계에 빠진 환자들을 수없이 만나봤습니다. 초민감자는 나르시시스트와 교제하는 것이 얼마나 심각한 일인지, 또한 자신이 그들의 어떤 특성에 자꾸 매혹되는지 반드시 이해해야 합니다. 결국 나르시시스트의 카리스마에 사로잡히고, 사랑과 영적 결합이라는 거짓 맹세에 말려드는 겁니다. 나르시시스트는 당신에게 많은 것을 쏟아부어 줄 것처럼 보이지만 사실은 그렇지 않습니다. 겉으로는 똑똑하고, 재미있고, 사려 깊고, 관대해 보여도, 친밀한 관계가 되면 그런 허울을 벗어버리기에 더욱 혼란스러울 수밖에 없습니다.

초민감자는 나르시시스트의 표적입니다. 왜냐고요? 민감하고 친절하며 순진하다 못해 잘 속는 데다가, 다른 사람들과 달리 방어막이 없어서 빨아먹기 좋으니까요. 초민감자는 나르시시스트에게 공감 능력이 없다는 사실을 믿기 힘들어합니다. 우리는 그 능력을 바탕으로 기능하고 세상을 인식하니까요. 동정심이 강한 초민감자는 남들도 그러리라고 기대하기 때문에, 나르시시스트에게 사랑을 주고 자기 사람으로 만들려 하는 우를 범합니다. 미안한 말이지만 그런 방법은 안 통합니다. 심장이 없는 사람에게 사랑을 기대하는 것과 마찬가지죠.

연구 결과에 따르면 나르시시스트는 공감 불능증 환자입니다. 절대 진심으로 믿지 마세요.
– 주디스 올로프

나르시시스트와 교제할 때 가장 큰 문제는 그 관계에서 벗어나기가 어렵다는 겁니다. 심지어 수십 년씩 걸리는 사람들도 봤습니다. 워크숍에 참석한 어떤 초민감자는 이렇게 고백했습니다. "저는 나르시시스트와 결혼해서 10년을 살았어요. 결혼 생활 중에는 제 영혼이 조각조각 부서져 하나씩 살해되는 것 같았어요. 하지만 마침내 그 사람을 떠나자 저는 완전히 파괴됐어요." 이런 표현은 결코 과장이 아닙니다. 나르시시스트는 초민감자에게 신체적 고통과 우울증을 선사하니까요. 그리고 초민감자가 더 이상 자기 자신을 믿지 못하게 될 때까지 자존감을 두들겨 팹니다. 나르시시스트는 어떤 갈등 상황에서도 다른 사람을 탓하고 자신의 책임을 인정하지 않기 때문에 심리치료를 받아도 별다른 진전을 보이지 않습니다.

나르시시스트는 때로 '가스라이팅(gaslighting)'이라고 불리는 위험한 전략을 사용하는데, 일부러 이치가 어긋나는 상황을 꾸며 상대방의 현실 인식을 왜곡한 다음, 거기에 반응하면 정신이 온전치 않다고 공격하는 겁니다. 또, 과거를 고쳐 쓰거나 실제로 일어난 일을 부정하면서, 상대방이 걱정하면 근거 없는 주장이라며 무시합니다. 정말 슬픈 점은, 피해자들이 이런 나르시시스트의 말을 믿는다는 겁니다.

방어 전략

나르시시스트로부터 자신을 지키는 법

- 나르시시스트의 정서 능력에 대한 기대치를 낮춰라.
- 당신을 조종하도록 내버려두지 마라.
- 당신의 민감성을 존중해줄 거라는 기대를 버려라. 그들은 지극히 냉정하다.
- 나르시시스트와 사랑에 빠지지 마라. 아무리 마음이 끌려도 사력을 다해 도망치세요.

- **나르시시스트인 상사와 일하는 상황을 피하라.** 하지만 어쩔 수 없다면, 상사의 반응에 따라 자존감이 흔들리지 않게 하세요.

- **나르시시스트의 자존심을 어루만져줘라.** 무언가를 요청할 때는 그들에게 돌아갈 이익에 초점을 맞춰 말하세요. 이것이 나르시시스트의 마음을 움직일 유일한 방법입니다. 예를 들어, 며칠간 업무와 관련된 콘퍼런스에 다녀오고 싶다면, 상사에게 "바람도 쐴 겸 다녀오고 싶어요"라고 하지 말고 "여기에서 배워오는 정보가 회사에 큰 도움이 될 거예요"라고 말하세요. 당신의 요청을 들어주면 나르시시스트에게 어떤 혜택이 돌아가는지를 보여줘야 원하는 결과를 얻을 수 있습니다.

- **가능하면 모든 연락을 끊어라.** 나르시시스트와의 관계를 끝내려면(혹은 관계를 완전히 정리하고 싶은 사람이 있다면), 무 자르듯 잘라버리세요. 내 갈 길을 가고 절대 돌아보지 마세요. 그리고 다음과 같은 전략을 활용하세요.

- **연결줄을 자르는 상상하기** 마음이 평온한 상태에서 두 사람 사이를 연결하는 빛줄기를 머릿속으로 그려봅니다. 내게 뼈아픈 교훈을 준 관계라도, 거기서 배운 것들을 생각하며 고맙다고 속으로 인사하세요. 그리고 단호하게 선포하세요. "이제 우리의 인연을 완전히 끊어내야 할 때야" 그런 다음 상상 속의 가위로 연결줄을 싹둑 잘라서 서로 이어진 에너지로부터 자유로워집니다. 이런 시각화 과정을 통해 관계에서 해방되고 상대방에게 받은 에너지의 잔상을 제거할 수 있습니다.

- **명예로운 종결을 맞이하기** 이 방법은 당신이 관계에서 해방될 수

있게 도와줍니다. 상대방이 계속 생각나거나 상대가 당신을 생각한다는 느낌이 들 때 더욱 효과적이죠. 대자연으로 나가서 긴 나뭇가지를 하나 찾으세요. 그리고 그걸 보면서 "이 관계는 끝났어"라고 선포합니다. 나뭇가지를 부러뜨리고 두 동강을 낸 채로 땅에 버리세요. 그곳을 떠나 뒤를 돌아보지 마세요. 이것으로 마음속 종결 의식이 끝난 겁니다.

---

2. 분노중독자

이런 유형의 에너지 뱀파이어는 갈등 상황에서 상대를 비난하고, 공격하며, 조종합니다. 자신의 의견을 피력하며 소리를 지를 때도 많습니다. 그런데 앞장에서 살펴봤듯이 초민감자는 고함을 못 견디죠. 누군가가 곁에서 큰소리를 내면 실제로 몸이 아파져 옵니다. 또한, 분노중독자는 사랑하는 사람 앞에서 가장 형편없이 행동하는 경향이 있습니다. "넌 아내로서 최악이야"라든지 "이제 너한테 아무런 매력을 못 느껴"같이 나중에 후회할지도 모를 끔찍한 소리를 내뱉죠. 이런 험한 말은 초민감자의 연약한 마음을 찢어놓습니다. 그뿐만이 아닙니다. 분노중독자는 초민감자의 확신과 자존심을 깔아뭉개서 정신적인 상처를 입힙니다.

초민감자는 고함이나 말싸움, 시끄러운 소음, 크게 떠드는 사람 때문에 감각의 과부하를 겪을 때가 많습니다. 저는 그래서 어떠한 분노도 제 곁으로 다가오지 못하게 합니다. 어느 날인가는 친구가 전화 통화를 끝낼 때까지 기다리던 중이었습니다. 그런데 친구가 갑

자기 흥분하더니 통화 상대에게 소리를 지르는 겁니다. 그 순간 해로운 에너지가 덮쳐왔고, 저는 그 분노의 부산물 때문에 괴로웠습니다. 그래서 나중에 친구에게 이렇게 말했죠. "있잖아, 나는 초민감자야. 네가 화를 내면 내 몸의 진이 다 빠지는 기분이 들어. 제발 다시는 그러지 말아줘." 고맙게도 친구는 제 말을 듣고 다시는 그런 행동을 반복하지 않았습니다.

한번은 친구들과 점심을 먹으러 나갔다가 배우자에게 화를 내는 남자를 보고 자리를 뜬 적도 있습니다. 그 사람의 분노가 제 몸을 아프게 했거든요. 저는 그런 상황에서 에너지를 적극적으로 지켜내야 하는 사람입니다. 그래서 친구들에게 "미안하지만 먼저 일어날게. 지금 너무 피곤해"라며 양해를 구하고 일어섰습니다. 물론 저도 난감했지만 '사회적 올바름'보다 저의 건강을 우선시하는 행동을 취한 겁니다.

초민감자인 한 남성 내담자는 주변의 말싸움에 자신이 어떻게 반응하는지 제게 들려줬습니다. "여자 친구의 집에 초대를 받아서 갔어요. 그런데 저녁 식사 중에 가족들이 서로 소리를 질러대는 거예요. 전 너무 충격을 받았어요. 그런데 여자 친구는 '우린 원래 이런 식으로 대화해. 별일 아니야.'라는 거예요." 다른 초민감자들도 저 상황이라면 아마 대부분 같은 느낌을 받았을 겁니다. 우리는 폭발적인 감정을 마주한 후에 회복할 필요가 있습니다. 조용히 명상하며 자극 수치를 낮춘 다음, 사랑하는 사람에게 우리가 원하는 바를 전달해야 하죠.

분노중독자와 선을 그을 때는 배출과 떠넘김의 차이를 확실히 알아야 합니다. 배출은 분노를 표현하는 건전한 방법으로, 초민감자도 감당할 수 있습니다. 하지만 떠넘김 같은 해로운 방법은 초민감자에게 정신적 충격을 주죠. 예를 들어, 배우자가 자신이 화가 난 상황을 당신에게 설명하고 싶어 한다면, 먼저 이렇게 말해달라고 하세요. "나 부탁이 하나 있어. 어떤 일 때문에 생긴 감정을 배출하고 싶어. 지금 해도 될까?" 이런 식으로 초민감자에게 미리 주의를 주면 기습공격을 당할 일이 없죠. 그럼 당신은 지금 당장 그 문제에 관해 들을지, 조금 더 중심을 잡고 마음의 준비를 한 후에 들을지 정하면 됩니다.

다음은 분노를 푸는 대화에서 지켜야 할 사항입니다. 당신이 감정을 표현할 때나 다른 사람의 말을 들어줄 때 모두 유용합니다. 이 지침을 활용하고 사랑하는 사람에게도 가르쳐주세요.

배출/떠넘김의 차이를 알기

배출 건강한 느낌이며 시간제한이 있습니다. 배출을 할 때는 다음을 지키세요.

- 한 가지 주제에 집중한다.
- 같은 요점을 반복해서 말하지 않는다.
- 비난하지 않는다.
- 피해자 모드에 빠지지 않는다.
- 자신의 책임이 있는 부분을 인정한다.
- 어떤 해결책이든 받아들인다.

떠넘김 해로운 느낌이며 끊임없이 계속됩니다. 떠넘기는 사람은 다음과 같습니다.

- 여러 가지 문제를 쏟아내 듣는 사람을 괴롭힌다.
- 같은 요점을 반복한다.
- 남을 탓한다.
- 피해자인 척한다.
- 자신이 책임질 부분을 인정하지 않는다.
- 해결책을 받아들이지 않는다.

또한, 분노를 표현할 때 다음과 같은 기본 원칙을 지키면 모두가 안전하고 보호받는다는 느낌이 들 수 있습니다. 분노중독자에게도 효과적입니다.

방어 전략

분노중독자로부터 자신을 지키는 법

- **당신이 자기 말을 듣는다는 걸 분노중독자가 알게 하라.** 일단 진정한 후에 그 문제를 해결해 보자고 제안합니다. "나도 널 돕고 싶지만 네가 계속 이런 상태면 네 얘기를 들어주기가 힘들어"라고 말하는 겁니다. 그들의 분노에 말려들어 가는 걸 거부하세요.
- **'소리 지르지 않기' 규칙을 만들어라.** 최소한 당신 앞에서는 소리를 못 지르게 하세요. 큰소리를 내지 않고도 갈등을 해결할 방법은 많습니다.

- **침착함을 유지하라.** 욱하는 마음에 같이 소리 지르지 마세요. 충동적인 반응은 당신의 기운을 소진하고 상황을 악화시킬 뿐입니다.
- **흥분했다면 잠시 멈춰라.** 그리고 열까지 셉니다. 한숨 돌리면서 싸움이나 싸움에 의한 반응을 가라앉히세요. 마음이 진정된 다음에 상대의 분노에 반응하세요. 그렇지 않으면 화가 난 사람은 더 큰 분노를 당신에게 떠넘길 겁니다.
- **직접 말하는 걸 자제하고, 문자나 이메일, 전화 등 다른 수단을 활용하라.** 이렇게 하면 다른 사람에게 감정을 쏟아내고 싶을 때 조금 더 책임감 있게 행동할 수 있죠.
- **자신이 공기가 자유롭게 드나드는 열린 창이라고 상상하라.** 다른 사람의 분노가 당신 안에 머물지 않고 열린 창을 통해 빠져나가게 하세요.
- **분노중독자가 고함을 멈추지 않으면 자리를 피하든지, 상대에게 나가달라고 부탁하라.**

3. 피해자

자신이 불쌍한 피해자라는 사고방식을 지닌 에너지 뱀파이어는 '세상이 날 버렸다'는 태도로 초민감자의 진을 뺍니다. 이들은 인생의 문제에 책임을 지려 하지 않습니다. 자신이 겪는 고난을 언제나 남의 탓으로 돌리죠. 그러면 초민감자는 동정심 많은 돌봄이가 되어 '피해자'의 수많은 문제를 해결해주려 합니다. 당연히 기진맥진해질 수밖에 없죠. 하지만 피해자는 어떤 해결책을 제시해도 "그렇긴 하지만……"이라고 반응하며 또 다른 불평을 늘어놓습니다. 이에 좌절한 초민감자는 에너지 뱀파이어를 피하려고 그들의 이메일이나 전화를 일부러 피합니다. 아무리 도와주려 해도 피해자들이 쏟아내는 불평불만은 민감한 사람이 감당할 수 있는 수준이 아닙니다. 초민감자는 자신이 피해자라고 생각하는 이들과 경계선을 그어서 그들의 종속자나 '상담가'가 되지 않도록 주의해야 합니다.

<hr />

방어 전략

피해자로부터 자신을 지키는 법

- **동정심을 표하되 명확한 선을 그어라.** 피해자들이 당신의 말을 더 잘 듣게 하려면 퉁명스러워도, 안달해서도 안 됩니다.

- **3분 통화 기법을 활용하라.** 용건을 짧게 들어본 후에 이렇게 말하세요. "난 네 편이지만 똑같은 얘기를 자꾸 늘어놓으면 오래 들어줄 수가 없어. 네 문제를 도와줄 상담사를 찾는 게 더 나을 것 같아."

- **미소를 지으며 '그만'이라고 말하라.** 상대가 직장 동료라면 미소를 지으며 이렇게 말하세요. "난 좋은 결과를 내야 해서 지금은 긍정적인 생각만 하고 싶어. 프로젝트 마감이 코앞이라 일에만 집중해야 하는 거 알지? 이해해줘서 고마워." 가족이나 친구가 자기 문제를 꺼내 들어도 잠시 공감해준 다음에 미소를 지으며 '그만'이라고 말하세요. 그리고 대화 주제를 돌려서 계속 불만을

털어놓지 못하게 막습니다.

- **보디랭귀지로 제한을 가하라.** 지금이 바로 팔짱을 끼고 시선을 돌려서 당신이 바쁘다는 메시지를 보낼 타이밍입니다.

~~~~~~

4. 드라마 퀸/킹

이러한 유형은 끊임없이 극적인 사건을 만들어내 민감한 사람을 지치게 합니다. 초민감자가 처리하기에 과도한 정보와 자극을 강요하는 겁니다. 그들의 연기는 우리를 고갈시킵니다. 극적인 상황은 마약과도 같아서 거기에 중독되는 사람들이 있습니다. 그런 중독 현상이 일어나지 않게 하세요.

제 내담자인 조는 어떤 친구 때문에 힘들어했습니다. 늘 만나기 직전에 그때그때 다른 핑계를 대며 약속을 취소했거든요. 한번은 지갑을 도둑맞아서 경찰서에 갔고, 또 한번은 경미한 자동차 접촉사고가 나서 다친 데는 없어도 종일 응급실에서 보내야 했답니다. 조는 친구가 늘어놓는 온갖 극적인 에피소드에 질려버렸고, 이러지도 저러지도 못하는 상황에 피로를 느꼈죠. 드라마 퀸이나 킹은 자신의 과장된 행동에 대한 상대의 반응을 보고 활력을 느끼기 때문에, 우리가 가만히 있으면 원하는 바를 얻지 못합니다. 그러니 시종일관 반응하지 마세요. 금세 우리에게 흥미를 잃고 자신의 연기를 받아줄 다른 사람을 찾아갈 겁니다.

드라마 퀸이나 킹으로부터 자신을 지키는 법

- **요즘 어떻게 지내는지 묻지 말라.** 모르는 게 낫습니다.

- **심호흡을 하라.** 드라마 퀸이나 킹이 연기를 시작하면 심호흡을 하고 평정심을 유지하세요. 절대 그들의 이야기에 말려들면 안 됩니다.

- **친절하지만 확고한 경계선을 그어라.** 약속을 자꾸 취소하는 친구에게는 이렇게 말하세요. "너한테 안 좋은 일들이 생겨서 안타깝지만, 문제가 다 해결되고 네가 한가해질 때

  미소를 짓고 더 많이 웃으세요. 그러면 에너지 뱀파이어들이 가까이 다가오지 못합니다.
  – 주디스 올로프

  까지는 약속을 잡지 말자." 이렇게 선을 그으면 의사를 명확히 전달하면서, 그들의 행동에 힘을 실어주지 않을 수 있습니다.

---

5. 지배광과 비평가

이런 에너지 뱀파이어는 남이 요구하지도 않는 조언을 입에 달고 삽니다. "이럴 때 네가 어떻게 해야 하는지 알아?" 하는 식입니다. 그러면서 당신이 궁금해하든 말든 자기주장을 펼치죠. 그리고 이들은 스스로의 주장이 절대적으로 옳다고 생각하기 때문에, 자신이 상대방을 지배하려 들고 있다는 인식조차 없습니다. 또는 당신이 '잘못하는' 일들을 시시콜콜 따지고 혹평합니다. "밥 먹고 접시를 또 안 치웠잖아"라든지 "운전이 그게 뭐냐. 주차 연습 좀 해라" 같

은 거죠. 하지만 지배광이나 비평가는 이러한 비난들이 당신을 위한 '합리적'이고 '타당한' 비판일 뿐이라고 착각합니다. 당신이 그 비판 때문에 얼마나 기분이 상하는지는 상관하지 않고 말이죠. 오히려 자신의 비판을 받아들이지 못하는 당신이 예민하며 유약하다고 치부해버립니다.

자존감이 낮은 초민감자일수록 이들의 지적에 마음이 크게 상합니다. 그래서 비난받은 기분이 되고, 우울해지며, 지쳐버리죠. 하지만 그런 건 책임감 없는 주장이며 주관적인 말이라는 사실을 명심하세요. 물론 비판에 귀를 기울일 필요는 있지만, 건설적인 조언이나 이치에 맞는 말이 아니라면 당신에게 도움이 안 됩니다. 초민감자는 비판에 취약해서 트집 잡기가 계속되면 진이 빠질 수 있습니다. 이들은 진정 당신의 발전을 위해서가 아니라, 혹평을 받아 당혹해하고 우울해하는 당신을 보며 우월감을 느끼기 위해 비판하는 경우가 대부분이기 때문입니다.

～～～～～～～～～ 방어 전략 ～～～～～～～～～

지배광과 비평가로부터 자신을 지키는 법

- **자신감을 가지되, 이런 유형의 사람에게 이래라저래라 하지 말라.** 상대를 방어적으로 만들뿐입니다. 대신 이렇게 말하세요. "충고해줘서 고맙지만 이런 일에 어떻게 접근할지는 내가 스스로 생각해보고 싶어."
- **비난하지 말아 달라고 정중하게 부탁하라.** 감정을 배제한 채 확고히

말합니다. 피해자 놀이는 하지 마세요.

- **지배광이나 비평가 앞에서 무능하다는 기분이 든다면, 내 자존감에 문제가 있는지 확인하고 치유에 집중하라.** 당신의 마음이 평온할수록 이런 뱀파이어에게 상처받을 확률이 줄어듭니다.

~~~~~~

6. 수다쟁이

수다쟁이는 끊임없는 언어폭력으로 초민감자의 생명력을 앗아갑니다. 저는 이런 사람을 만나면 신경이 거슬리고 민감성이 훼손되어 최대한 피하려고 합니다. 이들은 당신을 붙잡고 자신의 인생사를 늘어놓으며, 끼어들 틈도 주지 않습니다. 또한 신체적으로 가까이 다가와 사적인 공간을 침범할 때도 있습니다. 당신이 몇 걸음 물러서면, 상대는 몇 걸음 더 다가오죠. 도무지 달아날 수가 없습니다. 말 중독자를 치료하려면 '말하고 또 하는 사람들의 모임'에 보내 지치게 해야 한다는 농담도 있죠.

초민감자는 남의 말을 잘 들어주다 보니, 고질적인 수다쟁이를 너무 오래 참아주는 실수를 범하기도 합니다. 그러다가 결국 기진맥진해지죠. 자신을 보호하려면 다른 사람을 만족시키려는 성향을 버려야 합니다. 사려 깊은 초민감자를 만나면 누구나 자기 애기를 터놓고 싶어 합니다. 하지만 고질적인 수다쟁이와는 경계선을 그어야 최소한의 자기방어를 할 수 있습니다.

수다쟁이로부터 자신을 지키는 법

- **수다쟁이는 무언의 신호를 줘도 못 알아듣는다.** 조바심을 내거나 안절부절못하는 것처럼 보여도 소용없습니다. 아무리 힘들어도 말하는 중간에 끼어들어야 합니다.

- **요령껏 행동하라.** 진짜 하고 싶은 말은 "조용히 좀 해. 너 때문에 돌아버리겠어."라도 참으세요. 그렇게 하면 상대는 방어적인 태도를 보이거나 화를 내거든요. 대신 미소를 지으며 부드러운 말투로 이렇게 말하세요. "말씀하시는 도중에 죄송하지만, 제가 다른 파티 참석자를 만나봐야 해서요" 또는 "약속이 있어서 이만 가봐야겠어요"라고 해도 됩니다. 사회적으로 용인되는 변명이자, 저도 가끔 사용하는 "화장실에 가봐야 해서요"도 좋습니다.

- **대화에 나서라.** 가족이나 동료에게 감정이나 비난이 섞이지 않은 말투로 "나도 한마디 보탤 말이 있어. 내가 토론에 같이 참여해도 될까?"라고 해보세요. 불쾌한 기색이 없이 이런 뜻을 전달하면 상대는 더 잘 들어줍니다.

- **농담을 활용하라.** 서로 잘 아는 사이고, 당신을 이해해줄 만한 사람이라면 "제한 시간이 얼마 안 남았어"라고 농담을 해도 좋습니다. 제 이야기가 길어질 때 친한 친구가 쓰는 방법이죠.

7. 수동공격적인 사람

수동공격적인 사람은 웃으면서 분노를 표현합니다. 사탕발림으로 적개심을 가리죠. 하지만 쾌활한 겉모습 이면에 분노가 도사린 것을 직관적으로 감지할 수 있을 겁니다. 이런 사람들은 일을 질질 끌거나 간편하게 '잊어버리고' 나서 약속을 못 지킨 변명을 늘어놓습니다. 진실해 보여도 사실은 전혀 신뢰할 수 없는 유형이죠. 게다가 나르시시즘과 수동공격 성향을 동시에 지닌 사람도 많은데, 이런 경우는 두 배로 위험합니다.

수동공격적 행동은 예를 들어 이런 것들입니다. 당신이 생일을 중요하게 여기는 걸 알면서도 배우자는 자꾸 그날을 까먹습니다. 당신이 다이어트 중이라는 걸 알면서도 친구는 당신 집에 컵케이크를 가져옵니다. 시끄러운 이웃은 조용히 하겠다고 약속해놓고 지키지 않습니다. 공동 연구자인 동료는 "내가 다시 연락할게"라고 해놓고 절대 안 해서 당신이 찾아 나서게 만듭니다. 수동공격적인 사람은 당신을 비꼬는 말을 해놓고 "넌 농담도 못 받아들여?"라고 합니다. 자신이 원하는 것을 얻지 못하면 뿌루퉁해지면서도 "난 아무렇지도 않은데"라고 주장하죠. 솔직한 초민감자는 이런 메시지를 이해할 수 없어 혼란스러워합니다.

――――――――〰〰〰〰 방어 전략 〰〰〰〰――――――――

수동공격적인 사람으로부터 자신을 보호하는 법

- **수동공격적인 사람에 대한 자신의 직감에 의문을 품지 마라.** 그들은 분

노를 꼭꼭 숨겨뒀을 뿐이지 분명히 실재합니다. 자신의 직감을 믿으세요.

- 이 유형의 패턴을 인식하고 그런 행동을 다시 하면 상대방에게 항의하라.

- **한 번에 한 가지 문제 해결에 집중하라. 그래야 수동공격적인 사람이 비난으로 받아들이지 않는다.** 예를 들어, 어떤 친구가 당신의 일을 도와주겠다면서 계속 말만 한다면, 감정을 드러내지 않는 말투로 "지키지 못할 약속이면 하지 말아줘"라고 하세요. 그리고 상대의 반응을 살펴봅니다. 만약에 "미안해. 내가 더 신경 쓸게."라고 하면 그 후로 행동이 변하는지 보세요. 변하지 않는다면 다시 한 번 그 문제를 언급하거나, 신뢰 못 할 사람으로 받아들이고 다시는 부탁하지 마세요.

> 당신의 바다를 말려버린 사람에게서 물을 구할 수 없고, 당신이 거할 집을 다른 사람의 내면에 지을 수도 없다. 자기 자신에게로 돌아가야 비로소 치료가 가능하다. 그래야만 자기가 얼마나 강한지 기억해낼 수 있다. 자신만의 리듬을 되찾아라. 그리고 새 노래를 지어라.
> – 빅토리아 에릭슨

- **정확한 대답을 못 들었다면 입장을 명확히 밝혀달라고 부탁하라.** 그들이 한 행동에 대해 이야기하며 해결책을 찾는 게 중요합니다. 수동공격적인 사람은 구체적으로 추궁해야 자기 입장을 표명하거든요.

～～～～～～～～～～

인생을 살아가면서 7가지 유형의 에너지 뱀파이어를 만날 때마다 위에서 가르쳐드린 전략으로 대처하세요. 그러면 그들이 아닌 당신이 주도권을 갖게 됩니다. 당신에게 힘을 주는 사람과 힘을 빼앗는 사람의 목록을 만드세요. 직장과 집, 친척, 친구, 주변 관계 등으로 카테고리를 나누어 작성해도 됩니다. 당신의 기운을 빼놓는 사람과는 관계를 완전히 끊어버려도 됩니다. 하지만 가족처럼 끊을 수 없는 관계라면 어떤 전략을 이용해 지속적으로 대처할지 정하세요. 감정을 빨아먹는 뱀파이어들과 경계를 그으면 민감성을 보호하면서 행복을 증진할 수 있습니다.

감정의 숙취에 대처하기

에너지 뱀파이어와 완벽하게 선을 그어도 '감정의 숙취'를 겪는 경우가 있습니다. 그 사람과 교류하면서 발생한 에너지의 잔재죠. 시간이 꽤 지난 후에도 해로운 감정이 남아서 몸이 피곤하고, 머리가 멍해지며, 심하면 병에 걸리기도 합니다. 그래서 에너지 뱀파이어를 상대하고 나면 회복 시간이 필요합니다. 다음과 같은 방법으로 숙취 증상을 해소할 수 있습니다.

─────────── 방어 전략 ───────────

감정의 숙취를 치료하는 법

- **샤워 명상을 하라.** 샤워를 할 때 떨어지는 물줄기 밑에 서서 마음속으로 혹은 큰 소리로 이렇게 선언합니다. "내 몸과 마음, 영혼에 남은 부정적인 에너지는 이 물과 함께 씻겨 내려갈 것이다." 그리고 샤워를 통해 정화되고 치유되는 자기 자신을 느껴보세요.

- **천연석을 활용하라.** 블랙 토르말린이나 자수정, 흑요석 같은 천연석을 몸에 지니거나 걸고 다니면 그라운딩에 도움이 되고, 감정의 숙취를 제거할 수 있습니다. 저는 옥으로 된 관음 펜던트를 하고 다니는데, 관음은 불교 전통에서 자비의 여신이자 선의 수호자입니다. 지난 수년간 옥 펜던트가 제 몸의 화학작용과 감정 기복에 따라 시시때때로 변하는 모습을 지켜보는 재미가 쏠쏠했죠.

- **향을 피워라.** 북미 원주민들은 '스머징(smudging)'이라는 방법으로 약용 혹은 향료작물을 태워 특정 장소에 정체된 부정적인 에너지를 몰아내는 전통이 있습니다. 저는 향모를 즐겨 태웁니다. 공기 중에 은은한 향기가 떠다니면 저의 세심함이 강화되는 느낌을 받죠. 세이지도 효과가 좋습니다. 사이프러스나 유칼립투스, 향나무의 잔가지도 자주 태웁니다. 여러 향을 맡으며 자신이 어떤 식물에 반응하는지 알아보세요.

- **음이온 발생기나 소금 램프를 활용하라.** 이런 장치에서 나오는 음이온은 공기 중의 먼지나 곰팡이 홀씨, 꽃가루, 악취, 담배연기, 박테리아, 바이러스를 제거해줍니다. 집안이나 사무실 등에 남아 있는 부정적인 기운도 없애준다고 하죠. 샤워기를 통해 분사되는 물줄기에서도 음이온이 발생합니다.

- **흰 초에 불을 붙여라.** 명상을 할 분위기가 잡히고, 주변의 불쾌한 에너지도 순식간에 제거됩니다. 흰색은 모든 색상을 포함한 색으로 편안함과 안정감을 주죠.

- **로즈워터 스프레이를 뿌리거나 다른 아로마테라피를 이용하라.** 로즈워

터는 은은하고 사랑스러운 향을 내서 감정의 숙취를 완화하는 데 도움이 됩니다. 라벤더나 스피어민트 에센셜 오일도 정신을 고양시키죠. 좋아하는 에센셜 오일을 디퓨저에 넣어 공기 중에 향을 퍼트릴 수도 있습니다. 라벤더나 스피어민트, 향나무(주니퍼), 세이지, 유향, 몰약 등을 사용하세요. 당신은 물론이고 방 안의 에너지까지 정화해줄 겁니다. 그러는 동안 고귀한 향을 만끽하세요. 단, 합성 오일에는 유해한 성분이 들어 있으니 피하도록 합니다.

- **대자연으로 나가라.** 나무를 안아보세요. 맨발로 걷거나 온몸을 땅에 붙이고 누워 '어싱'을 하세요. 꽃을 보며 기뻐하세요. 돌멩이를 집어 촉감을 느껴보세요. 신선한 공기를 호흡하면 감정의 숙취가 치유됩니다(산소를 들이마시는 치료법은 술로 인한 숙취에도 사용되죠). 자연의 순수함이 당신의 머릿속과 기분을 회복시켜줄 겁니다.

- **명상을 위한 공간을 만들어라.** 조용한 구석에 탁자를 하나 두고, 초와 향, 꽃, 관음상, 현인의 사진 등을 올려놓으세요. 정결한 공간에서 명상을 하면 긍정성이 보호되고 새로운 에너지가 생성되어 감정의 숙취가 가라앉습니다.

- **정서적 지지자를 찾아라.** 해로운 관계에서 생긴 부정적인 에너지가 계속 남아 있다면, 이를 방출하기 위해 더 큰 도움이 필요할 수도 있습니다. 자신의 상황을 친구나 상담사에게 털어놓으세요. 남아 있는 부정적 기운을 입 밖으로 내뱉어서 쫓아버릴 수 있습니다.

초민감자인 당신의 목표는 에너지 뱀파이어로부터 자신을 지켜서 최대한의 행복을 경험하는 겁니다. 이 장에서 배운 전략들에 덧붙여 자신만의 정서적 치유 행위를 계속해 나가세요. '끌어당김의 법칙(Law of Attraction)'에 의하면 우리는 자신이 발산하는 것을 끌어당기게 되어 있습니다. 그래서 스스로 해결 못 한 부정적인 감정이 다른 사람에게 보이면 그것을 끌어당기고 흡수하죠. 어떤 사람의 에너지에는 극도로 민감한데 다른 사람에게는 그렇지 않은 이유가 바로 이겁니다. 자신의 두려움과 분노, 불안을 치유하면 남의 감정을 떠맡는 일이 줄어듭니다. 저는 초민감자로서 저 자신의 정서적 치유를 최우선으로 생각합니다. 다른 사람들의 문제에 짓눌리고 싶지 않으니까요. 그렇게 노력한 결과 점차 나아지면서 진정한 해방감을 느끼고 있습니다.

저는 우리가 살면서 마주하는 모든 감정과 사람이 영적인 스승 혹은 '훌륭한 적'이라고 생각합니다. 에너지 뱀파이어도 마찬가지입니다. 그들 덕분에 부정적인 감정을 극복하고 스스로 치유하는 법을 배울 수 있으니까요. 그뿐 아니라 경계선을 긋고 우리 자신을 더욱 사랑하는 법도 익힐 수 있죠. 물론 해로운 관계를 원하는 사람은 아무도 없을 겁니다. 하지만 그런 이들을 만났다면, 최선을 다해 자신을 보호하세요. 그리고 다른 사람의 미운 부분을 용서해서 더 큰 사람이 되도록 노력합시다.

ᴗ 초민감자 선언 ᴖ

나는 나를 탈진시키는 사람들 틈에서 내 에너지를 지킬 것이다.

나는 건전한 경계선을 그을 것이다.

나는 올바른 타이밍에 "싫어"라고 말하는 법을 배워나갈 것이다.

어떤 관계가 나 자신을 성장시킬지

직감이 가르쳐주는 소리에 귀를 기울일 것이다.

직장에서 번아웃 되지 않기

대부분의 사람들과 마찬가지로 초민감자도 업무 환경이 편안해야 건강과 행복감을 느낄 수 있습니다. 하지만 초민감자는 남들보다 스트레스 방어 능력이 낮아서 피로와 고통 없이 회복하기가 힘듭니다. 초민감자는 창작자면서 발명가, 선지자, 예술가이고, 감정이 앞서는 사람입니다. 우리는 여러 작업 사이를 돌아다니며 큰 그림을 보기 때문에 기업이나 전통적인 사무 환경이 너무 제한적으로 느껴질 수 있습니다. 하지만 재능을 발휘할 수만 있다면 일은 우리에게 만족과 힘과 재미를 선사합니다.

초민감자는 적절한 업무 환경을 만나면 크게 성장할 수 있습니다. 기질에 맞는 일은 우리에게 영감을 주고, 창의적인 영역으로 데려가 주며, 활력과 열정을 끌어올려 주죠. 또한 아주 작은 부분이라도 공익에 기여했다는 확신은 봉사 정신이 강한 초민감자에게 만족감을 줍니다. 하지만 적성에 맞지 않는 직업은 우리를 말려버리고, 스트레스와 감각 과부하로 인해 수많은 정서적, 신체적 질환을 촉발합니다. 이번 장에서는 여러분의 재능과 감각적 욕구를 뒷받침해줄 최고의 직업을 찾는 비결을 가르쳐드리겠습니다. 직장은 우리가 오랜 시간을 머무는 장소입니다. 그곳에서 지내는 대부분의 시간에 편안함을 느끼는 것이 행복의 필수조건이죠.

우리를 키워주는 업무 환경

우리가 느끼는 편안함의 수준을 결정하는 요인으로는 크게 세 가지가 있습니다. 일에서 얻는 의미와 주변 사람들의 에너지, 물리적 공간의 에너지입니다. 현재 자신이 이 세 가지 요인에 어느 정도 만족하는지 따져보고, 어떻게 하면 상황을 개선할 수 있을지 상상해 보세요.

1. 의미 있는 일

초민감자는 민감성을 활용해 의미 있는 일을 할 때 만족스러워합니다. 타인의 삶이나 이 세상에 중요한 변화를 가져왔다는 기분을 느끼고 싶은 거죠. 남을 돕는 직업 등이 그런 일에 속합니다. 하지만 무엇보다 우리 몸이 이게 옳은 일이라는 걸 직감적으로 확신해야 합니다. 또, 어떤 일이든 특별히 힘든 날이 있기 마련이지만, 직업이 우리의 에너지를 빼앗아가서는 안 됩니다.

 저는 제가 열정을 느끼는 작가, 강연자, 의사라는 직업을 찾아낸 것에 대해 감사하게 생각합니다. 다른 초민감자들처럼 저도 남에게 봉사하고 창의성을 발휘하는 일을 좋아합니다. 의료직 종사자나 식당 종업원, 변호사, 미용사 등은 서로 하는 일은 다르지만, 고객은 물론이고 직장 동료들에게도 서비스를 제공할 수 있다는 공통점이 있습니다. 이렇게 아름다운 마음가짐으로 일하면 모든 일에 의미가 생깁니다. 시인 루미(페르시아의 신비파 시인-역주)는 이렇게 노래했습니다. "자신이 사랑하는 아름다운 것을 일로 삼아라. 땅에 무릎 꿇고 키스하는 법은 수백 가지나 된다." 겸손한 태도로 타인과 대의를 위해 봉사하면 일의 스트레스와 지루함이 줄어듭니다.

지금보다 더 의미 있는 일을 찾고 싶다면 사랑과 봉사의 가치를 기준으로 우선순위를 정하세요. 현재의 직장에 계속 머무르든 그렇지 않든 내가 이 일을 얼마나 싫어하는지 되뇌지 말고, 모든 일에서 감사하겠다고 생각하면 건설적인 변화를 위한 분위기가 마련됩니다. 이번 장의 후반에서는 초민감자가 제 기능을 할 수 있는 일과 그렇지 않은 일을 나눠보겠습니다. 당신에게 가장 알맞은 선택을 하는 데 필요한 정보를 얻을 수 있을 겁니다.

용기를 내서 자신의 가슴과 직관을 따라가세요. 그 둘은 당신이 진짜 되고 싶은 게 뭔지 이미 알고 있습니다.
– 스티브 잡스

2. 주변 사람들의 에너지

동료와 협력자, 상사들은 우리가 직장에서 느끼는 편안함의 수준을 높여줄 수도, 끝장낼 수도 있습니다. 민감한 사람은 소음과 갈등, 사내 정치를 감당하는 임계점이 낮습니다. 직장에서 극적인 상황이 벌어지면 남들은 눈살이나 한번 찡그리고 넘어가지만, 초민감자는 진이 빠지고 불안해하죠. 민감한 사람은 친선과 협동을 중요시하는 협조적이고 우호적인 분위기에 더 잘 적응합니다. 치열한 경쟁 세계인 월스트리트는 초민감자에게 적합한 일터가 아니죠. 우리는 자기가 동료나 상사들과 잘 융화된다는 느낌을 받고 싶어 하지만, 초민감자를 이해해주는 직장을 찾는 건 어려운 일입니다. 공감해주는 동료 한 명을 찾는 게 더 현실적인 목표죠. 비록 우호적인 태도를 보이는 사람이 한정적이고, 우리의 욕구를 존중해주는 사람은 더더욱 적을 지라도, 우리를 배려하는 천사들에게 가까이 먼저 다가가면 모든 걸 이겨낼 수 있습니다. 서로 지지해주면 스트레스와 압박감이 심한 시기를 견디는 데 힘이 됩니다.

하지만 에너지 뱀파이어는 우리 주변 곳곳에서 활동합니다. 4장에서 살펴봤듯이 나르시시스트와 분노중독자, 피해자, 수동공격적인 사람, 수다쟁이, 드라마 퀸이나 킹 등이 모두 이에 속하죠. 에너지 뱀파이어는 어느 직장에나 있습니다. 이들에게 에너지를 빼앗기면 신체적, 정서적 피해를 보고, 업무 성과에도 지장이 생기죠. 해로운 동료나 협력자, 상사는 벗어나기가 힘들기 때문에 더욱 무서운 존재입니다. 이런 사람들의 부정적인 기운에 전염되면 건강 문제로까지 이어집니다. 피로와 짜증, 각종 통증이 생기거나 기존에 있던 질환이 악화되죠.

에너지 뱀파이어가 나의 기운을 빼앗아갈 때를 대비해서 앞에서 살펴본 여러 가지 전략을 마음에 새겨두고 있으세요. 한 초민감자는 이렇게 고백했습니다. "저는 살아남으려고 일에만 집중했어요. 자기 연민을 늘어놓거나 극적인 사건을 만드는 사람, 뒤통수를 치거나 불평하는 사람에게는 눈길도 안 줬죠." 초민감자인 한 간호사의 사례도 비슷합니다. "저는 밤 근무를 자원했어요. 낮에 벌어지는 뒷담화와 의미 없는 잡담, 사내 정치를 피하려고요. 밤에는 환자들에게 온전히 집중하면서 제 일만 열심히 할 수 있으니까요." 여러분도 이 책의 4장을 다시 읽으면서 제가 소개해드린 방어 전략(경계선 설정, 방어막 치기, 명상 등)을 활용해 직장에서 자기 자신을 돌봐야 합니다. 그래야만 에너지 고갈을 최소화할 수 있죠. 우호적인 동료와 시간을 보내며 해로운 사람들이 다가오지 못하게 막는 것도 지혜로운 방법입니다.

3. 물리적 공간의 에너지

건물 안과 개인 사무실, 계단에는 각기 다른 미세 에너지가 흐릅니다. 정신을 고양시키는 공간이 있는가 하면, 그렇지 않은 곳도 있죠. 초민감자는 에너지가 정교하게 발달해서 물리적 공간의 에너지를 직감적으로 느낍니다.

자신의 작업 공간에 흐르는 에너지에 주파수를 맞추고 좋은 기분이 드는지 확인해 보세요. 이전에 머물던 직원의 긍정 혹은 부정적인 에너지가 남아 있을 수 있습니다. 꺼림칙한 에너지가 느껴진다면 로즈워터 스프레이를 뿌려 방 안을 정화하세요. 세이지를 태우는 것도 공간 정화에 좋은 방법이지만, 화재경보기가 울릴 가능성이 있으니 자제해야 합니다. 에너지 정화 의식에 대해 모르거나 이를 불쾌하게 느끼는 동료들에게 자칫 폐가 될 수도 있죠. 대신 혼자서 혹은 마음이 통하는 동료들과 명상을 통해 직장 내에 마음 에너지를 불어넣고, 부정적인 기운이나 정체된 에너지를 제거하세요.

초민감자는 물리적 공간의 다른 요인에도 반응합니다. 조명의 질, 소음, 사람들의 활동 수준, 냄새, 공기의 흐름, 동료들과의 물리적 근접성, 프라이버시의 결여 등이 그 공간의 느낌을 결정하죠. 초민감자는 창문이 없거나 눈부신 형광등이 달린 장소를 잘 못 견딥니다. 또한 크든 작든 밀실 공포증이 있어서, 다른 사람들의 스트레스와 거리를 둘 수 있는 주변 반경이 넓은 공간을 선호하죠. 어수선한 환경에 있으면 불안하고 에너지가 고갈되지만, 조용하고 널찍하며 정돈된 공간에서는 중심을 유지할 수 있습니다.

우리는 근처에 전자 기기가 많을 때도 기운을 빼앗깁니다. 제가 '전기 민감자(electro-sensitives)'라고 부르는 초민감자들은 이런 환경에 특히 취약하죠. 휴대폰과 컴퓨터에서 나오는 전자기파는 인간의 뇌와 심장 부근의 전자기장에 영향을 줍니다. 미국 독성물질 관리 프로그램(National Toxicology Program)의 최근 연구 결과를 보면, 휴대폰 전자기파가 쥐의 심장과 뇌에 종양을 발생시킨다고 합니다. 한 초민감자는 제게 자신만의 대처법을 가르쳐줬습니다. "저는 책상에 앉아 있을 때 되도록 자주 모니터를 가려요. 컴퓨터를 쓸 때는 중간에 휴식을 취해서 너무 오래 보지 않게 주의하고, 휴대폰 사용 시간도 제한하고 있죠."

마지막으로, 직장에서 일하는 사람들의 에너지는 그 공간의 분위기에 아주 강력한 영향을 끼칩니다. 부정적인 사람은 부정적인 에너지를, 긍정적인 사람은 긍정적인 에너지를 발산하죠. 하지만 아무리 혼란과 불안을 유발하는 환경이라도, 개인 업무 공간에 꽃과 크리스털, 신성한 물건 등을 놓으면 평정심의 방울이 당신을 둘러싸 보호해줍니다.

일터에서의 감정 전이 현상

직장 내에서 스트레스를 흡수하면 초민감자는 괴로워질 수밖에 없습니다. 인간은 서로의 감정에 감염된다는 연구 결과가 있습니다. '정서 전이'라는 현상이죠. 직원 한 명이 불안과 공포를 느끼면, 이 감정이 바이러스처럼 삽시간에 퍼져나가서 사무실 전체의 사기와 생산성을 떨어뜨립니다. 마찬가지로 행복도 직장 전체로 확산됩니다. 이렇게 긍정적인 정서 전이는 직원들의 협동력과 만족감, 작업 능률을 향상시키죠. 누구나 정서 전이를 경험하지만, 초민감자의 경우 훨씬 더 큰 영향을 받습니다. 직장 내에 흐르는 긍정적인 에너지를 흡수해 도움을 받을 수도 있지만, 일부러 차단하는 법을 익히지 않으면 동료들의 부정적인 감정과 고통까지 계속 받아들이게 되죠.

더군다나 요즘은 사무 공간을 오픈 스페이스로 설계하는 게 유행입니다. 책상과 책상 사이를 가로막는 벽이 없어서, 겨우 유리 칸막이 하나를 사이에 두고 일합니다. 모두가 한 공간 안에서 일하는 셈입니다. 다른 직원들이 대화하고, 투덜대고, 험담하고, 기침하고, 코를 풀고, 낄낄거리고, 콧노래를 부르고, 껌을 씹고, 사탕 봉지를 까는 소리에 무차별적으로 노출될 수밖에 없죠. 그뿐 아니라 가까이 앉은 동료의 향수나 음식 냄새에 시달리고, 앞뒤로 지나다니는 직원들로 눈이 어지럽습니다. 쉴 새 없이 감각이 자극받는 겁니다. 초민감자는 이처럼 프라이버시가 보호되지 않는 환경에서 동료의 스트레스에 더욱 민감해집니다.

하지만 다행히도 직장에서의 정서 전이를 막기 위한 독창적인 아이디어들이 생겨나고 있습니다. 전자상거래 업체인 쇼피파이(Shopify)는 직장 내 설문 조사를 통해 내향적인 직원과 외향적인 직원의 비율이 비슷하다는 사실을 알아냈습니다. 그래서 두 집단 모두를 위해 사무실을 개조했죠. 한쪽은 떠들썩하고 상호 교류가 많은 공간으로, 다른 쪽은 등받이가 높은 소파를 배치해 혼자 몸을 숨길 수 있는 구석 공간으로 만든 겁니다. '조용한 작업'을 하는 직원들을 위해 안락한 도서관을 연상시키는 방도 몇 군데 마련했습니다. 이렇게 세심한 디자인 덕분에 내향적인 직원들은 직장 내에서 더 많은 공간과 평화를 누리며, 동료들의 스트레스를 더 잘 견디게 됐죠.

초민감자라면 원거리에서도 정서 전이가 이루어질 수 있습니다. 고객이나 의뢰인과 전화 통화를 할 때 수화기 너머에 있는 상대방의 감정을 몸으로 감지하는 겁니다. 초민감자 워크숍에 온 한 참석자는 이렇게 고백했습니다. "전 생명보험 판매 일을 시작했는데, 전화 통화가 너무 무서웠어요. 고객의 문의 전화에 답변해주는 것조차 고역이었어요. 보험 가입이 안 돼 있는데 집을 잃었거나 배우자가 돌연사한 사람들과 통화하면 마음이 아파서 어쩔 줄을 몰랐거든요. 그들의 고통에 감염된 거예요."

지금부터는 직장에서 과잉 자극을 받거나 정서적으로 힘들 때, 또는 주변이 사람들로 복잡할 때 자신의 에너지를 지키는 방법을 가르쳐드리겠습니다.

직장에서 에너지 경계선 설정하기

직장이 오픈 스페이스거나 혼잡한 분위기라면, 책상 가장자리에 식물 화분 혹은 가족이나 애완동물의 사진을 빙 둘러 배치해서 심리적인 장벽을 세우세요. 관음상이나 성 프란체스코상, 석가상 등의 종교적인 물건이나 묵주, 수정, 보호석 등도 에너지 경계선을 만들어줍니다. 가끔씩 화장실을 오가며 마음을 안정시키고, 가능하면 밖에 나가 산책하면서 신선한 공기를 마시는 것도 중요합니다. 소음 제거 기능이 있는 귀마개나 헤드폰을 쓰면 주변 사람들의 대화나 듣기 싫은 소리를 차단할 수 있습니다. 밝게 빛나는 황금알이 당신의 작업 공간을 에워싸고 있다고 상상하세요. 부정적인 기운은 튕겨 나가고 긍정적인 에너지만 들어올 겁니다. 황금알 안에서 안전하게 보호받는 자신의 모습을 머릿속으로 그리세요. 이런 전략들은 여러분이 의지할 수 있는 든든한 보호막을 만들어줄 겁니다.

업무 환경 전체를 통제할 수는 없어도, 자신을 둘러싼 근접 공간의 에너지는 바꿀 수 있습니다. 자신이 만들어낸 안전한 공간에 집중하면 주변이 아무리 시끄럽고 혼란스러워도 정서 전이를 최소화할 수 있죠. 그렇게만 되면 훨씬 더 안정적이고 즐거운 직장 생활을 할 수 있습니다.

초민감자에게 적합한 직업 찾기

초민감자가 일반인보다 더 큰 만족을 얻고 스트레스는 덜 받는 직종이 있습니다. 우리는 민감성과 직관력, 신중함, 고요함, 창의성 등을 최대로 발휘할 수 있는 분야에서 좋은 성과를 내며 일을 즐길 수 있습니다. 그런 곳에서는 내가 아닌 사람이 되려고 억지로 노력하지 않아도 되죠.

초민감자에게 가장 잘 맞는 일

어떤 직종이나 업무 조건이 초민감자에게 제일 이상적이냐는 질문을 자주 받습니다. 일반적으로는 스트레스가 적은 소규모 회사에서 일하거나 자기 사업을 할 때 더욱 큰 능력을 발휘합니다. 또한 경쟁이 심한 회사보다 집에서 일하는 걸 만족스러워하죠. 감정을 빨아먹는 뱀파이어들과 멀리 떨어져 이메일이나 전화, 문자로만 상대할 수 있으니 한결 수월합니다. 또한, 재택근무를 하면 자기 스케줄을 스스로 관리하며 긴장 완화를 위한 휴식을 자주 취할 수 있죠.

초민감자인 저의 내담자들은 대부분 자영업을 선호합니다. 직장 동료와 상사, 빡빡한 스케줄로 기운을 빼거나 압박감을 느끼지 않아도 되니까요. 초민감자는 규모가 큰 기업에서 잦은 팀 미팅에 참석하는 것보다 (아주 긍정적이고 단결력이 좋은 팀이 아니라면) 혼자서 시간을 관리할 때 일이 더 잘 됩니다. 한 내담자는 이렇게 털어놓았습니다. "회사에 적응하려 했지만 번번이 실패한 후로는 집에 사무실을 차렸어요. 제가 저 자신을 관리하니까 훨씬 기운이 나고 행복해요." 또 다른 초민감자의 고백도 있습니다. "전 집에서 재봉 일을 해요. 사무실에서 일주일에 40시간씩 버틸 수가 없었거든요. 온갖 냄새와 소리, 불빛 때문에 너무 힘들었어요."

회사에 고용된 입장이라면 시간제 재택근무를 선택해 인터넷, 이메일, 문자, 스카이프 등으로 원격 업무를 할 수도 있습니다. 이제 일의 능률을 위해서라면 사무실에 온종일 매여 있을 필요가 없다는 인식이 점점 늘어나고 있어서, 초민감자들이 업무 장소를 자유롭게 선택할 기회가 생겼죠. 장소에 구애받지 않는 사업을 시작한 어느 초민감자는 민감한 사람들에게 이런 조언을 해주었습니다. "저도 예전엔 회사에서 일했는데 사내 정치 때문에 진이 다 빠졌죠. 요즘은 스카이프로 일하는데, 정말 환상적이에요. 자신이 어떤 일을 좋아하고, 어떤 기술이 있는지 잘 생각해 보세요. 그리고 그런 아이템을 인터넷으로 공유할 방법이 있나 찾아보는 거예요. 새로운 시대의 직장은 이런 식으로 굴러가요."

하지만 재택근무를 하든 사무실에서 혼자 일하든, 스스로 고립되거나 자신을 너무 밀어붙이지 않도록 주의해야 합니다. 혼자 보내는 시간과 동료나 친구들을 만나는 시간을 균형 있게 배분하세요. 초민감자들 중에는 재택근무도 시간제로 하는 게 가장 이상적이라는 사람들이 많습니다. 혼자 고립되는 시간을 쪼개서 외부 미팅을 잡는 겁니다. 투자 자문가인 한 초민감자도 그렇게 일하는데, 자신의 업무 방식을 이렇게 설명했습니다. "저는 혼자 일하면서 각각 다른 장소에서 고객들과 일대일로 만납니다. 사무실이나 집에

> 예술가이면서 동시에
> 예민한 초민감자라는 건
> 환상적인 일이에요.
> – 앨라니스 모리셋

종일 박혀 있는 대신 제 시간에 맞춰 스케줄을 잡는 거죠." 매일 극심한 교통 체증을 뚫고 출근하거나, 하루 8시간 이상 사무실에 머무르며 감각의 과부하에 시달리는 것보다 이런 방법이 바람직할 수 있습니다. 요즘은 시간 관리가 생명이니까요.

그럼 지금까지 살펴본 바를 현실에 어떻게 적용하면 될까요? 초민감자는 자영업자나 작가, 편집자, 예술가 등 창의적인 직종이 잘 맞습니다. 배우나 음악가 중에도 클레어 데인즈, 앨라니스 모리셋, 스칼렛 요한슨, 짐 캐리처럼 자신이 '극도로 민감'하다는 사실을 인정하는 사람들이 많습니다.

그밖에 웹사이트나 그래픽 디자이너, 원격 지원 서비스업자, 재택 근무 회계사나 변호사, 자신이 직접 스케줄을 관리하는 프리랜서 전기 기사, 건설업자, 배관공 등도 적합한 직업입니다. 부동산 업자나 순회 업무를 하는 비즈니스 컨설턴트도 좋은데, 다만 상담 시간을 제한하고 스케줄을 과도하게 잡지 말아야 합니다. 조경 설계사나 원예가, 삼림 관리자 등 자연 속에서 일하는 직업도 초민감자에게 아주 좋습니다. 지구와 생태계 보호와 관련된 일도 마찬가지입니다.

초민감자는 마음이 넓고 봉사 욕구가 강해서 남을 돕는 일에 종사하는 경우도 많습니다. 의사나 간호사, 치과의사, 물리치료사, 심리치료사, 사회복지사, 교사, 요가 강사, 한의사, 마사지 치료사, 성직자, 호스피스 병동 직원, 인생 상담 코치, 비영리 단체의 직원이나 자원봉사자 등이 헌신적인 직업에 속합니다. 또한 동물과 함께하는 일이나, 동물 구조대원, 수의사 등도 만족을 주는 일자리입니다. 하지만 남을 돕는 직업에 몸담은 초민감자는 환자나 고객의 신체 증상과 스트레스에 전염되지 않는 법을 반드시 익혀야 합니다. 이런 방어 기술에 대해서는 이번 장의 후반부에 다시 말씀드리겠습니다. 경찰관이나 소방관 등은 숭고한 일이지만. 초민감자가 감당하기에 스트레스가 너무 심할 수 있습니다. 감각이 과도하게 자극될뿐더러, 육체적, 심리적 트라우마를 겪을 수밖에 없기 때문입니다.

초민감자는 타인의 행복을 위해 자신의 직감과 동정심을 활용하는 탁월한 능력이 있습니다. 한 내담자는 제게 이렇게 털어놓았죠. "저는 좋은 대학교수예요. 특별한 도움이 필요한 학생을 잘 알아보거든요." 또 다른 초민감자도 비슷한 말을 했습니다. "사람들이 저를 편하게 찾아오는 걸 보면 제가 관리자로서 능력이 있나봐요. 제가 자기들을 이해해줄 거라고 확신하는 거죠." 초민감자는 남을 돕는 행위에서 엄청난 만족감을 느끼지만, 과도하게 퍼주는 경향이 있어 탈진할 위험이 있습니다. 그렇기는 해도 셀프케어 전략을 훈련하면, 수많은 사람의 삶의 질을 향상시키며 자기 자신도 만족스럽게 일할 수 있습니다.

초민감자는 다양한 직업군에서 유용한 일꾼입니다. 하지만 자신의 기술과 재능, 성격을 뒷받침해주는 적절한 일을 찾아야겠죠. 초민감자 기질은 재계나 학계, 프로 스포츠, 군대, 정부 등에서는 크게 환영받지 못할 수도 있습니다. 남을 돕는 직종이나 예술계, 인본주의적인 기관과 더 잘 어울리죠. 어떤 기업에 들어가기 전에 그곳의 강령과 목표, 직원들의 분위기, 작업 공간과 직장의 에너지 등이 나와 잘 맞는지 직관을 발휘해서 판단하세요. 직업 소개서 상으로 좋아 보여도 당신과는 안 맞을 수 있습니다. 내 직감과 몸이 둘 다 옳다는 신호를 줘야 합니다.

초민감자가 피해야 하는 일

초민감자가 에너지를 관리하는 가장 좋은 방법은, 자신의 독특한 재능을 향상시키는 직업을 선택하고 기운을 빼는 직업은 피하는 겁니다. 가까이해서는 안 될 직업으로는 어떤 것이 있을까요?

판매업이 최상위 목록을 차지합니다. 초민감자 중에서도 내향적인 성격이라면 영업직을 즐기기 힘듭니다. 다수의 일반인을 상대하는 건 버거운 일이니까요. 기술 지원 분야에서 일하던 어느 워크숍 참석자도 제게 이런 고충을 털어놓았습니다. "화가 난 고객들을 끊임없이 응대하기에는 제 신경이 너무 예민했어요. 설령 그분들의 분노가 정당하다고 해도요." 민감한 사람들이 으레 그렇듯, 그녀도 타인의 분노와 스트레스를 흡수해서 압박감을 느꼈습니다. 또 다른 초민감자는 이렇게 토로했습니다. "월마트에서 계산원으로 일하다가 불안 발작을 일으킬 뻔했어요. 수많은 인파와 사람들이 떠드는 소리, 스피커 소음, 눈부신 형광등, 오랜 근무시간을 견디느라 심신이 피폐해졌거든요." 특히 자동차, 다이아몬드 반지, 광고 등 무언가를 팔아야 하는 일은 온종일 '활발'한 상태를 유지해야 해서, 초민감자가 버티기 힘듭니다.

물론 자신의 일을 사랑한다면 영업직보다 더한 일이라도 상황은 달라질 수 있습니다. 그래서 한 초민감자는 제게 이렇게 고백했죠. "저는 제가 하는 펫시팅 사업을 어디서든 홍보할 수 있어요. 제가 사랑하는 일이고, 꼭 필요한 일이라고 생각하니까요. 하지만 생수를 팔라고 하면, 사막에서 목말라 죽어가는 사람한테도 못 팔 것 같아요." 이처럼 일에 대한 열정은 어떠한 장애물도 극복할 수 있는 강한 동기가 됩니다.

초민감자에게 스트레스가 되는 또 다른 직업으로는 홍보 전문가, 정치인, 대규모 팀을 관리하는 임원, 법정 변호사 등이 있습니다. 이런 일들은 고도의 긴장감을 유발하고, 외향성과 쉽게 대화를 이끌어가는 능력, 단호한 태도와 적극성을 요하니까요. 상냥한 말투와 민감한 성격, 내향성과는 거리가 멀죠. 하루에도 수백 통의 이메일에 답하고 수많은 전화 통화에 응해야 하므로, 초민감자는 위압감과 불안감을 느낄 수 있습니다. 유치원 선생님이나 보육교사도 영유아들이 벌이는 난장판이나 시끄러운 울음소리를 극복해야 하는데, 이는 보통 힘든 일이 아닙니다. 중학교 교감 선생님은 더 말할 것도 없겠죠.

일반적인 기업에도 문제는 많습니다. 초민감자는 "원래 다 이렇게 하는 거야"라며 넘어가는 기업 문화를 힘겨워합니다. 저 역시 마찬가지였습니다. 저런 대답이 돌아오면 꼼짝없이 따라야 하고 개인의 요구 따위는 철저히 무시되니, 좌절감이 들 수밖에 없었죠. 초민감자는 독립적인 사고를 해서, 직장에서 부당한 점을 느끼면 바로 의문을 제기합니다. 그런 결정을 내린 이유를 듣고 이해가 돼야 마음으로 받아들일 수 있으니까요. 또한, 잦은 팀 미팅과 기 싸움을 벌이는 동료는 우리의 진을 빼놓습니다.

초민감자는 출장이 잦은 직업을 선호하지 않습니다. 정신없는 공항과 수많은 여행객, 낯선 호텔에 시달려야 하니까요. 하지만 이미 출장이 업무의 일부라면, 셀프케어 기술을 훈련할 필요가 있습니다. 저의 내담자 중 한 명은 온라인 강사라서 업무와 관련된 콘퍼런스를 자주 다니는데, 그럴 때면 저녁을 혼자 방에서 해결하며 자신을 재충전합니다. 아로마테라피 사업으로 여러 도시를 돌아다니는 또 다른 초민감자도 자신만의 비법을 나눠줬습니다. "저한테 개인 시간은 운전할 때와 밤에 호텔 방에 들어올 때뿐이에요. 그래서 항상 방 안을 촛불로 가득 채우죠. 출장이 길 때는 꽃을 사서 방을 더욱 아늑하게 꾸며요." 비행기 승무원인 한 친구도 사정은 비슷했습니다. "전 여행을 사랑하지만 비행 스케줄을 연달아 잡지 않고 중간에 틈을 줘요. 또, 비행 중에 부정적인 에너지로부터 저를 보호해줄 기도상과 부적을 몸에 지니고 다니죠." 비행기로 출장을 다닐 때는 소음 제거 기능이 있는 귀마개를 준비하는 것도 좋은 방법입니다. 한 내담자는 이렇게 고백하더군요. "혹시나 했는데 역시나 옆자리에 아이가 앉으면, 울음소리를 막으려고 귀마개를 껴요." (여행에 관한 더 구체적인 조언은 1장에서 찾아보실 수 있습니다.)

초민감자에게 잘 안 맞는 일을 하고 있지만 그만둘 상황이 아니라면, 임기응변으로 해결책을 찾아 더욱 편하게 일할 수 있는 환경을 만드세요. 이 초민감자의 고백이 도움이 될 겁니다. "저는 버스 운전사라서 사람들의 에너지를 직격탄으로 맞아요. 그래서 운전할 때 음악을 틀고 노래를 따라 부르죠. 음악은 저를 행복하게 하고, 승객들의 스트레스가 흡수되지 않도록 제게 보호막을 씌워주거든요. 운전 중에 조용히 승객들을 축복하며 긍정적인 에너지를 증가시키기도 해요. 그리고 앞사람과 근무 교대를 할 때면 기도 종을 들고 버스를 오르내리며 이전 운행으로 남아 있는 부정적인 기운을 정화하죠." 책에 소개된 방어 전략을 이용해서 이 버스 운전사처럼 자신의 직장에서 부정적인 기운을 몰아내고 긍정적인 에너지를 더욱 높여 보세요.

헬스케어나 기타 남을 돕는 직종에서 일하기

초민감자는 의사나 교사같이 남을 돕는 일이 천직입니다. 봉사 정신이 강해 이런 일에서 만족감을 얻거든요. 또한, 민감성을 발휘해 환자를 치료하거나 학생들에게 통찰을 제시해줄 수 있죠. 저도 정신과 의사로서 내담자들을 상담하고 있는데요. 그중 상당수인 초민감자들이 불안감을 떨쳐내고 마음을 열어 자신의 삶을 사랑하게 되는 과정을 지켜볼 때마다 벅찬 보람을 느낍니다. 남을 돕는 직업에 종사하면서 저처럼 큰 기쁨을 누리고 스스로도 많은 것을 얻어가는 초민감자들이 많습니다.

하지만 소진해버리는 경우도 많은데요. 초민감자나 치유자들은 '동정 피로(compassion fatigue)'를 겪을 수 있습니다. 너무 많은 사람에게 계속 관심을 쏟다보니, 더는 내어줄 것이 안 남은 상태죠. 왜 이런 일이 벌어질까요? 초민감자는 남에게 지나치게 마음을 씁니다. 타인의 고통에 전염되기도 하죠. 남을 고쳐주려는 마음이 강하고, 환자가 개선되는 데 너무 큰 책임감을 느낍니다. 그래서 상대방이 나아지지 않고 도리어 악화하거나, 치료를 포기해버리면 자신의 잘못으로 여기죠. 환자의 병이 재발하자 자책감이 들어 약물에 빠지는 상담사도 본 적이 있습니다. 잘해보려는 마음에서 저지르는 또 다른 실수는, 혼자 명상하고 중간중간 휴식을 취하는 대신, 연 단위, 시간 단위로 빈틈없이 스케줄을 짜는 겁니다. 게다가 여가 시간에도 너무 바쁘게 지냅니다. 충분히 놀지도, 업무에서 벗어나 재충전을 하지도 않죠. 자신을 돌보지 않고 방치하면 이런 직종에서 살아남기 힘들뿐더러, 남을 돌보는 기쁨도 느낄 수 없습니다.

직관력 워크숍에 참석한 어느 대학생은 제게 이런 질문을 했습니다. "초민감자는 너무 민감해서 치유 관련 일을 하기 힘든가요? 그쪽 계통에 종사하고 싶은데, 한편으로는 에너지를 빼앗기는 게 두려워서 고민이에요." 그래서 제가 대답했습니다. "초민감자는 민감성 덕분에 유능한 치유사가 될 수 있어요. 하지만 소진되지 않으려면 매일 자신을 재충전하며 에너지를 지켜야 하죠. 그럼 환자나 동료들 때문에 기진맥진해지는 일은 없을 거예요."

직장 안팎에서 활용할 수 있는 셀프케어 방법을 몇 가지 소개해드리겠습니다. 이것만 지키면 타인의 스트레스와 감정, 신체 질환 등을 흡수해서 동정 피로에 빠지는 걸 막을 수 있습니다.

번아웃과 동정 피로를 예방하는 법

- **휴식 시간을 만들어라.** 규칙적으로 5분씩 시간을 내서 휴식을 취하거나 명상합니다. 다음 스케줄까지 비는 시간에 산책을 해도 좋습니다. 고객들과의 약속을 연이어 잡으면 급속도로 소진하게 되니 주의하세요.

- **스케줄을 너무 많이 잡지 마라.** 자신의 한계에 맞게 만나는 고객

의 수를 제한하면 좋지만, 이런 융통성이 허용되지 않는 직업도 있습니다. 다만 바쁠 때 새 약속을 억지로 끼워 넣지 말고, 가능하면 조금 한가한 날로 스케줄을 재조정하세요.

- **잘 먹어라.** 끼니를 거르지 말고, 안정감을 주는 단백질은 반드시 섭취합니다. 단백질을 조금씩 자주 먹어주면 온종일 에너지와 혈당을 안정적으로 유지할 수 있습니다. 탄수화물과 초콜릿 바, 쿠키, 탄산음료, 기타 설탕이 들어간 음식을 피하고, 배고플 때 빨리 배를 채우겠다고 패스트푸드를 먹는 일도 삼가세요. 건강한 간식을 준비하고 수분을 계속 보충해주며, 그린 스무디나 항산화 스무디, 기타 영양 보충 음료를 마십니다. (더욱 자세한 식이요법은 2장을 참조)

- **평온한 업무 공간 만들기.** 개인 사무실을 정돈하고, 오픈 스페이스라면 최소한 내 책상만이라도 차분하게 만듭니다. 영감을 불러일으키는 문구나 종교적인 물품, 내 마음이 편안해지는 물건으로 주변을 꾸미세요.

- **규칙적으로 심호흡을 하라.** 정신을 집중하며 깊이 호흡하면 몸에 스며든 부정적인 기운이 정화됩니다.

- **사무실이나 업무 공간을 가슴 에너지로 채워라.** 하루에 한 번 이상 시간을 내서 가슴 한가운데 있는 심장 차크라에 집중하세요. 사

랑의 에너지가 당신의 온몸을 흐르며 균형을 맞춰줄 겁니다. 계속해서 집중하면 이 에너지가 넘쳐흘러서 요정이 마법의 가루를 뿌리듯 방 안이 사랑으로 가득 찰 겁니다. 당신의 업무 공간에 온기와 긍정적인 힘을 불어넣는 거죠. 저는 수년간 이 방법으로 사무실에 사랑이 충만한 분위기를 만들었습니다. 그래서 제 공간에 들어오는 방문객은 자신도 모르게 긴장을 풀고, 심지어 미소를 짓기도 하죠.

- **일터에서 명확한 경계선을 설정하라.** 직장 내 에너지 뱀파이어들에게 단호하지만 친절한 말투로 "아니요"라고 말하세요. 시간을 빼앗기지 않아야 진을 뺄 일도 없어집니다.

- **보호막을 둘러라.** 스트레스가 심한 상황이거나 다른 사람의 감정과 증상에 감염될 때는 자신의 몸을 감싸는 하얀빛의 보호막을 상상하세요. 이 보호막이 당신을 지켜주고 긍정적인 기운만 받아들이게 해줄 것입니다. 특히 마사지 치료사나 물리치료사 등 신체 접촉을 통해 환자의 고통을 흡수하기 쉬운 헬스케어 직종에서 큰 효과를 볼 수 있죠. 한 치과의사는 이 보호막을 사용한 후로 치료를 겁내는 환자들의 불안감을 흡수하지 않게 됐다고 털어놓았습니다. 보호막을 쓴다고 해서 당신의 민감성이나 환자와 교류하는 능력이 줄어들지는 않습니다. 상대방의 스트레스나 불안감이 당신에게 영향을 끼치지 못하게 막는 것뿐이죠.

- **물로 디톡스하라.** 힘든 하루를 보낸 후에는 엡솜 솔트로 목욕하거나 샤워를 하며, 자기도 모르게 흡수됐을지 모르는 스트레스와 고통이 씻겨 내려가게 합니다.

- **일에서 벗어나 즐겨라.** 정기적으로 여가 시간을 확보해 오락과 레크리에이션(re-creation)을 합니다. 산책을 하며 꽃과 식물, 새소리, 자연 세계를 음미하다 보면 기쁨이 되살아날 겁니다. 환자들을 생각하거나 일과 관련된 문제에 사로잡히지 말고, 놀거나 레크리에이션을 할 때는 온전히 그 시간에 충실하세요.

이런 전략을 활용하면 할수록 더욱더 활력이 생기고, 에너지가 소진되는 일은 줄어들 겁니다. 그렇게 되면 남을 돕는 열정과 흥분을 진정으로 만끽할 수 있죠. 노인 요양 시설을 운영하는 어떤 초민감자는 어느 날부턴가 기쁨을 잊고 완전히 소진되기 직전이었습니다. 하지만 번아웃 예방법을 따르고 보호막을 상상하기 시작하면서 스트레스를 차단하고 일하는 즐거움을 되찾았죠.

초민감자인 치료사

초민감자인 정신과 의사와 심리학자, 결혼 및 가정생활 상담사, 사회복지사는 전통적으로 요구되는 기술 외에도 직감과 동정심, 영성을 이용해 남을 돕습니다. 환자들에게 직관을 사용하고 에너지를 의식하는 법을 가르쳐주기도 하죠. 치료자 중에는 초민감자나 '매우 민감한 사람(HSP)'도 있지만, 공감 능력을 개발하고자 연습하는 보통 사람들도 있습니다. 매우 민감한 사람이나 초민감자는 환자에 관해 더 많은 것을 보고, 느끼고, 직감적으로 깨달아서 더 높은 수준의 심리치료를 할 수 있다는 이점이 있습니다. 그중에서도 초민감자는 자신의 직감과 영혼의 도움을 받아 자신에게 맡겨진 환자를 안내하죠.

저는 헬스케어 전문가들을 훈련시킬 때 자신의 초민감자 기질을 진료 과정에 결합하라고 조언합니다. 그리고 '직관'을 활용하는 법을 가르치죠. 우리 내면에서 건강과 치유의 길을 제시해주는 평온하고 고요한 목소리 말입니다. 마음을 잠잠히 가라앉히고 직관에 연결되면, 깨달음이나 번쩍 스치고 지나가는 생각, 육감, 신체 감각 등으로 답을 얻을 수 있죠. 저는 직관이 우리 자신의 최상위 차원 혹은 영혼의 표출이라고 생각합니다. 초민감자인 치료사 중에는 전통적인 종교를 믿는 이들도 있지만, 반드시 그럴 필요는 없습니다. 다만 직관의 목소리를 듣고, 자기 안에 흐르는 더 큰 힘을 느낄 수 있어야 합니다. 본능적으로 자신과 공명하는 힘이라면 그것이 우주든, 사랑이든, 자연이든 상관없습니다.

제가 헬스케어 전문가들에게 가르치는 또 한 가지는 환자의 미세 에너지를 읽는 방법입니다. 진단과 치료를 위한 대안적 의료 기술이죠. 이는 제가 UCLA에서 받은 정신과 수련과 근본적으로 다릅니다. 의대에서는 생물학을 바탕으로 한 약물 처방 중심의 교육을 하죠. 하지만 정통 과학적 지식과 직관적 치료를 결합하면 환자의 치료에 더욱 큰 도움이 됩니다.

치료자이면서 동시에 초민감자인 저는 치료 시간에 편한 마음으로 집중할 수 있도록 명상으로 준비합니다. 그러고 나면 분석적인 정신과 직관력으로 내담자의 이야기를 더 잘 들어줄 수 있죠. 오로지 내담자에게만 정신을 쏟기 위해 저 자신의 고민과 개인적인 문제는 한쪽으로 치워둡니다. 치료 시간 중에는 내담자가 제 우주의 중심입니다. 이렇게 이타적인 마음으로 임하면 저에게도 활기가 생깁니다. 또한 쓸데없는 생각이 끼어들지 않아서 더욱 깊은 내면의 소리에 귀를 기울일 수 있죠.

제 역할은 내담자들이 자기만의 길에서 올바른 경로를 찾도록 돕는 겁니다. 무언가를 고쳐주는 게 아닙니다. 그분들이 괴로워할 때 등불을 비춰서 방향을 제시할 뿐이죠. 그리고 정서적인 고통은 쉽게 아물지 않는다는 걸 깨달은 후로는 각자의 치유 속도를 존중하려 합니다. 내담자의 고통을 지켜보는 게 불편하다고 해서 어서 나아지라고 다그치지 않습니다. 저는 그들의 고통을 제거해주지 않습니다. 그렇다고 고통받는 걸 보며 즐기지도 않습니다. 그들의 성장은 저의 책임이 아닙니다. 저는 내담자가 치료되는 과정에 영감을 불어넣어주고, 자신의 직감에 귀 기울일 수 있게 도와주는 사람입니다. 이런 자세를 취하면 나 자신이 치유의 통로가 되면서, 타인의 곤란과 고통을 흡수하지 않을 수 있습니다.

저의 치료 방식을 예를 들어 설명해 보죠. 젠은 40세의 인테리어 디자이너로, 나르시시스트인 남자들과 고통스러운 연애를 이어가던 차에 저를 찾아왔습니다. 상대방의 학대를 오래 참고 지내다가 결국 버림받고 나면, 몇 달 동안 혼자 상처를 추슬러야 했죠. 젠은 이런 자기 파괴적인 연애 패턴을 바꾸고 싶었습니다.

첫 번째 상담 시간에 젠은 만난 지 2주 된 남자가 있다며 자랑을 쏟아냈습니다. "크레이그는 매력적이고 재미있어요. 게다가 하버드 출신 변호사죠. 완벽한 제 짝이에요. 예전 남자 친구들과는 다르게 제 말을 잘 들어주거든요." 젠은 크레이그의 모든 것이 흡족했습니다. 저도 함께 기뻐하고 싶었지만, 누군가에게 푹 빠졌을 때 그 사람의 본모습을 보는 게 얼마나 어려운지를 떠올렸습니다(그래서 한 친구는 연애 초기에 만나는 사람은 진짜 그 사람이 아닌 '대리인'이라고 농담하기도 했죠). 크레이그라는 사람에게 집중해 보니, 이 관계가 젠에게 고통을 안겨줄 거라는 강한 직감이 왔습니다. 하지만 젠에게 이런 느낌을 털어놓지는 않았습니다. 그래 봤자 소용없다고 제 직감이 말해줬거든요. 제 역할은 그녀의 미래를 예측하는 게 아니라, 관계에서 최선의 선택을 하도록 돕는 거니까요. 그래서 이렇게 답했습니다. "잘됐네요! 하지만 당신이 만나던 다른 나르시시스트들과 정말 다른지 더 잘 알아봐요. 처음에는 그 남자들도 전부 멋져 보였잖아요. 크레이그에 관해서 젠의 직감은 뭐라고 말하나요?" 젠은 자기 마음의 소리를 들으려 했지만, 크레이그를 향한 끌림이 너무 생생해서 자신의 인연이 확실하다고 잘못 해석했습니다.

젠은 상대의 강한 성적 매력에 완전히 빠져버렸습니다. 그런 상황이라면 우리도 대부분 무너질 겁니다. 하지만 저는 상담을 계속하면서 그녀가 자신의 직감과 연결될 수 있게 도왔습니다. 젠은 그 후로 1년간 크레이그와의 고통스러운 관계를 이어갔습니다. 크레이그는 사귄 지 몇 달도 안 돼서, 젠이 자기 말을 따르지 않을 때마다 차갑게 돌변했죠. 화가 나면 침묵 요법을 사용했고, 조금씩 애정을 던져주다가 갑자기 냉담해지곤 했습니다. 나르시시스트의 전형적인 특징이죠. 젠은 이번 연애로 괴로웠지만, 귀중한 교훈을 얻었습니다. 연애 초기에 아무리 지극정성이어도, 나르시시스트는 결국 공감 능력이 없는 사람이라는 겁니다. 또한 누군가와 사귀어도 좋을지 판단할 때 반드시 직관을 발휘해야 하고, 내면의 소리가 길을 안내해줄 때까지 끈기 있게 귀를 기울여야 한다는 것도 배웠죠. 중심에서 벗어나 있을 때는 더욱 그렇고요.

우리는 치료 과정 중에 젠이 자신의 힘과 다시 연결되는 데 집중했습니다. 그렇게 자존감이 살아나자, 마침내 크레이그에게 "싫어"라고 말할 수 있게 됐죠. 앞으로 변하겠다는 유혹에도 넘어가지 않았습니다. 자기 힘을 되찾은 젠이 잘못된 관계의 패턴을 깨고 크레이그와 헤어지자 저는 무척 기뻤습니다. 젠은 이제 건강한 관계를 추구하기로 결심했습니다. 그리고 이번 경험을 계기로 자신의 직감을 믿는 통찰력 있는 여성으로 거듭나겠다고 다짐했죠. 모든 관계는 우리의 스승이자 치유자입니다. 우리가 받아들이기만 한다면요.

젠이 힘든 시기에 등불을 밝혀 도울 수 있었던 건 저에게도 영광이었습니다. 제가 젠의 고통을 흡수했다면 두 사람 모두에게 해로웠을 겁니다. 치료사로서 저의 역할을 명확히 한 덕분에 불필요한 에너지에 전염되는 일을 막을 수 있었죠. 치료 중에 감정이 극도로 고조될 때는 천천히 호흡하면서 중심을 잡는 데 집중했습니다. 이런 전략과 확실한 경계가 있었기에 가장 명료한 상태로 젠을 도울 수 있었습니다.

치료사로 일하는 저의 다른 내담자들도 저처럼 자신의 일에 열정을 느낍니다. 한 심리학자는 이렇게 고백했습니다. "저는 직관적으로 완전히 몰입해서 누군가를 도울 때가 가장 행복해요. 저 자신보다 큰 영감의 존재를 믿으면서 따라가는 거죠." 하지만 초민감자인 치료사는 반드시 적절한 보호 수단을 갖춰야 합니다. 그렇지 않으면 감각 과부하에 걸리고, 타인의 감정이나 신체 증상을 흡수해서 탈진해버릴 수 있습니다. 한 정신과 의사도 이런 고민을 털어놓았습니다. "저는 환자들의 증상을 제 몸으로 받아들여요. 두통이나 구역질, 요통, 우울감, 분노, 슬픔 등이 가리지 않고 찾아오죠. 너무 힘들어요." 또 다른 내담자는 이렇게 토로했습니다. "저는 정신 건강 상담사였는데, 감정이입을 멈출 수가 없어서 일을 그만뒀어요. 그 후로 더 행복하고 건강해졌지만, 무언가 허전한 기분을 지울 수가 없어요. 심리치료는 제 소명이거든요."

초민감자인 치료사들은 작업 환경 때문에 감각 과부하를 경험할 수도 있습니다. 저와 사무실을 함께 쓰는 동료는 언젠가부터 이상하게 불안하고 피곤해했습니다. 알고보니 제 내담자들이 앉는 의자가 그의 의자여서, 그 자리에 축적된 스트레스를 흡수한 겁니다. 동료는 제 내담자들이 다른 의자에 앉게 해달라고 부탁했고, 그의 사정을 완벽히 이해한 저는 이에 동의했죠. 그 후로 제 동료는 다시 차분하고 편안하게 일할 수 있었습니다.

초민감자가 치유자나 치료자로서의 사명을 추구하면서, 병들고 지치거나 환자의 증상을 흡수하지 않으려면 어떻게 해야 할까요? 이번 장에서 이미 소개해드린 전략들과 더불어 다음의 방법을 참고하면 내면의 중심을 잡고 맑은 정신을 유지할 수 있습니다. 헬스케어 전문가라면 누구에게나 도움이 될 겁니다.

환자의 감각에 전염되지 않는 법

- **마음가짐을 바꿔라.** 순교자가 되려 하지 마세요. 당신의 역할은 환자에게 길을 안내하는 것이지 그들의 고통을 공유하거나 제거하는 일이 아닙니다. 이렇게 태도를 분명히 하면, 더욱 즐겁게 일하면서 좋은 결과를 낼 수 있습니다.

- **당신과 환자가 명백히 다른 점을 세 가지 찾아보라.** 치료가 끝난 후 환자의 감정이나 고통으로부터 거리를 두기 위한 논리적인 방법이 있습니다. 당신과 환자의 뚜렷한 차이점 세 가지에 집중하는 겁니다. 예를 들어, 나는 여자고, 저 사람은 남자다. 저 사람은 우울하지만 나는 그렇지 않다. 나는 비건이지만 저 사람은 고기를 먹는다. 이렇게 경계선을 그으면 둘 사이가 확실하게 구분돼서, 불필요한 에너지 흡수를 막을 수 있습니다.

- **남을 고치려 하지 마라.** 사람은 자기 스스로 치유해야만 합니다. 치유 과정의 조력자가 돼줄 수는 있지만, 고통에서 벗어나려면 반드시 스스로 변해야 하죠.

- **공의존에 빠지지 않게 주의하라.** 다른 사람의 상태 개선에 지나친 책임감을 느끼지 않도록 합니다. 환자는 당신이 아닌 자기만의 속도로 변합니다. 물론 감정 문제로 정체돼 있거나 퇴보하는 환자에게 마음이 쓰이는 건 당연합니다. 최대한 조언을 해주되, 성장이 더디거나 장애를 극복하지 못한다고 자책할 필요는 없습니다.

- **자신의 문제부터 해결하라.** 우리는 스스로 풀지 못한 문제와 연관된 에너지를 더 잘 흡수합니다. 어떤 환자들이 내 감정의 버튼을 누르는지 주의 깊게 살펴보세요. 그리고 "이 사람이 내 안의 해결되지 않은 문제를 거울처럼 비춰주고 있나?"라고 자문해 봅니다. 자신만의 트리거를 알아내세요. 우울한가요? 버려질까 두려운가요? 거절당할까 두려운가요? 건강이 염려되나요? 친밀감 때문인가요? 자기 안의 트리거와 문제를 치유하는 데 집중하세요. 그러면 예전처럼 남들에게서 이런 에너지를 흡수하는 일이 줄어들 겁니다. 동료들끼리 서로 감독해주는 그룹을 만들어 자신의 사례를 밝히고, 감정의 트리거에 관해 토론하는 것도 도움이 됩니다. 개인적으로 심리치료를 받아도 좋고요.

환자들과 만날 때는 항상 마음의 중심을 지키세요. 외부에서 들어오는 불편감이 감지되면, 심호흡을 하며 자신의 마음으로 돌아갑니다. 마음은 모든 것을 치유하고 정화해주는 절대적인 장소입니다. 면담 중에 감정이 자극될 때는 보호막을 치고, 여러 방어 전략을 동원해 중심을 유지하세요. 그러고 나서 사후에 촉발 요인을 분석하면 자신에 관해 더 많은 통찰을 얻을 수 있습니다. 우리는 초민감자이자 치유자로서 끊임없이 자신을 성장시킬 필요가 있습니다. 이러한 사명이 있기에 심리치료는 고결한 과정이며, 당신과 환자 모두에게 이롭습니다. 따뜻한 마음으로 자기 자신을 들여다보고 공감 능력을 개발하세요. 사랑과 봉사, 자기 계발을 통해 깨달음의 길로 나아가세요.

이번 장을 통해 직업 방면에서 필요한 영감을 얻으셨길 바랍니다. 현재 하는 일에서 더욱 힘을 내거나, 초민감자로서의 욕구에 더욱 부합하는 다른 일을 찾을 수도 있겠죠. 직업을 통해 당신의 무언가를 증명할 필요는 없습니다. 스스로 만족하기만 한다면 무슨 일을 하든 아무런 문제가 되지 않으니까요. 단, 일할 때 즐거워지는 직업을 찾으세요. 스트레스가 심한 날은 동료들이나 그날 만나는 사람들에게 봉사하겠다고 마음먹으세요. 그러면 부정적인 에너지가 사라지고, 일이 한결 편안해질 겁니다.

나를 힘들게 하는 사람들을 인생의 스승이라고 생각하세요. 그러면 마음의 안정이 유지되어 쉽게 폭발하지 않습니다. 자신의 욕구를 깨닫고, 이와 조화를 이루는 일을 찾으세요. 업무 스트레스를 극복할 셀프케어 전략을 연습해서 에너지를 회복하고, 자기 자신을 소중하게 지켜주세요. 이렇게 하면 초민감자인 당신의 마음은 매일매일 성장하고 충만해질 겁니다.

ᴄ 초민감자 선언 ᴐ

나는 내게 활력을 불러일으키는 보람된 일을 찾을 것이다.

나는 일터에서 내 민감성을 지키기 위한

셀프케어 전략을 연습할 것이다.

일하지 않을 때는 놀고 휴식하며,

나 자신을 재충전할 것이다.

민감한 아이 키우기

부모가 되는 건 누구에게나 인생에서 가장 부담스러운 선택이지만, 초민감자에게는 유난히 더 힘들 수밖에 없습니다. 우리는 신경이 예민해서 감각의 인풋이 집중적으로 증가하고 삶이 분주해지면 쉽게 압도되기 때문이죠. 그래도 초민감자인 내담자와 친구들은 아이를 키우는 일에 양육의 스트레스를 훨씬 능가하는 보상이 있다고 말합니다. 아이가 자기 삶의 빛이라고 찬양하기도 하죠.

자녀 양육이 커다란 축복이라는 사실은 의심할 여지가 없습니다. 아이를 키우며 정서적 유대감을 느끼고 더욱 견고한 가족이 되어갈 뿐더러 감탄과 애정, 즐거움 등 다양한 감정을 맛볼 수 있으니까요. 초민감자인 엄마와 아빠는 자신의 임무를 수행하며 엄청난 기쁨과 성숙을 경험합니다. 갓 태어난 생명이 삶을 잘 시작하도록 도와줄 기회이기도 하죠. 초민감자는 천성이 베풀기를 좋아해서 부모 역할을 하며 만족을 느낍니다. 자녀의 앞길을 인도하는 부모의 가르침은 가히 거룩하다고 할 수 있습니다. 반대로 자녀는 부모가 인내하는 법과 한계를 정하는 법, 사랑하는 법을 배우며 성장하게 하는 훌륭한 선생님이죠. 스스로를 돌볼 전략만 있다면 초민감자도 멋진 부모가 될 수 있습니다. 동정심과 직관력이 뛰어나고 자녀의 민감성을 지지해줄 수 있으니까요.

하지만 절대 간과할 수 없는 사실이 있습니다. 수많은 장점에도 불구하고 육아를 하다보면 스트레스가 계속 생겨난다는 겁니다. 운 좋게도 잘 도와주는 배우자나 가족, 베이비시터, 유모가 있어도 마찬가지입니다. 초민감자는 감각 과부하에 걸리기 쉽기 때문에 이런 스트레스의 원인을 인식하고 있어야 합니다. 혼자만의 시간이 줄고 누군가와 함께하는 시간이 늘어나는 건 중요한 스트레스 요인입니다. 매일 때마다 이유식을 만드느라 바쁘고, 더러운 기저귀를 갈아야 하며, 수면시간이 줄어들고, 아이의 시끄러운 울음과 고함소리에 시달리는 것도 보통 일이 아닙니다. 게다가 아이가 조금 크면 여기저기 파티나 외박도 많아지고, 집은 엉망진창인데 운동 연습이나 학교 행사에 쫓아다녀야 하죠. 한 초민감자는 제게 이렇게 고백했습니다. "저는 아이들을 좋아해서 남편의 아이를 키우며 행복했어요. 아이의 영혼을 돌보는 건 정말 소중한 일이니까요. 소음과 소란을 참는 건 힘들었지만 그럴 만한 가치가 있었어요. 제가 치른 가장 큰 희생은 혼자만의 시간과 자유가 사라지는 거였죠."

이런 면을 고려할 때, 부모가 될지 결정하기 전에 양육의 장점과 스트레스의 원인을 주의 깊게 비교 검토하는 것이 바람직합니다. 초민감자 중에는 아이를 갖지 않기로 결정하는 사람들도 있습니다. 부모 역할에 크게 마음이 끌리지 않고 자신의 민감성 때문에 버거워할 게 분명하기 때문이죠. 그런가 하면 아이를 한 명만 낳기로 하든지, 사랑 많은 이모나 삼촌, 대부, 대모, 멘토 등 시간과 에너지를 덜 헌신하는 역할로 만족하는 사람도 있죠. 이런 방법으로도 가족과 같은 유대감과 기쁨을 얻을 수 있으니까요.

육아는 신중한 선택이자 주어지는 운명이다

초민감자는 매우 민감하기 때문에 출산 여부를 신중하게 결정해야 합니다. 저는 내담자들에게 육아의 장단점을 비교해 보라고 권고합니다. 자신의 신경계와 프라이버시, 민감성에 미칠 영향은 무시한 채 환상에 빠지면 안 되니까요. 직관력은 좋은 의사결정의 핵심 요소입니다. 그래서 저는 아이를 갖는 게 정말 옳은 일인지 알아보려면 자신의 직감에 귀를 기울이라고 얘기해줍니다. 제가 추천하는 직관적인 방법을 두 가지 소개해드리죠.

———～～～～～ **명상 실습** ～～～～～———

기법 1. 자신의 직감에 집중하기

직감에 연결될 수 있는 차분하고 조용한 장소를 찾으세요. 그리고 속으로 이렇게 자문해 보세요. "아이를 갖는 것이 최선의 선택일까?" 그런 다음 내면의 소리가 하는 말에 귀를 기울이세요.

- **직감적으로 옳은 일이라면** 편안하고, 활기가 솟으며, 신나고, 마음이 안정되며, 풍성한 느낌이 듭니다.
- **직감적으로 잘못된 일이라면** 기분이 가라앉았거나 고통스럽고, 불편하거나 위축되며, 무언가를 억지로 하거나 벽에 부딪히는 느낌

이 듭니다.

직감은 우리가 최선의 선택을 할 수 있도록 도와줍니다. 아이는 자신이 원해서 가져야지, 손자를 바라는 부모님을 위해서라든지 사회적인 기대 때문에 가져서는 절대 안 됩니다. 물론 이게 옳은 결정인지 불안한 마음이 들 겁니다. 자연스러운 일이죠. 하지만 그대로 진행하는 것이 '직감적으로 옳다'는 확신이 있어야 합니다. 파트너와도 당연히 의견이 일치해야 하죠. 그렇지 않다면 상담사나 지도자에게 도움을 구하세요.

기법 2. 아이의 영혼을 두고 명상하기

조용한 상태에서 당신의 아이와 연결되는 명상을 해보세요. 초민감자는 극도의 민감성을 발휘해서 이런 체험을 할 수 있습니다. 당신에게 다가오는 어떤 생명의 힘이나 서로 만나고 싶어 하는 갈망, 행복감 등을 직감으로 느끼는 거죠. 이런 직관적 체험을 하거나 아이의 영혼과 연결됐다는 확신이 들면, 자녀를 갖는 게 옳다는 강한 신호입니다.

~~~~~~~~~~~~~~~~~~~~~~~~~~~~~~~~~

임신은 선택으로 이루어지지만, 한편으로는 인연과 운명의 문제이기도 합니다. 단순히 자녀를 낳을 운명이 아닌 사람들도 있습니다. 그건 잘못된 게 아닙니다. 그런 사람들은 자신에게 맞는 다른 방식으로 영적인 교훈을 얻을 겁니다. 때로는 특정한 아이를 키울 운명이 주어지기도 합니다. 그 아이는 당신을 도와줄 운명인 거고요. 한 생명이 탄생하거나 입양되는 것은 매우 강력한 힘의 작용으로, 당신과 아이는 끈끈한 유대관계를 이루게 됩니다. 제가 상담한 커플 중에는 자녀들만 출산하고 바로 헤어진 경우도 있었습니다. 마치 아이들을 세상에 태어나게 하려고 만났던 것처럼요. 그런가 하면 파트너의 자녀를 함께 키우는 게 당신의 운명일 수도 있습니다. 당신이 겪을 임신과 양육에는 이런 모든 변수가 포함될 수 있다는 사실을 명심하세요.

한 아이를 사랑해 보기 전에는 존재조차 알 수 없는 것들이 우리 가슴속에는 많이 있습니다.
– 앤 라모트

초민감자인 부모의 대처법

육아에서 오는 일반적인 스트레스는 초민감자의 경우 훨씬 증폭됩니다. 안 그래도 쉽게 압도되는 사람이 수많은 관계(배우자와 자녀, 가족, 친구 등)와 일 사이에서 균형을 이루며 자제력을 유지하려면 어떻게 해야 할까요? 이럴 때 초민감자인 부모의 생존 전략은 긴장과 과잉 자극을 완화해줄 전략을 확보하는 겁니다. 물론 이는 모든 부모에게 중요하지만, 초민감자의 경우 전략의 유무에 따라 온전한 정신과 행복감을 성취할 수도, 상실할 수도 있습니다. 스트레스와 불안감, 감각 과부하에 유난히 취약하기 때문이죠. 초민감자는 한결같은 상태일 때 가장 편안함을 느낍니다. 하지만 자녀를 양육하며 끊임없이 긴급 상황이 발생해도 중심을 잃지 말고, 신뢰할 만한 일련의 전략을 세워 건설적인 방식으로 대처해야 합니다.

민감성은 양날의 검입니다. 공감 능력은 부모와 자녀 모두에게 심리적으로 도움이 되지만, 부모의 신체 건강에 미치는 영향을 보면 얘기가 달라집니다. 건강심리학회(Health Psychology)의 최근 연구 결과에 따르면 공감 능력이 큰 부모는 자녀의 우울감과 칭얼거림을 정기적으로 달래주면서 면역력이 약화되고, 미약하게나마 전신성 염증 반응까지 생깁니다. 병원에서 부모들에게 면역체계 강화를 위해 운동이나 명상으로 스트레스를 해소하라고 권하는 이유를 이제 아시겠죠.

선천적으로 공감 능력이 뛰어나거나 초민감자인 부모들은 지금부터 소개할 여러 전략을 이용해 스스로를 돌봄으로써 스트레스를 낮추고 평안과 균형을 유지할 수 있습니다. 그러면 본인의 민감성을 훼손하지 않으면서 자녀에게 자신의 감정을 조심스럽게 표현하는 데 도움이 될 겁니다. 초민감자는 휴식 없이 너무 많은 일을 하면 금세 과부하가 걸립니다. 이런 전략을 활용해 매일 짧게라도 숨 돌릴 여유를 가져야 부모 역할도 더 잘할 수 있습니다. 조금만 신경 쓰면 지친 에너지를 회복하고 평온함을 되찾을 수 있죠.

초민감자 부모의 12가지 행동 단계

1. 감사하는 말로 하루를 시작하라

마음속으로 혹은 큰소리로 이렇게 외치며 하루를 시작하세요. 그러면 일어나자마자 산더미 같은 오늘의 할 일을 떠올리는 것보다 긍정적이고 희망찬 분위기를 조성할 수 있습니다. "새로운 날을 맞이해서 감사하고, 내가 건강해서 감사하고, 아이들과 가족이 있어 감사합니다. 이렇게 많은 축복을 주셔서 감사합니다. 오늘 하루도 평안하게 해주세요. 온종일 행복하게 해주세요. 사랑하게 해주세요."

2. 잊지 말고 호흡하라

우리는 조급해지면 숨을 참거나 얕게 쉬기 때문에 몸이 긴장으로 뭉치게 됩니다. 바쁜 하루 중에도 일부러 한 번씩 심호흡을 해서 긴장을 푸는 습관을 들이세요. 까먹지 않도록 휴대폰 알람을 맞춰놓아도 좋습니다.

3. 혼자만의 시간을 만들어라

초민감자는 육아 부담을 해소하기 위해 매일 최소한 몇 분씩 혼자만의 시간을 확보해야 합니다. 대자연이 있는 밖으로 나가면 좋지만, 여건이 안 되면 집안에 신성한 공간을 만들어도 됩니다. 화장실이나 옷방(몸을 숨길 만한 장소가 여기뿐이라면)에서 5분간 휴식을 취하는 것만으로도 충분합니다. 이때, 배우자가 시간이 된다면 배우자에게 아이를 잠시 맡겨두세요. 여의치 않으면 아이가 낮잠을 자거나 친구와 놀러 나갔을 때, 축구 연습을 할 때 혼자만의 시간을 누려도 됩니다. 자녀가 취학 연령이라서 잠시 혼자 둬도 안전하다면, 침실 문을 닫은 채 눈을 감고 느긋하게 휴식을 즐기세요.

　제가 아는 한 친구는 아이 돌보기 협동조합을 만들었습니다. 이웃 사람과 돌아가며 서로 아이를 맡아줘서 일주일에 한 번씩은 오후 시간을 자유롭게 쓰는 겁니다.

　"난 혼자 있는 시간이 필요해"라고 말하는 건 자녀에게도 좋은 모범이 됩니다. 아이들은 부모의 관심을 필요로 하기에 순간적으로 속상해할 수도 있습니다. 하지만 당신의 에너지를 돌보는 일이 결국은 당신과 아이 모두를 풍요롭게 해줍니다. 그래야만 짜증을 덜 내는 부모가 될 수 있으니까요. 어떤 초민감자 엄마는 제게 이런 말을 했습니다. "제가 딸에게 줄 수 있는 가장 좋은 선물은 '행복한 엄마'예요. 혼자만의 시간을 보내면 저는 더 나은 엄마가 될 수 있어요."

다행히 아이를 돌봐줄 가족이나 친구가 있다면 짧은 휴가를 떠나는 것도 훌륭한 방법입니다. 초민감자이자 두 명의 중학생 딸을 둔 어떤 엄마는 결혼 14년 차가 돼서야 처음 주말에 시간을 내서 혼자 호텔에 묵었습니다. "참석할 만한 모임이 없었거든요. 그래서 그냥 혼자 글을 쓰며 보냈어요. 오랫동안 내면의 소리를 잊고 살았으니까요."

4. 마음을 위로하는 음악을 들어라

음악에는 우리를 치유하고, 영감을 주며, 긴장을 풀어주는 힘이 있습니다. 그래서 음악을 들으면 에너지가 순식간에 전환되죠. 아기를 재울 때 음악 소리에 맞춰 요람을 흔들면 당신과 아기 모두에게 도움이 되고, 아기가 잠든 후에도 음악은 집안 식구들에게 평화의 원천이 됩니다. 좋아하는 음악을 듣는 것만으로도 잔뜩 긴장한 신경계가 진정되죠. 혼자만의 시간을 보낼 때도 음악은 좋은 치료제가 됩니다. 저는 하루를 시작할 때 틱낫한 스님의 목소리가 녹음된 찬트(The Great Bell Chant)나 엔야(Enya), 스나탐 카우르(Snatam Kaur), 티나 말리아(Tina Malia), 와!(Wah!) 등의 경건한 음악을 자주 듣습니다.

5. 명상하라

잠시라도 짬을 내서 명상하면 스트레스 사이클이 깨지고 신경계가 안정됩니다. 한 초민감자 엄마는 이렇게 고백했습니다. "명상을 하고 나면 훨씬 차분해져요. 그럼 아들이 난리를 치며 짜증을 부려도 아이의 감정에 휘말리지 않죠." 배우자나 베이비시터에게 아이를 맡기고 집에서 3분 마음 명상을 해보세요. 너무 바쁜 상황이라면 아이를 학교에 내려준 다음에 차에서 해도 좋고, 혼자 있을 공간이 공공화장실뿐이라면 거기서 해도 상관없습니다. 또한, 집에 작은 분수나 물이 흐르는 장치를 놓으면 차분한 물소리가 집안 전체에 퍼지면서 당신과 자녀의 마음을 안정시켜 줍니다.

명상을 하며 푸른 바다나 밤하늘, 숲처럼 영감을 주는 이미지에 집중하세요. 당신이 자녀를 얼마나 사랑하는지, 아이가 당신의 삶에서 얼마나 기적 같은 존재인지 생각해도 좋습니다. 그러면 스트레스를 받을 때도 마음 에너지가 불타오를 겁니다. 호흡하며 중심을 잡고 자신의 심장을 느끼세요. 내쉬는 숨과 함께 몸에 축적된 긴장을 부드럽게 내보내면서 자기 자신과 그보다 더 큰 힘에 다시 연결되도록 하세요. 짧은 명상으로도 엄청난 회복을 경험할 수 있습니다.

6. 원기 회복용 낮잠을 자라

자녀가 어리다면 아이가 낮잠을 자는 동안 밀린 빨래를 해치우고 싶은 충동이 들겠지만, 이때가 원기 회복용 낮잠을 잘 완벽한 기회입니다. 20분만 자고 일어나도 기운이 돌아오고 활력이 생겨서 빡빡한 일정을 버텨낼 수 있습니다. 초민감자는 잠을 자는 동안 치유 에너지를 엄청나게 받아들이거든요. 빨래는 나중에 해도 됩니다.

7. 경계를 정하라

명확한 경계선을 긋고, 그대로 지키려고 노력합니다. 다른 사람도 아닌 자녀에게 선을 긋는 일이라 어렵겠지만, 무리한 요구나 나쁜 행동을 할 때는 "안 돼"라고 말해주는 편이 아이에게도 유익합니다.

초민감자인 저의 내담자 중에도 경계 설정을 어려워하는 사람들이 있습니다. 그래서 아이를 과도하게 보살피고, 적절하지 않은 요구도 계속해서 들어주죠. 초민감자는 아이가 울면 그 감정이 자기 몸을 관통하는 것처럼 아파서 못 견디는 경우가 많습니다. 하지만 유능한 부모라면 "SNS로 친구랑 채팅하고 싶은 마음은 알지만 숙제를 다 끝내야 인터넷을 할 수 있어"라고 말해야 합니다. 또는 이런 상황도 있겠죠. "글레이즈드 도넛을 먹고 싶은 건 알겠는데 저건 건강에 안 좋아. 울음을 뚝 그치지 않으면 지금 당장 마트에서 나갈 거야." 그런 다음 쇼핑 카트를 버려두고 나갈 준비를 하세요.

아이들도 사회생활에 순응하려면 한계를 알아야 합니다. 원하는 걸 모두 가질 수 있는 사람은 없으니까요. 어릴 때부터 좌절감을 처리하는 법을 배워야 합니다. 그렇지 않으면 지나치게 까다롭고 자기중심적인 사람이 되죠. 부모가 명확하고 합리적인 경계를 설정해서 자녀에게 지키게 하면 가정이 훨씬 더 평화로워지고, 초민감자에게 필요한 차분한 환경이 조성됩니다. 우리는 누구나 자신의 한계와 책임을 알아야 합니다. 경계선이 없으면 혼란이 찾아옵니다.

8. 헬리콥터 부모가 되지 말라

초민감자인 부모는 직관이 발달해서 자녀의 기분과 생각을 때로는 과도할 정도로 감지합니다. 그래서 불안한 마음에 아이의 주위를 맴돌며 사사건건 간섭하죠. 하지만 이런 행동은 자녀에게 도움이 되지 않습니다. 불안감과 분노만 키워줄 뿐이죠. 당신의 직감을 발휘하되, 끊임없는 걱정으로 아이를 숨 막히게 하지 않도록 주의하세요. 집착을 내려놓을수록 당신의 스트레스 수치도 내려갈 겁니다.

또한, 아이의 기분이 상했다고 해서 정서적인 영역을 침범하지 않도록 조심해야 합니다. 자녀가 괴로워하는 걸 보고도 못 본 척하기가 힘들겠지만, 자신의 감정을 스스로 처리할 시간을 주는 것은 굉장히 중요합니다. 당신이 초래한 감정이 어떤 건지 알아내서 그 부분은 책임을 지되, 아이가 자신의 감정을 직접 분별하게 합니다. 이렇게 하면 아이 스스로 감정을 깨우치면서, 자기만의 방식으로 문제를 해결할 수 있죠. 부모로서 조언해주지 말라는 얘기가 아니라, 아이를 숨 막히게 하거나 문제를 해결해주겠다며 너무 빨리 개입하지 말라는 뜻입니다.

9. 에너지의 중심을 잡아라

당신의 에너지가 아이의 에너지에도 영향을 줍니다. 부모가 감정 표현에 신중해야 아이가 안정을 유지할 수 있습니다. 기분이 나쁘다고 불만을 터뜨리면 아이는 당황하고 혼란스러워합니다. 싱글맘인 한 초민감자는 업무량이 많아서 자녀들을 방과 후 수업까지 듣게 하고 퇴근할 때 데리러 갔습니다. 그런데 직장에서 안 좋은 일이 있는 날

은 아이들이 차에 타는 즉시 징징거리고 소란을
피운다는 걸 알아챘죠. 이런 일이 계속되다 보니
아이들이 자신의 에너지에 영향을 받아 짜증을
낸다는 사실을 점차 깨달았습니다. 엄마의 불안
한 감정을 흡수해서 반응한 거죠. 그때부터 그녀는 직장 문을 나서
는 순간 업무와 관련된 생각을 멈추고 아이들과 즐거운 저녁을 보낼
계획을 세웠습니다. 아이들은 엄마의 이러한 변화에 긍정적으로 반
응했습니다. 엄마의 다정하고 쾌활한 에너지에 물들어 마음이 평온
해진 겁니다.

10. 먹는 음식에 유의하라

초민감자는 저혈당증인 경우가 많습니다(2장 참조). 단백질 식단을
조금씩 자주 먹어주면 그라운딩 상태를 유지하고 에너지를 안정적
으로 유지할 수 있습니다. 끼니를 거르면 피로와 불안감, 감각 과부
하에 더욱 취약해집니다. 또한, 당분을 과도하게 섭취하면 감정 기복
이 심해지고, 자녀나 배우자에게 짜증을 낼 수 있죠. 건강에 좋은 무
공해 식품을 먹어서 몸의 균형과 에너지를 유지하도록 하세요. 주류
섭취도 최대한 줄입니다. 초민감자 중에는 온종일 자녀를 상대하는
스트레스를 이겨내려고 술이나 항불안제 같은 약물에 의존하는 부
모들이 있습니다. 이런 덫에 걸려들지 마세요.

11. 운동으로 스트레스를 풀어라

몸을 움직이면 스트레스가 녹아내려서 한결 편안해집니다. 엔도르

핀(우리 몸의 천연 진통제)이 흐르고 스트레스는 줄어들죠. 요가나 스트레칭, 산책, 하이킹은 모두 스트레스와 감각 과부하를 줄여주는 좋은 운동입니다. 파트너가 협조적이라면 하루씩 돌아가며 두 사람다 저녁 운동 시간을 확보하세요.

12. 아이들과 즐겁게 논다

자녀가 성가시다는 생각에 빠져들지 말고, 빛과 같이 소중한 존재라는 걸 기억하세요. 아이를 기르는 건 특권이라는 생각에 집중하세요. 행복한 아이들의 웃음소리에는 치유 효과가 있습니다. 아이들의 기쁨에 동참하며 초민감자로서 받는 스트레스를 해소하세요.

육아라는 놀라운 경험을 하는 동안 자기 자신을 너그럽게 대해줘야 합니다. 모든 걸 다 할 수는 없다는 사실을 받아들이세요. 초민감자는 자녀의 유무와 관계없이 사람들과 너무 자주 어울리면 과도한 자극을 받습니다. 어떤 사교 활동에 참석하자는 아이의 부탁에 "좋아"라고 대답하고 싶어도 우선순위에서 밀리는 일은 거절해야 자기 자신을 보호할 수 있습니다. 저는 "안 돼"라는 말을 못 해서 탈진해버리는 부모들을 많이 봤습니다. 육아의 매력은 부모도 자신을 사랑하는 법을 훈련할 수 있다는 점입니다. "난 좀 쉬어야 해" 혹은 "난 산책을 하면서 스트레스를 풀어야겠어" 같은 말로 자신의 욕구를 표현하세요. 자기를 돌볼 줄 알게 되면 육아가 더욱 멋진 경험이 될 겁니다.

민감한 아이 키우기

초민감자나 민감한 아이들의 신경계는 외부 자극에 더 빠르고 강하게 반응합니다. 그래서 너무 많은 감정이 밀려올 때면 감각의 과부하를 어떻게 처리해야 할지 몰라 힘들어하죠. 이런 아이들은 남보다 더 많이 보고, 듣고, 냄새 맡고, 직감하며, 더욱 강력한 감정을 경험합니다. 부엌에서 나는 음식 냄새나 누군가가 뿌린 향수 냄새, 시끄러운 대화, 눈을 찌를 듯한 밝은 불빛(특히 형광등)은 고역일 수 있습니다. 대신 부드러운(따끔따끔하지 않은) 옷과 아름다운 것, 자연을 좋아하고, 여럿이 교제하기보다 한 명이나 소수의 친한 친구와 어울립니다. 하지만 험한 세상에서 자신의 민감성을 비난받으면 아이들의 행동은 영향을 받을 수밖에 없습니다. 민감한 아이들은 자기가 왜 속상한지 말로 명확하게 설명하지 못할 때가 많습니다. 그럴 때는 아이를 잘 아는 부모가 함께 나서서 촉발인자를 찾아주고, 고통을 어떻게 해결해야 하는지 가르쳐줘야 합니다(이 부분은 뒤에 다시 말씀드리겠습니다).

부모는 민감한 자녀가 무엇에 과잉 자극을 받는지 알아야 합니다. 그에 따라 특정 활동을 피하게 해줘야죠. 그러면 아이를 진정시키고, 피로나 짜증, 불안을 예방할 수 있습니다. 일반적인 촉발인자로는 지나친 분주함(예를 들어 쉬는 시간 없이 하루 스케줄을 꽉꽉 채우는 경우), 멀티태스킹, 개인 시간의 부재, 비디오게임, 폭력적인 TV 프로그램이나 뉴스(특히 밤에 볼 때) 등이 있습니다. 이 중 하나라도 겪은 아이는 밤에 쉽게 잠을 이루지 못하고, 한참 동안 긴장을 풀어야 합니다. 민감한 아이는 흥분 상태에서 차분한 상태로 전환되는 속도가 느려서 진정되기까지 오랜 시간이 걸리거든요. 또한 이런 아이들은 다른 사람, 특히 부모나 친한 친구의 불쾌한 감정을 느끼고 흡수할 가능성이 있습니다. 게다가 '극도로 민감'하게 반응해서 상처도 더 깊게 입고 기쁨도 훨씬 크게 느끼죠.

초민감자나 민감한 아이들은 일반 아이들과 달리 빛과 소리, 인파의 혼란 등을 차단해주는 기제가 없습니다. 그래서 스포츠 경기장에 가면 관중석의 열띤 흥분에 압도될 수 있죠. 환호와 박수, 야유소리에 불쾌감을 느끼고, 심하면 고통스러워할 수도 있습니다. 시끄러운 음악이나 자동차 경적, 망치 소리, 전동기구의 소음을 귀에 거슬려 하고, 이런 소리가 들리면 쉽게 격앙됩니다. 하지만 평화로이 지저귀는 새소리나 바람에 흔들리는 풍경 소리, 물소리를 들으면 마음이 진정되죠. 공감 능력이 유난히 뛰어난 아이들은 감각의 과부하를 스스로 조절하려고 더 많이 울거나 혼자 틀어박히는 방법을 선택할 수도 있습니다.

학교나 사회에서는 이런 특별한 아이들을 이해해주지 못하는 경우가 대부분입니다. 정통 의학계에 몸담은 의사나 학교 선생님들은 이들에게 '수줍음 많은', '사회성이 떨어지는', 혹은 '까다로운' 아이라는 딱지를 붙이고, 사회불안장애, 불안장애, 우울증이라는 진단을 내립니다. 말 많고 자기주장이 강한 사람들은 남들보다 조용하고, 사색적이며, 생각이 깊고, 온순한 아이들을 사회 부적응자로 봅니다. 자녀가 이런 오해를 받을 때 부모의 역할은 더욱 중요해집니다. 자녀의 민감성과 직관력, 창의력, 지혜를 지지해주고 세상에 대처해

나갈 극복 수단을 가르쳐줘야 합니다.

저도 어릴 때 초민감자였지만, 의사였던 부모님은 제 민감성을 전혀 지지해주지 않으셨습니다. 딸을 사랑하지 않아서가 아니었습니다. 다만 초민감자라는 개념을 전혀 몰랐거니와, 저의 특수한 욕구를 맞춰줄 방법도 모르셨던 거죠. 그래서 딸이 행복하길 바라면서도 민감성을 격려해줘야 행복해진다는 생각을 못 하셨습니다. 제가 '지나치게 예민하다'며 '얼굴에 철판을 깔라고' 다그치시기만 했죠. 선의에서 나온 이런 말을 들으며 저는 제가 어딘가 잘못된 인간이라고 믿었습니다. 이렇게 어린 시절에 이해받지 못하고 투명인간처럼 살았기 때문에, 성인이 된 후로는 민감한 자녀를 둔 부모들을 교육하는 데 각별한 열정을 쏟게 됐죠.

자녀에게서 최선의 모습을 끌어내려면, 우리 아이가 초민감자거나 남보다 민감한지 먼저 확인해야 합니다. 그리고 민감한 사람은 훌륭하고 마음이 따뜻하며 생각이 깊다고 응원해줘야죠. 자녀가 초민감자인지 알아보려면 다음 항목에 답해보세요.

—〰〰〰〰 자가 진단 〰〰〰〰—

당신의 자녀는 초민감자인가?

- 여러 가지 감정을 강렬하게 느끼는가?
- 다른 사람이나 인파, 소음, 스트레스 등에 과도하게 자극을 받는가?
- 책이나 영화에 나오는 슬픈 장면이나 무서운 장면에 격렬하게 반응하는가?

- 가족 모임으로 여러 사람이 모이면 부담스러워서 도망가거나 숨고 싶어 하는가?
- 자신이 다른 아이들과 다르다고 느끼거나 무리와 어울리지 못한다고 불평하는가?
- 남의 말을 잘 들어주고 동정심을 표현하는가?
- 다른 사람이나 부모에 관한 직관적인 발언으로 당신을 깜짝 놀라게 하는가?
- 자연과 식물, 동물, 심지어 동물 인형과도 강한 유대감을 보이는가?
- 다른 아이들과 어울려 놀기보다 혼자 있는 시간을 더 좋아하는가?
- 친구의 스트레스나 속상한 마음에 전염되는가?
- 당신이나 다른 사람들의 감정이나 스트레스에 전염되고, 화가 나거나 속상할 때, 혹은 우울할 때 심하게 떼를 쓰는가?
- 여럿이 교제하기보다 한 명의 단짝이나 소수의 친한 친구들과 어울리는가?

평가 결과는 점수에 따라 다음과 같습니다.
- '그렇다'고 답한 항목이 없다면, 당신의 자녀는 초민감자가 아닙니다.
- '그렇다'고 답한 항목이 1~3개라면, 초민감자의 특성이 어느 정도 있습니다.
- '그렇다'고 답한 항목이 4~7개라면, 초민감자의 특성이 다소 많은 편입니다.
- '그렇다'고 답한 항목이 6~8개라면, 초민감자의 특성이 강합니다.

- '그렇다'고 답한 항목이 9~12개라면, 당신의 자녀는 초민감자의 특성이 매우 강합니다.

당신의 자녀가 이 중 어디에 속하든, 자신이 민감한 부분을 소중히 여겨야 한다고 가르쳐주는 것이 아이에게는 최상의 교육입니다.

새로운 시대를 여는 인디고 아이들

지난 10년간 '인디고 아이들(Indigo Children)'이라는 개념이 활발하게 논의됐는데요. 저는 이 아이들이 초민감자의 한 유형이라고 생각합니다. 놀랍도록 발달된 직관력과 인류와 세계의 상황을 꿰뚫는 통찰력을 지닌 아이들이죠. 오늘날 우리 사회의 대다수를 차지하는 세대와는 정반대라고 할 수 있습니다. 자기에게만 몰두하고 순간의 쾌락을 좇는 세대 말입니다. 인디고 아이들은 뛰어난 직감과 민감성, 확실한 목표를 가지고 지구를 더 좋은 곳으로 변화시키기 위해 거대한 새 물결을 일으키고 있습니다. 이들은 인류의 상태를 심도 있게 파악한다고 해서 '애늙은이'로 묘사되기도 합니다. 이만한 지혜를 쌓으려면 여러 번의 전생을 살았을 거라고 말하는 사람들도 있죠.

제 내담자 중 한 분은 자신의 17살짜리 딸 애나가 인디고 아이라고 털어놓았습니다. 어릴 때부터 예지몽을 꾸며 컬러링북에 천사 그림을 그렸고, 집에 찾아온 영혼을 본다는 겁니다. 직감적으로 사람의 마음을 읽으며 그들의 기분을 알아챘고요. 그리고 17살이 되자 자신의 영혼을 괴롭히는 일, 즉 지구 온난화를 해결하러 나서겠다고 밝혔습니다. "온난화로 지구가 위협받는 상황이 고통스러워요"라면서 말이죠.

부모와 교사는 인디고 아이들의 독특한 욕구를 어떻게 다뤄야 할지 알아야 합니다. 아이들의 재능을 세심하게 신경 써줘야 좌절하지 않고 삶의 균형을 이룰 수 있죠. 인디고 아이들은 더욱 고차원적인 집단의식과 정치, 사회, 경제적인 현상을 인식하는 새로운 방법을 우리에게 선사해줍니다. 또한 초민감자답게 개인적인 차원은 물론 세계적인 차원에서 우리가 서로를 이해하고 조화롭게 협력할 가능성을 열어주죠. 당신이 이런 특별한 아이의 부모라면 자녀의 뛰어난 재능을 더욱 키워주세요.

민감한 소년들이 겪는 특수한 어려움

같은 초민감자라도 소년이 소녀보다 더 힘든 경우가 많습니다. "남자는 울면 안 된다" 같은 문화적 고정관념이 수치심을 주기 때문이죠. 초민감자인 남자아이는 온순하고 정이 많다며 창피를 당하고, '사내답게 굴라'는 충고를 듣습니다. 그래서 자라는 내내 자기 자신을 부끄러워하죠. 어린 시절에는 눈물이 많은 편인데, 주로 압박감을 해소하고 싶거나 다른 사람의 고통을 감지할 때 웁니다. 때로는 너무 행복하거나 삶의 아름다움에 감동해서 기쁨의 눈물을 터뜨리기도 하죠. 폭력적인 액션 영화나 비디오게임에서 흘러나오는 흥분과 소음을 싫어하고, 미식축구나 복싱같이 강렬한 신체 접촉을 요하는 스포츠는 위험하고 다칠 우려가 있어서 피하는 경향이 있습니다. 그래서 또래 친구들이 하는 활동에 초대받지 못할 때가 많죠. 민감한 소년들은 이런 거절에 상처를 받고 자신이 남들과 어울리지 못한 다는 느낌을 받습니다. 서구 문화에서 소년은 종종 위험한 행동에 투입되지만, 초민감자인 아이들은 위험을 잘 감수하지 못합니다. 위험 신호를 직감적으로 인식하기 때문에 남보다 행동이 조심스러운데, 그로 인해 '겁쟁이'라는 오해를 받죠.

민감한 아들을 둔 부모는 자녀가 자신의 민감한 재능을 받아들이게 도와주는 한편, 남성의 신사다운 매너를 강조하는 문화는 따르게 해줍니다. 우리 사회에서 민감한 남성은 '너무 유약하다'거나 '사내답지 못하다'는 평가를 받습니다. 옛날 배우 존 웨인 같은 터프가이를 남성성의 상징으로 여기기 때문입니다. 남자는 힘이 세고 과묵하며, 고통이나 두려움, 눈물을 숨겨야 하고, 그렇지 않으면 연약하다는 비난을 받습니다. 하지만 오늘날 새로운 패러다임에서는 남자도 상처를 받고, 다정하며, 남 앞에서 눈물을 보일 만큼 내면이 단단해야 진짜 강하다고 여겨집니다. 여성성이 과한 게 좋다는 말이 아니라, 남성성과 여성성을 모두 포용해서 온전한 인간이 돼야 한다는 겁니다. 그런 의미에서 아들을 둔 부모님은 민감함의 긍정적인 측면에 관해 함께 이야기를 나눠보시기 바랍니다. 너는 사려 깊고, 똑똑하며, 남을 배려할뿐더러, 창의적이면서 직관적이고, 사람이나 자연과 조화를 이룰 줄 안다고 칭찬해주세요. 부모가 자기를 지지하는 걸 알면, 아들은 자부심을 가질 수 있습니다.

민감한 소년 중에는 안타깝게도 자기가 아닌 다른 사람이 되려고 하거나, 또래들과 어울리기 위해 술이나 다른 중독 물질로 공감 능력을 둔화시키는 아이들이 있습니다. 다른 소년들에게 창피나 거절,

괴롭힘을 당해 분노에 휩싸이거나, 집과 학교에서 엇나가는 행동을 하기도 합니다. 어떤 엄마는 이렇게 토로했습니다. "제 아들은 민감한 성격 때문에 학교 폭력을 당했어요. 그리고 사람을 못 믿겠다며 완전히 무너져 내렸죠. 괴롭힘을 당할까 봐 무서워서 집 밖으로 나가지도 못해요. 다시는 상처받고 싶지 않은 거예요." 이럴 땐 아이의 기분을 인정해주며, 학교 폭력에 관해 대화를 나누는 게 중요합니다. 네 잘못이 아니라고 말해주세요. 문제가 있는 사람은 네가 아니라 널 괴롭힌 아이라고요. 또한 아이가 민감한 행동을 할 때 누구도 창피를 주지 못하게 하세요. 부모는 아이의 편이 되어줘야 합니다. 학교 위원회에 참석해서 학교 폭력은 절대 봐주면 안 된다고 목소리를 내세요.

민감한 아빠는 아들에게 훌륭한 본보기가 될 수 있습니다. 초민감자가 아니더라도 다정다감하고 민감한 자기 자신을 자랑스러워하는 아빠라면 아들에게 올바른 메시지를 전달할 수 있죠. 좋은 아빠는 강하고 민감한 남자입니다. 따뜻한 마음의 소유자이며, 자신의 감정을 가족들과 나누는 것을 두려워하지 않습니다. 부모가 균형 잡히고 사랑이 넘치는 삶을 살아가면, 아들에게 오래오래 좋은 본보기가 될 수 있습니다.

민감한 아이를 격려하는 법

임신기와 양육기의 신비와 스트레스

아이가 초민감자로 자라는 데 영향을 주는 요소에는 어떤 게 있을까요? 어떤 아이들은 태아 때부터 초민감자라서 자궁 안에서도 기쁨과 고통 같은 감정을 강렬하게 느낍니다. 세상으로 나오는 순간에도 높은 민감성 때문에 다른 갓난아기들보다 외부 자극에 격하게 반응하죠. 이런 경우에는 초민감자의 특성을 유전적으로 물려받았다고 볼 수 있습니다. 하지만 때로는 영유아기에 양육의 결과로 초민감자의 기질이 발현되기도 합니다. 그래서 부모가 좋은 본을 보이는 게 중요하죠. 아이들은 초민감자인 부모의 특징을 그대로 따라 배우니까요.

초민감자인 아이는 임신 단계부터 잘 돌봐줘야 합니다. 이 시기에 일어나는 모든 일은 자라나는 태아에게 영향을 주니까요. 사실 초민감자든 아니든, 태아는 부모의 정서적 환경에 매우 민감하다고 알려져 있습니다. 예를 들어, 어떤 태아들은 모차르트를 들으면 좋아하지만 랩 음악을 들으면 불안해합니다. 임신 중에 차분한 음악을 들으면 산모와 아이 모두 평온함을 유지할 수 있습니다.

엄마의 스트레스 수치도 큰 영향을 줍니다. 연구 결과에 따르면 산모의 스트레스 호르몬이 태반을 통해 건너가 태아의 몸속에 퍼지면 아이가 '몹시 신경질적'으로 변할 가능성이 있다고 합니다. 엄마가 파트너나 다른 사람과 계속해서 갈등을 겪으면, 태아는 이러한 긴장감에 대처하려고 방어 태세를 갖춥니다. 그때부터 탄생 후에 겪을 스트레스 증상에 미리 민감해지는 거죠.

민감성에 관여하는 신경세포는 자궁 속에서부터 발달합니다. 그래서 산모가 안정을 취할 수 있게 최대한 도와줘야 하죠. 평온한 환경에서는 산모와 태아 모두에게서 엔도르핀이 쏟아져 나옵니다. 우리 몸을 '행복'하게 하는 신경 화학물질이자 천연 진통제죠. 명상과 웃음, 운동, 자연에서 보내는 시간 등도 엔도르핀 수치를 높여줍니다. 엄마들은 임신 중에는 물론 출산 후에도 매일 다음과 같은 명상을 하면 좋습니다. 엔도르핀의 효과로 인해 영적, 정서적, 육체적으로 안정을 찾을 수 있죠.

―――――〜〜〜〜〜〜 방어 전략 〜〜〜〜〜〜―――――

엄마들을 위한 명상 : 자기 안의 여신을 느끼기

5분간 천천히 심호흡하세요. 가슴에 손을 얹은 상태로 엄마가 된 자기 자신에게 넘치는 사랑과 감사를 보냅니다. 부모가 된 축복과 은혜, 따뜻함, 아이와의 연결을 느껴보세요. 모든 어머니는 창조의 여신입니다. 자녀를 기르는 건 심오한 사랑의 행위죠. 자기 안에 있는 모성의 여신이 지닌 힘을 느껴보세요. 이 여신은 당신의 일부입니다. 당신은 그녀를 통해 대지와 자연의 모든 주기에 매우 신비로운 방식으로 연결돼 있죠. 고대에는 여러 문화권에서 모성의 여신을 숭배했습니다. 당신 안에 있는 여신의 원시적인 힘을 느끼며 찬양해 보세요.

〜〜〜〜〜〜〜〜〜〜〜〜〜〜〜〜〜〜〜〜〜〜〜〜〜〜〜〜〜〜〜

태아는 여러분의 반응을 똑같이 따라 하므로, 최대한 긍정적인 마음을 먹어야 합니다. 자신의 마음을 가라앉혀서 아이를 진정시키세요. 낙관적이고 평화로운 생각을 하세요. 몸을 움직일 때도 조심스럽게 살짝 움직여야 합니다. 엄마가 천천히 걸으면 태아는 부드럽게 흔들리고, 두 사람 다 평안한 상태가 되죠. 출산 후에는 아기를 좌우 혹은 위아래로 천천히 흔들어주면 쉽게 재울 수 있습니다.

새로운 생명체가 내 안에 있다는 느낌만으로도 초민감자인 산모는 민감성이 극대화됩니다. 그러므로 임신 중에는 반드시 자기 자신을 친절하게 대해줘야 합니다. 아기와 소통하고 싶으면 배 위에 손을 얹고 사랑을 담아 쓰다듬으며 당신의 마음 에너지를 아이에게 보내주세요. 배우자와 같이 해도 좋습니다. 이런 식으로 인사하는 에너지를 보내면, 부모와 자식 간에 기분 좋은 유대감이 쌓여가죠. 아이와 직관적으로 연결되면 임신으로 생겼을지 모르는 불안한 마음도 사라집니다. 초민감자인 한 엄마는 제게 이렇게 털어놓았습니다. "태아가 점점 자라는 게 느껴져요. 우리 딸이 나비가 날개를 펴듯 제 배 안에서 사지를 쭉 뻗었어요. 그 순간 아기가 정상적으로 자라고 있다는 걸 확신했죠."

부인이 임신하면 초민감자인 아빠도 새로운 차원의 민감성에 적응해야 합니다. 신체적 초민감자인 한 아빠는 부인이 입덧을 깨닫기도 전에 자기가 먼저 입덧을 경험했다고 합니다. 무의식의 차원에서 부인의 몸과 직관적으로 연결되어 그런 감각을 느낀 거죠. 하지만 상담을 통해 명상과 그라운딩을 배운 후에는 부인과 자신의 에너지 사이에 경계선을 그었습니다. 그러고 나자 부인의 증상을 덜 느끼게 됐죠.

아기가 태어났는데 아무래도 초민감자인 것 같다면 각별히 더 신경 써야 합니다. 조명을 줄이고 소음을 최소화해서 최대한 기분 좋고 평화로운 환경을 만드는 거죠. 모유 수유를 하고 아기 띠로 안으면 엄마와 아기의 유대감이 강화되고, 두 사람의 에너지가 더욱 가까워지는 걸 느낄 수 있습니다. 아기 침대에 눕혀서 울 때마다 우유 병이나 고무젖꼭지를 주는 것보다 훨씬 나은 양육법이죠.

유아기의 트라우마가 성인의 민감성에 미치는 영향

저는 정신과에서 일하면서 어린 시절에 받은 무시와 오해가 성인이 된 후의 민감성에 영향을 미치는 경우를 많이 봤습니다. 앞에서 설명해드렸듯이 제가 상담한 수많은 초민감자는 영유아기에 겪은 정서적 혹은 신체적 트라우마로 방어 능력이 약화돼서 더욱 민감한 성격으로 살아갈 수밖에 없었습니다.

분노로 가득한 환경은 민감한 아이에게 특히 더 큰 영향을 줄 수 있습니다. 최근 오리건 대학의 연구팀이 알아낸 바에 따르면, 아기는 서로 싸우거나 화내는 목소리를 들으면 불안해합니다. 계속해서 말싸움에 노출되면 다른 스트레스에도 덩달아 취약해지고, 수면 장애까지 겪죠. 부모는 자신들의 분노와 말다툼이 아기에게 미치는 영향을 제대로 알아야 합니다. 그래서 흥분을 가라앉히고 분노를 다른 식으로 표출하는 법을 찾아야죠. 아기는 완전히 의존적인 존재입니다. 당신의 분노로부터 도망칠 방법이 없으니 끔찍한 후유증을 그대로 겪을 수밖에 없죠. 또한 이 연구에서는 학대나 혹사 같은 극심한 스트레스 요인이 아기의 뇌 발달에 심각한 손상을 줄 수 있다는 사실을 밝혀냈습니다. 정신이 번쩍 들게 하는 결과죠.

어린 시절 부모에게 방치되거나 학대받은 초민감자가 있다면, 상

> 제힘으로는 변화시킬 수 없는 부모님을 그대로 받아들일 수 있도록 평정심을 주세요.
> – 평정심을 위한 기도

담사나 다른 검증된 안내자의 도움을 받아 상처를 치유해야 합니다. 또한 평정심을 위한 기도를 자신에 맞게 고쳐서 여러 버전으로 변형해 외면서 과거를 떠나보내고, 부모님이 바뀔 거라는 기대를 버리시기 바랍니다. 이 기도는 성장 과정에서 생긴 원한이나 고통을 마음에 품지 않도록 당신을 보호해줍니다. 뿐만 아니라 부모님이 아무리 꽉 막힌 분들이라도 기꺼이 포용하고, 가정 내 평화와 웃음을 맛보도록 도와줄 겁니다. 가족에 대한 원한을 최대한 덜 품는 것이 우리 자신은 물론이고 자녀에게도 좋습니다.

사랑합니다.
미안합니다.
용서하세요.
고맙습니다.
– 호오포노포노 기도

자신이 부모로서 자녀와 가족에게 저지른 실수도 스스로 용서해야 합니다. 자기 자신을 괴롭히지 마세요. 누구도 완벽할 수는 없습니다. 하지만 사랑하는 사람에게 성급하게 굴고 실망감을 내비치거나 짜증을 내는 실수를 범했다면, 즉시 사과하는 것을 연습하세요. 자녀나 배우자를 사랑스러운 눈빛으로 바라보며 하와이 전통 기도인 '호오포노포노'를 해보세요.

이 기도를 하면 긍정적인 에너지가 생성되어 원한과 상처를 말끔히 씻어줍니다. 자녀 양육에 관한 영적인 가르침도 얻을 수 있습니다. 스스로를 사랑하고, 겸손히 행동하며, 자기 자신과 자녀, 배우자의 민감성을 소중히 여겨야 한다는 거죠.

초민감자인 아이를 기를 때 필요한 20가지 조언

민감한 아이를 격려하고, 그만의 특별한 재능을 포용해주는 건 멋진 일입니다. 그렇게 하면 아이는 자신감이 생겨서 성숙하고 민감한 어른으로 자라날 수 있으니까요. 지금부터 가르쳐드리는 전략은 당신과 아이 모두에게 도움이 될 겁니다.

1. 자녀의 민감성과 직감을 북돋아줘라

아이가 당신과 주변의 협조적인 사람들에게 자신의 능력을 솔직히 털어놓게 합니다. 다만 그런 재능을 인정하지 않는 사람도 있다는 걸 이해시키고, 믿고 말할 만한 사람이 누군지 가르쳐줍니다. 초민감자인 당신이 겪는 일들을 얘기해줘도 좋습니다. 당신이 다른 사람의 감정이나 스트레스에 전염된다고요. 하지만 고통스러운 경험까지 자세히 말할 필요는 없습니다. 자녀의 편이 되어주려는 거지 부모가 자신의 심리치료를 하려는 게 아니니까요. 또한, 남과 다른 독특한 점을 소중히 여기고, 직감과 내면의 소리를 믿으라고 가르치세요. 그러면 자신의 재능을 자연히 깨닫게 될 겁니다. 이렇게 터놓고 대화를 하다보면 아이는 인정받는 느낌을 얻고, 자신에게 나타나는 반응을 더 잘 이해할 수 있게 됩니다.

2. 자녀의 감정을 존중하라

아이가 감정을 표현할 때 세심하게 들어주고, 이를 존중해주세요. 때로는 스트레스 해소를 위해 학교를 결석하거나 개인 시간을 더 달라는 요청을 들어줘야 할 수도 있습니다. 물론 혼자만의 시간에 너무 빠져들게 해서는 안 되겠죠. 하지만 초민감자인 아이의 행복을 위해서는 개인 시간이 필수적이기 때문에 적절한 시간을 배분해줘야 합니다. 아이가 식탁 밑으로 기어서 들어가거나 여럿이 모인 자리를 떠나려 해도 파티장으로 다시 끌고 오지 마세요. 도망치려 한다고 창피를 줘서도 안 됩니다. 멀찍이서 천천히 관찰하면서 아무런 압박감 없이 분위기에 동화되게 놔두세요. 아이는 자기만의 방식으로 참여하고 있는 겁니다. 파티가 끝난 후 아이가 꺼내는 통찰력 있는 말에 놀라실 수도 있습니다.

3. 친척이나 교사들에게 초민감자인 아이의 특성을 가르쳐줘라

다른 사람들이 당신의 자녀를 함부로 판단하거나 비난하지 않게 하세요. "더 강해져야지" 같은 말을 들으면 아이는 쉽게 상처받고 속상해합니다. 물론 친척이나 다른 사람들이 아이를 무시해서 하는 말은 아닐 겁니다. 당신의 자녀가 기질적으로 민감하다는 사실을 남들도 이해할 필요가 있습니다. 학교 환경도 초민감자에게는 거칠고 가혹할 수 있습니다. 담당 교사들에게 아이의 재능과 감각 과부하를 겪는 성향을 설명해주세요. 혹시 괴롭힘이나 놀림을 당하면 도와달라고도 부탁하세요.

4. 자신의 직감을 믿어라

내 아이에게 무엇이 필요한지 직감이 들려주는 말에 귀를 기울이세요. 자기 내면의 소리를 의심하지 말고, 다른 사람들의 말에 흔들리지도 마세요. 내 직감이 하는 말에 따라 아이를 키우세요.

5. 아이가 다른 사람의 감정을 흡수할 때 그 사실을 인식하도록 도와라

민감한 자녀에게 너는 다른 아이들보다 주변 사람들의 감정에 쉽게 영향을 받는다고 설명해주세요. 사람의 머리 위에는 먹구름이나 해가 떠 있는데, 다른 사람들은 못 봐도 너는 그걸 보는 거라고 얘기해줘도 좋습니다.

초민감자인 아이는 사람들이 내뿜는 긍정적, 부정적 에너지를 모두 감지할 수 있습니다. 기분이나 에너지가 아무런 이유 없이 갑자기 변한다면, 다른 사람의 감정을 흡수했을 가능성이 높다고 얘기해주세요. 기분 좋은 경험이라면 그냥 놔둬도 되지만, 불편하고 피곤해하면 사람들에게서 떨어뜨린 다음, 조금 전에 있었던 일을 설명해주세요. 어떤 감정이 자기 것이고 어떤 게 다른 사람에게서 온 건지 스스로 구분하게 되면 혼란스러운 일이 줄어들 겁니다.

6. 감정을 안정시켜라

초민감자인 아이는 부모의 불안감을 느끼면 자기가 도와주고 싶어 합니다. 최대한 침착한 감정을 유지하고, 아이 곁에서는 과도한 불안감을 표출하지 마세요. 한 엄마는 이렇게 고백했습니다. "제가 불안해하면 민감한 제 아들도 그걸 느껴요. 그래서 뒤척이며 짜증을 부리죠. 마음의 중심을 유지하는 게 제 목표예요. 제가 중심이 잡혀 있어야 아이도 안정감을 느끼니까요." 공감 능력이 뛰어난 아이들은 당신의 감정과 증상을 똑같이 느끼니 주의해야 합니다. 초민감자인 부모도 아이의 감정과 증상에 전염되는 건 마찬가지입니다.

7. 아이 앞에서나 아이가 들을 만한 곳에서 말싸움하지 마라

민감한 아이는 부모가 서로 잘 지내게 하는 게 자신의 의무라고 느껍니다. 이들은 일반 아이들보다 더 많이 두려워하고 더 많은 분노를 흡수하죠. 게다가 불안감과 말싸움에 과잉 자극을 받습니다. 배우자나 다른 사람과 논쟁을 벌여야겠다면, 아이가 들을 수 없는 곳에서 하세요. 매우 민감한 어른들처럼 매우 민감한 아이들도 고함소리에 상처를 받습니다. 자신이 갈등의 원인이라고 생각할 수도 있습니다. 또한 부정적인 기운을 흡수하고 부모의 문제를 해결해주려 하는데, 이건 아이들에게 적합한 역할이 아니죠.

8. 혼자만의 시간을 통해 조용히 창의적인 일을 하도록 격려하라

초민감자인 아이는 자유롭고 틀에 박히지 않은 시간을 편안해합니다. 창의적인 생각을 하며 상상력의 날개를 펼칠 좋은 기회니까요. 이들은 혼자 있을 때 에너지를 재충전하고 흥분을 가라앉히기 때문에 자극의 문턱이 낮아집니다. 아이가 조용히 휴식을 취하며 회복의 신비를 맛볼 수 있게 도와주세요. 스케줄을 너무 빽빽하게 짜지 말고 정기적으로 쉬는 시간을 갖도록 해주세요. 신경이 날카로워 짜증을 내거나 위압감을 느낄 때는 특히 휴식이 필요합니다.

9. 호흡과 명상법을 가르쳐라

민감한 아이는 스트레스를 받거나 다른 사람의(부모를 포함해서) 감정을 흡수했을 때 심호흡을 통해 마음을 진정시키는 법을 배워야 합니다. 잠시 눈을 감은 채 바다나 귀여운 동물, 공원에서의 행복한 시간 같이 편안한 이미지를 떠올려도 됩니다. 이런 이미지에 집중하면서 불쾌감은 내쉬고 고요함과 행복감을 들이마시라고 하세요. 호흡과 명상을 통해 감각 과부하의 사이클을 끊고 중심을 되찾는 법을 배울 수 있습니다.

10. 아이가 꿈 이야기를 하도록 권하라

초민감자인 아이는 자기가 지난밤에 꾼 꿈을 가르쳐주는 걸 좋아합니다. 아침마다 아이의 꿈 얘기를 자세히 듣는 둘만의 의식을 만드세요. 꿈을 꿀 때 어떤 기분이었고, 그 후에 어떤 감정이 생겨났으며, 꿈이 전하고자 하는 메시지가 뭐라고 생각하는지 함께 대화를 나누는 겁니다. 만약 아이가 어떤 꿈 때문에 좌절감을 느꼈다면, 일상생활에서 좌절의 원인을 찾아서 해결하도록 합니다. 꿈 일기장에 매일 꾼 꿈을 기록하게 해도 좋습니다. 꿈에서 본 이미지를 그리고 색칠할 수도 있죠.

11. 에너지 뱀파이어에게 방어막 치는 법을 연습하게 하라

자신의 에너지를 빼앗아가고 기분 나쁘게 하는 사람이 있다면, 상대가 어른이든 아이든 건전한 경계선을 그으라고 말해주세요. 예를 들어, "난 엄마한테 가봐야 해요"라며 자리를 피해서 에너지 뱀파이어 곁에 오래 머물지 않도록 가르치는 겁니다. 또, 누군가 화가 났다면 그 사람이 자기 감정을 떠넘기기 전에 멀리 떨어지라고 말해줍니다. 만약 피할 수 없는 사람이라면 머리에서 발끝까지 온몸을 완전히 감싸는 하얗고 두꺼운 빛의 보호막을 상상하라고 하세요. 이 보호막은 부정적인 에너지를 튕겨버려서 불편한 감정을 받아들이지 않지만, 외부의 긍정적인 에너지는 들어올 수 있다고 설명하세요.

12. 드럼을 통해 그라운딩을 시켜라

드럼을 칠 때 나는 원시적인 소리는 아이들의 마음을 진정시켜줍니다. 민감한 자녀가 과잉 자극을 받거나 신경질을 낼 때, 심박수와 같은 규칙적인 리듬으로 함께 드럼을 두드려 보세요. 딸랑이를 흔드는 소리도 긴장을 풀어줍니다. 아이의 연령대가 높으면 지역 문화센터의 드럼 동아리에 함께 가입해도 좋습니다. 하지만 모임 규모가 너무 크면 안 됩니다.

13. 자극적인 상황에 노출되는 빈도를 줄여라

초민감자인 아이는 한꺼번에 많은 감각이 유입되면 흥분하기 때문에, 자극적인 환경에 노출되는 시간을 제한해야 합니다. 디즈니랜드 같은 놀이공원이 대표적인 예죠. 함께 간 다른 사람들은 더 오래 견딜 수 있어도, 아이에게는 최대 2~3시간이 한계입니다. '세상에서 가장 행복한 장소'에서 빽빽 소리 지르는 아이에게 끌려다니는 건 결코 재미있는 일이 아니겠죠. 그러니 놀이동산은 사람이 붐비지 않는 이른 시간에 가는 게 좋습니다. 중간에 아이에게서 과부하의 조짐이 보이면 거기서 멈춰 호텔이나 집으로 돌아갑니다. 다시 가고 싶으면 모두가 기분 전환을 하고 각자 중심을 잡은 후에 가도록 합니다.

14. 잠들기 전에 휴식 시간을 갖도록 하라

잠들기 전에는 TV, 휴대폰, SNS, 비디오게임, 컴퓨터, 그 밖의 모든 전자 기기를 금지하세요. 초민감자인 아이는 밤에 차분히 긴장을 푸는 데 남보다 더 오랜 시간이 걸립니다. 어두운 방에서 고요한 상태로 있다보면 흥분이 가라앉고 효율적인 잠을 잘 수 있죠. 자장가를 불러주면 마음이 진정되어 더 깊이 잠들 수 있습니다.

15. 가공식품과 탄수화물, 당분 섭취량을 제한하라

아이의 각성 수준을 떨어뜨려야 당분 과잉 섭취로 인한 감정 변화를 막을 수 있습니다. 탄수화물에 대한 갈망과 폭식도 마찬가지죠. 가공식품은 화학약품 덩어리일뿐더러 영양소가 부족하고, 소화불량을 일으킬 가능성도 있습니다. 그러면 아이는 신경이 곤두서고, 에너지가 과하게 넘치거나 반대로 기운이 없어지며, 집중력이 흐트러지죠. 민감한 아이들은 음식에 민감합니다. 먹는 음식이 자신의 기분과 에너지 수준에 영향을 줄 수 있다는 사실을 가르쳐주세요.

16. 짜증을 부리기 전에 가로막아라

아이가 기분이 나빠지거나 짜증을 부리기 일보 직전이라면, 불빛을 줄여 방 안 분위기를 은은하게 만들고, 마음을 가라앉히는 음악을 틀어주세요. 하드록이나 헤비메탈, 랩 음악은 안 됩니다. 흐르는 물 같은 자연의 소리를 들려주는 것도 도움이 됩니다. 그런 다음 침착한 마음으로 길게 심호흡을 하도록 유도합니다. 스트레스를 내쉬고 평화를 들이마시라고 하세요.

17. 에센셜 오일(합성은 안 됨)로 아로마테라피를 하라

라벤더 향은 긴장을 풀어줍니다. 아이의 제3의 눈(이마 한가운데)에

한두 방울 떨어뜨려 문질러주거나, 라벤더 오일을 가열해서 향기가 방 안에 퍼지게 합니다(에센셜 오일을 파는 곳이라면 오일을 안전하게 가열하는 기구도 취급할 겁니다). 자기 전에 욕조에 따뜻한 물을 받아놓고, 라벤더나 캐모마일, 샌달우드, 일랑일랑 오일을 몇 방울 떨어뜨려 목욕하는 것도 안정에 도움이 됩니다. 목욕을 하면서 스트레스가 모두 씻겨 내려가는 상상을 하라고 말해주세요. 엡솜 솔트를 반 컵 정도 풀어 넣어도 해독과 스트레스 완화에 좋습니다. 목욕 중이나 끝난 후에 마사지를 해주면 아이의 마음이 진정되어 잠이 더 잘 올 겁니다.

18. 동물 매개 치료를 활용하라

애완동물은 안정적이며, 아이들을 무조건적으로 사랑해줍니다. 아이의 상한 기분을 가라앉히는 좋은 동반자이기도 하죠. 초민감자인 아이들은 동물과의 친화력이 뛰어나고, 동물 초민감자인 경우 서로 깊은 차원의 대화를 나눌 수도 있습니다. 특히 강아지는 과잉 행동을 하거나 공격적인 아이를 진정시키는 데 효과적입니다.

19. 천연석을 활용하라

아이에게 수정이나 핑크 혹은 블랙 토르말린을 줘서 만지작거리게 하세요. 이런 천연석을 손에 들면 안정감이 들고, 그라운딩과 진정에 도움이 될 수 있습니다.

20. 아이가 스트레스 다이얼을 낮은 쪽으로 돌리게 하라

위의 조언들과 더불어, 과부하를 느낄 때마다 다이얼을 이용한 다음의 시각화 훈련을 통해 마음을 가라앉히고, 스트레스 사이클을 끊을 수 있게 하세요. 이 방법은 집이나 학교에서는 물론이고 친구들과 놀 때도 시행할 수 있습니다. 민감한 아이들을 위한 기본 도구라고 할 수 있죠.

―――― ∿∿∿ 민감한 아이들을 위한 방어 전략 ∿∿∿ ――――

스트레스 다이얼을 낮은 숫자로 돌리기

아이가 과잉 자극을 느낄 때 이렇게 말해주세요. "네 앞 탁자에 커다란 다이얼이 있다고 상상해 봐. 거기에 보면 숫자가 차례대로 쓰여 있는데, 제일 왼쪽이 10이고, 제일 오른쪽이 0이야. 지금은 숫자 10에 맞춰져 있어. 이제 네가 10부터 천천히 다이얼을 돌리는 거야. 시계방향으로 돌리면 숫자가 점점 작아져. '10, 9, 8, 7, 6, 5, 4, 3, 2, 1' 다음에 0이 올 거야. 이렇게 다이얼을 돌리면서 네가 점점 더 편안해진다고 생각해 봐. 스트레스랑 불안감이 서서히 줄어드는 거야. 그러다가 0이 되면 아주 평온하고 행복해지지."

∿∿∿∿∿∿∿∿∿∿∿∿∿∿∿∿∿∿∿∿∿∿∿∿

자녀가 아직 어려서 다이얼을 상상하기 힘들다면, 부모가 그림으로 그려서 스트레스 수준이 어디쯤인지 짚어보라고 하세요. 그런 다음 0이 될 때까지 천천히 숫자를 셉니다.

이 장에서 제가 소개한 실전 전략들을 활용하면 초민감자인 아이를 키우는 게 온 가족에게 더욱 평온하고 기쁜 일이 될 겁니다. 초민감자 아이들의 특별한 재능을 지지해줄 수 있다는 건 축복이죠. 어린 나이부터 자신의 민감성을 다스릴 줄 알면, 유년기와 성년기에 훨씬 더 편안하고 충만하게 살 수 있습니다. 그런 의미에서 다시 한 번 말하지만, 양육은 부모의 신성한 책임입니다.

한 단계 발전한 육아의 미래

제 소원은 아이가 초민감자라는 게 어떤 의미인지 부모와 학교 교사들에게 아주 이른 단계부터 가르치는 겁니다. 부모와 교사, 당국자들은 아이가 민감하다고 창피를 주는 대신 이러한 재능을 지지해주고, 초민감자인 아이가 자신을 이해하는 동시에 가족의 이해를 받을 수 있게 도와줘야 합니다. 이렇게 할 때 아이들은 자신의 민감성을 이해하고 다스려서 창의성과 자신감을 불태울 수 있습니다.

이제 우리 모두 민감한 아이와 성인들을 포용할 때입니다. 남보다 민감하고 다정하며 강인한 사람이 지도자가 되면, 이 세상은 더욱 조화롭고 평화로운 곳이 될 겁니다. 저는 의사 생활을 하는 내내 워크숍과 저서, 강의를 통해 초민감자란 무엇이며 민감한 아이는 어떻게 길러야 하는지를 최대한 많은 사람에게 가르치려고 힘써 왔습니다. 여러 분야의 지도자들과 사업가, 치유자와 부모 등을 수없이 만났죠. 언젠가는 모든 사람이 우리 자녀들 안에 있는 민감성의 경이로운 실체에 마음을 여는 날이 오리라 상상해 봅니다.

⌣ 초민감자 자녀와 부모를 위한 선언 ⌣

나는 나의 민감성을 받아들이고,
휴식과 재충전을 위한 시간을 보낼 것이다.
나는 협조적인 사람들에게 내 욕구를 표현할 것이다.
나는 내 재능을 숨기지 않을 것이다.
나는 진실하게 행동할 것이다. 나는 내 힘을 누릴 것이다.
나는 민감하고 다정한 사람이라는 사실이 자랑스럽다.

민감함을 받아들이면
직관과 통찰력이 커진다

초민감자는 세상을 풍요롭고 다층적인 방식으로 인식합니다. 삶의 놀라운 비밀을 목격하는 우리의 능력은 날이 갈수록 깊어지죠. 민감성이 깨어나고, 이를 사용해도 안전하다는 확신이 들면, 우리의 직관은 더욱 확장됩니다. 그럼 불가사의한 일들을 더욱 폭넓게 경험하게 되죠.

보통 사람들의 직관은 일상 혹은 '현실 세계'라고 부르는 좁은 영역대의 주파수에만 맞춰져 있습니다. 그들이 '보는' 건 일차원적인 시간에 한정돼 있죠. 하지만 물질계가 유일한 현실이라고 생각한다면 큰 오산입니다. 민감성을 발휘해 그 너머를 바라보면, 미세 에너지의 세상과 '비국소성(non-local : 한 곳에만 국한돼 있지 않다는 뜻으로 양자역학에서 사용되는 용어-역주)'의 영역에 발을 들여놓을 수 있습니다. 기존의 물리법칙이 무시되는 곳이죠.

직관적 초민감자들은 비국소적인 정보를 수신하는 능력이 특히 뛰어납니다. 이러한 초감각 덕분에 삶이 윤택해지고 동시성(synchronicity : 만물이 집단무의식으로 연결되어 있어서 의미 있는 우연이 발생하는 것을 설명하는 용어)이라는 마법의 시간을 경험하며, 데자뷔 현상을 겪기도 합니다. 초민감자는 영겁의 시간을 살며 수많은 것을 목격해서 고도로 발달한 직관력을 갖고 태어났다고 믿는 사람들도 있습니다. 직관적 초민감자는 매우 민감한 사람(HSP)들과 직관력의 범위가 다릅니다. 둘 다 촉감과 냄새, 소리, 빛에 고도로 예민하지만, 직관적 초민감자는 국소 현실을 넘어선 비범한 지식에 접속할 수 있죠. 또한, 의식의 채널이 활짝 열려 있어서, 다른 사람들은 모르는 사실을 알아내기도 합니다. 일부 초민감자는 미래를 내다보는 선견지명이 있고, 동식물과 자연 구성물과 대화를 하는 경우도 있습니다. 그런가 하면 꿈에서 삶의 계시를 받는 '꿈꾸는 사람(dreamer)'들도 있죠. 직관적 초민감자는 주류 과학에서 아직 이해하지 못하는 인간 의식의 신비하고 비국소적인 면에 접속할 수 있습니다.

직관이라는 재능을 현명하게 사용해야 안정을 유지할 수 있습니다. 이런 경험들은 때로 너무 극단적이고 압도적이기 때문입니다. 이번 장에서 소개하는 전략들은 내면의 중심을 잡고, 자신이 보고 느낀 정보를 건강한 방식으로 통합하는 데 도움이 될 겁니다.

저는 정신과 의사로 일하면서, 직관적 초민감자라서 겪는 공포와 보상을 모두 경험했습니다. 이런 직관력은 제게 큰 도움이 됐습니다. 뛰어난 통찰력으로 내담자들의 마음과 저를 둘러싼 다양한 환경을 재빨리 '읽을' 수 있으니까요. 저는 아주 열정적인 꿈 초민감자이기도 해서, 꿈이 제시하는 삶의 방향을 따라갑니다. 또한, 자연이나

4대 원소(공기, 불, 물, 흙)와 깊은 대화를 나누기도 하죠. 자연의 아름다움을 감상할 뿐만 아니라, 각 원소가 제 안에서 살아 숨 쉬는 걸 느끼기도 합니다. 아주 기분 좋은 경험이죠.

어린 시절에는 제 직관력이 두려웠습니다. 그때는 제가 경험하는 현상들에 특정한 명칭이 있다는 사실도 몰랐죠. 다른 사람들의 에너지를 감지하는 것과 더불어 질병이나 지진, 다른 재앙들이 예측돼서 불안함에 견딜 수가 없었습니다. 9살 때는 사랑하는 할아버지의 갑작스러운 죽음을 미리 알아챘습니다. 할아버지는 돌아가시기 전날 밤에 작별 인사를 하러 제 꿈에 나타나서 이렇게 말씀하셨죠. "난 너를 정말로 사랑한다. 내 걱정은 하지 마라. 난 괜찮아." 잠에서 깨어 보니 새벽 3시더군요. 저는 부모님 방으로 달려가서 꿈 얘기를 했습니다. 그러자 엄마는 웃으면서 저를 달랬습니다. "그냥 악몽을 꾼 거야." 그리고 저를 다시 침대에 눕히셨죠. 하지만 아침 식사 시간에 전화벨이 울렸고, 우리는 슬픈 소식을 전해 들었습니다. 할아버지가 심장마비로 갑자기 돌아가신 겁니다.

부모님은 제 꿈을 '섬뜩한 우연'이라고 넘겼습니다. 하지만 저는 제가 할아버지의 죽음을 초래하거나 어떤 식으로든 관여했으며, 결국 제 잘못이라는 느낌을 떨쳐버릴 수 없었습니다. 잘못된 판단이었지만, 그렇지 않다고 말해줄 사람도 없었죠. 그래서 저는 몇 년간 혼자 고독하게 지내면서, 제게 불안과 수치, 혼란을 안겨준 수많은 직관적 경험들을 이해해 보려 애썼습니다. 제게 아무 문제도 없다고 확신시켜주는 사람이 없어서 너무 외롭고 고립된 기분이었죠. 그때부터 칼 융이 자신의 어린 시절에 관해 쓴 글을 보며 위안으로 삼았습니다.

제가 초민감자로서의 경험을 여러분을 위해 유익하게 사용하는 걸 왜 그토록 기뻐하는지 이제 이해가 되실 겁니다. 당신이 내다보는 미래의 사건은 당신이 일으키는 것이 아닙니다. 당신에게는 아무런 잘못이 없습니다. 민감성으로 인해 어떤 일들을 그냥 알게 된 겁니다. 이런 일들은 이치에 어긋나고, 대부분의 사람들이 가능하다고 생각하는 영역을 뛰어넘죠. 당신이 직관적 초민감자라는 건 자연스럽고, 아름다우며, 기적으로 가득한 일입니다. 삶의 모든 차원에 접속할 수 있으니까요.

직관적 초민감자의 유형

여러 내담자와 워크숍 참석자들을 관찰해 보니, 직관적 초민감자에도 다양한 유형이 있더군요. 지금부터 하나씩 설명해드리겠습니다. 이 중 하나 혹은 그 이상에 해당하는지 확인해 보세요. 때로는 한 가지 유형에서 시작했다가 훈련을 통해 다른 유형의 특성이 개발되기도 합니다. 각각의 능력에 대해 알아가면서, 그런 건 불가능하다며 굳어져버린 기존의 관념들을 깨뜨리세요. 직관의 출처가 자신의 무의식이라고 생각하든, 더 높은 차원의 자아나 또는 다른 조력자라고 생각하든 상관없습니다. 한껏 고조된 자신의 민감성을 살펴보는 내내 마음의 문을 열고 즐기도록 하세요. 직관은 자기 자신과 타인, 더 나아가 우주와의 접속을 가능하게 해주는 신성한 능력이니까요.

텔레파시 초민감자

텔레파시 초민감자는 현재 다른 사람에게 무슨 일이 일어나고 있는지 직관적으로 읽어낼 수 있습니다. 그 사람이 자기 생각이나 느낌을 표현하지 않더라도 말이죠. 이들은 사랑하는 사람이나 동료, 고객은 물론이고, 생판 모르는 사람에 관한 이미지나 느낌, 영감, 깨달음까지 수신합니다.

텔레파시 현상은 다음과 같이 나타납니다. 당신이 친한 친구를 생각하고 있는데, 전화벨이 울려 받아보니 그 친구입니다. 또는 1,500km도 더 떨어져 있는 딸이 지금 아픈 것 같다는 느낌이 들었는데, 나중에 들어보니 진짜 아팠다고 합니다. 그것도 아니면 갑자기 좋은 기분이 마구 밀려들었는데, 알고보니 당신이 원하던 좋은 직장에서 합격 전화가 온 겁니다.

그렇다면 직관적으로 든 생각이 자신의 감정이나 문제가 투영된 것이 아닌 실제 사실이라는 걸 어떻게 알 수 있을까요? 자신이 감지한 정보가 중립적인지 감정적인지에 주목하면 됩니다. 번쩍하고 떠오른 직관에 감정적인 흥분이 있거나, 자신이 고민하던 문제가 반영됐다면 의심해야 합니다. 이건 자기 자신을 잘 알수록 더 명확해집니다. 예를 들어, 유기 불안이 당신의 트리거라고 칩시다. 그런데 친구나 파트너가 당신을 버릴 것 같다는 생각이 자꾸 든다면, 그건 당신의 불안감을 그들에게 투영한 겁니다. 하지만 아무런 감정 없이 중립적인 톤으로 직장 동료가 회사를 떠날 것 같다는 생각이 불현듯 들었다면, 그런 통찰은 정확할 가능성이 큽니다. 나중에 돌이켜 보니 그 동료를 잃는다는 생각에 속상해질지 몰라도, 처음에 얻은 정보에는 감정적인 흥분이 섞여 있지 않았으니까요.

텔레파시 초민감자로 산다는 건 힘든 일입니다. 심령 상담 전화 내용을 일주일에 수백 건씩 읽었다는 어느 워크숍 참가자는 제게 이렇게 털어놓았습니다. "저는 압도적으로 많은 사람의 생각을 읽어요. 그래서 그라운딩 기술을 사용해도 금세 소진되고 말죠. 정보의 양이 너무 많아서 다 처리할 수가 없는 거예요." 이분은 드물게 아주 극단적인 상황이었지만, 여러분도 일상에서 텔레파시로 인한 과부하를 경험할 수 있습니다. 직관은 다양한 곳에서 찾아옵니다. 마트에서 스쳐 지나간 사람, 거리의 행인, 직장 동료, 친구, 가족 등 누구한테서나 무언가를 감지할 수 있죠. 일부러 주파수를 맞추지 않아도 직관은 찾아옵니다. 직관의 과부하를 피하려면 그라운딩 상태를 유지하고, 보호막을 두르는 동시에, 이번 장에서 알려드리는 전략들을 활용하세요.

텔레파시 초민감자는 자신이 감지하는 정보를 통해 다른 사람에 대한 통찰과 동정심을 키워나갈 수 있습니다. 그리고 기회가 된다면 그들을 도와줄 수도 있죠. 다른 사람의 생각과 느낌에 강력하게 접속된다는 건 분명한 재능입니다. 이런 재능을 항상 소중하게 여기세요.

예지적 초민감자

예지적 초민감자는 미래의 징조를 보는 사람입니다. 깨어 있을 때 보기도 하고, 꿈에서 보기도 합니다. 저절로 보일 때도 있지만, 일부러 주파수를 맞춰서 볼 때도 있습니다. 이런 기술은 훈련을 통해 더욱 계발할 수 있죠. 이들은 누군가의 건강 상태나 관계, 직업, 또는 다른 문제들에 관한 예감을 받습니다. 예를 들어 어떤 친구가 병에 걸리거나, 사망하거나, 결혼하거나, 대학에 입학하는 사실을 남들보다 훨씬 먼저 알게 되는 겁니다. 예지적 초민감자는 이런 정보를 비국소적 영역에서 수신합니다. 일차원적인 세상에서 나오는 정보가 아니죠.

신비주의자들은 이러한 집단적인 정보가 저장된 비국소적 창고를 '아카식 레코드(Akashic Records)' 혹은 '생명의 책'이라고 부릅니다. 그곳에 과거와 현재, 미래를 망라한 인간의 모든 역사가 기록돼 있다고 믿죠. 예지적 초민감자는 일차원의 현실을 벗어나 이러한 정보에 접속할 수 있습니다. 성경의 신·구약을 포함해 여러 문화권의 신화에서 생명의 책에 관한 언급을 찾아볼 수 있습니다. 영적인 기록을 새긴 판이 존재한다는 믿음은 고대 아시리아와 바빌로니아, 인도, 페니키아, 이스라엘까지 거슬러 올라가죠.

예지적 초민감자는 자신이 알게 된 정보를 어떻게 하면 바르게 이용할 수 있을지 생각해야 합니다. 때로는 스트레스가 심하거나 위험에 처한 사람에게 미리 경고를 해서, 그들이 나쁜 일을 주의하고 피하게 도울 수 있습니다. 임신같이 기쁜 소식일 때는 밝은 목소리로 "두 분이 곧 아이를 가지실 것 같다는 직감이 드네요"라고 말해도 됩니다. 하지만 미래에 대한 예견은 어디까지나 가능성일 뿐이라는 걸 명심하세요. 미래는 정해져 있는 것이 아니기 때문에 당신의 직관이 틀릴 가능성은 얼마든지 있습니다. 자신에게 전지전능한 권한이 있다고 착각해서는 안 됩니다.

물론 당신이 예감한 사건이 불변의 사실일 때도 있습니다. 그래서 당신의 직감을 당사자에게 말하는 게 부적절할 수도 있죠. 이런 판단은 어떻게 내릴까요? 무엇이 상대방에게 도움이 될지 생각해 보면 답이 나옵니다. 자신의 직관을 붙들고 이렇게 물어보세요. "이런 정보를 가르쳐주는 게 옳은 일일까? 이걸 아는 게 저 사람에게 도움이 될까?" 그리고 직관이 가르쳐주는 답을 따르세요. 확실하지 않으면 더욱 강력한 메시지를 받을 때까지 집중하세요.

저는 제가 받는 직관의 절반 정도만 내담자들과 공유합니다. 그들에게 도움이 안 된다고 확신하는 정보는 절대 발설하지 않죠. 그리고 다른 경우에는 일단 기다렸다가, 적절한 때라고 생각되면 얘기해 줍니다. 아무리 의도가 좋아도 조심스럽게 전달하지 않으면 상대방을 겁먹게 할 수 있습니다. 자만심이나 능력을 과시하려는 욕구로 말해서도 안 되죠. 가장 중요한 건 당사자의 행복이라는 사실을 늘 명심하세요. 예지적 재능을 온전하게 유지하려면 자기 제어와 겸손을 연습해야 합니다.

어떤 초민감자들은 자신의 인생을 인도해주는 아주 강력한 직관과 비전을 지니고 있습니다.
– 주디스 올로프

예지적 초민감자는 자신의 재능을 여러 가지 면에서 오해할 수 있습니다. 자신이 예견한 일을 직접 일으켰다고 느끼거나, 그 일을 막아야 할 책임이 자신에게 있다고 생각하는 겁니다. 누군가의 죽음을 본 경우는 더더욱 그런 착각을 하게 되죠. 하지만 그건 사실이 아닙니다. 강력하게 부정적 사건이나 감정은 더 큰 신호를 방출합니다. 훈련받지 않은 예지적 초민감자는 행복한 상황보다 이런 신호를 더 쉽게 감지하죠. 직관을 잘 연마하면 더 넓은 범위의 신호를 받아들일 수 있습니다.

꿈 초민감자

꿈 초민감자는 깨어나서도 기억에 남는 생생한 꿈을 정기적으로 꾸는데, 이런 경험은 주로 어린 시절부터 시작됩니다. 당신이 꿈 초민감자라면, 꿈의 세계에 매료되어 매일 밤 잠자는 시간만 기다릴지도 모릅니다. 꿈은 아주 강력한 형태의 직관입니다. 자의식과 일차원적인 정신을 뛰어넘어 선명한 정보를 제공해주죠. 우리를 치유나 영성의 길로 인도하거나, 힘든 감정을 극복할 방법을(때로는 치유력이 강한 악몽을 통해) 제시해서, 자기 자신과 다른 사람을 도울 수 있게 해줍니다.

당신이 꾸는 꿈이 텔레파시나 예견일 수도 있습니다. 지금 일어나는 일과 앞으로 닥칠 일을 전달해주는 거죠. 제게 이런 고백을 한 내담자도 있었습니다. "저는 다음날 신문의 헤드라인이 꿈에 나타나요. 여배우의 수상 소식이나 묻지마 총격 사건 같은 거요." 또는 누군가와 대화를 할 때, 그 사람이 꾼 꿈이 머릿속을 스치고 지나가기도 합니다. 이런 유형의 초민감자는 모든 꿈에 주파수가 맞춰져 있어서 다른 사람들보다 꿈의 영역에 쉽게 접속하는 겁니다.

꿈 초민감자 중에는 꿈속에서 자신의 영적 인도자와 대화를 나누는 사람들도 있습니다. 동물이나 사람, 보이지 않는 존재, 천사, 사랑스러운 목소리 등 형태는 각자 다르지만요. 이러한 영적 인도자는 어떻게 하면 난관을 돌파하고 목표에 도달할 수 있는지, 또는 영적으로 풍성하고 평화로운 삶을 살 수 있는지 가르쳐줍니다. 누구나 이런 인도자가 있는 건 아니지만, 혹시 있다면 그들의 말에 귀를 기울이세요. 그들이 주는 정보는 유익하고 애정이 넘쳐서, 절대 당신이나 다른 사람을 해치지 않습니다.

꿈 초민감자는 꿈속에서 다른 차원으로 여행을 다녀올 수 있습니다. 저도 어릴 때부터 꿈 초민감자였습니다. 그래서 깨어 있을 때보다 꿈속에 있는 걸 더 편안해하죠. 매일 낮에는 물질계에서 오랜 시간을 보낼 수밖에 없습니다. 하지만 그러고 나면 꿈의 세계로 돌아가 신성한 영양분을 얻어야 합니다.

여러분도 꿈 초민감자라면, 자신의 능력을 더욱 발전시킬 수 있습니다. 꿈 일기장을 준비해서 매일 아침 자신의 꿈을 기록하세요. 침대 바로 옆에 일기장을 놔두고 깨서 바로 내용을 쓸 수 있게 합니다. 아침에 일어나면 완전히 잠들지도, 깨지도 않은 최면 상태로 몇 분을 보내며 기억나는 꿈의 조각들을 적어보세요. 논리적으로 완결된 문장을 적으려 하지 않아도 됩니다. 생각나는 단어들을 빼놓지 말고 적으세요. 그런 다음 온종일 이 정보의 의미를 묵상하는 겁니다. 꿈에서 느꼈던 감정에 집중해 보세요. 그리고 그 감정을 지금의 당신의 상황과 연결시켜 봅니다. 꿈은 그 상황에 대한 당신의 심리 상태나 안내, 예견 같은 것을 알려줄 수 있습니다.

또한, 잠들기 전에 "내 경력을 위해 어떤 길을 택해야 할까?"라든지 "과연 이게 나한테 좋은 관계일까?" 같이 질문하는 습관을 들이세요. 그리고 일어나면 꿈에 나온 답을 당신의 질문에 적용할 수 있을지 생각해 보는 겁니다. 꿈을 기억하고, 거기서 여러 가지를 배우다 보면, 자기 자신과 타인을 더욱 깊게 이해하게 됩니다. 자각몽(lucid dreaming)을 연습해 보는 것도 좋습니다. 자각몽 상태에서는 꿈을 꾸면서 이게 꿈이라는 사실을 인지합니다. 그래서 꿈에서 일어나는 일을 관찰하며 결과를 지시할 수 있죠.

꿈을 꾼다는 건, 민감한 사람들이 자신의 직관과 영성은 물론이고 다른 차원의 현실까지 존중하게 해주는 매우 경건한 행위입니다.

식물 초민감자

식물 초민감자는 식물과 나무, 꽃에 본능적으로 끌립니다. 직관적으로 그들의 영혼과 소통하고, 필요를 알아차리죠. 식물이 건강한지 감지해서, 그렇지 않다면 어떻게 치료해야 하는지도 알아냅니다.

당신이 이런 유형의 초민감자라면, 식물이 원하는 것을 알아들을 겁니다. 숲과 산, 물가에 매력을 느껴서 자연과 가까운 곳에 살지도 모르겠습니다. 어린 시절에 나무와 식물은 당신의 동지이자 친구였을 겁니다. 저처럼 고민이 있거나 마음이 아파서 위로가 필요할 때, 식물에 의지했을 수도 있습니다. 식물 초민감자는 나무 근처에 있는 것만으로도 마음이 안정됩니다. 나무를 만지고, 올라타고, 끌어안으며, 때로는 그냥 지나가면서도 인사를 건네죠.

식물 초민감자 중에는 원예에 소질이 있는 사람이 많아서, 옆에 두기만 해도 식물이나 꽃이 무럭무럭 자랍니다. 당신과 마음이 통하는 걸 그들도 느끼는 거죠. 이런 상호 연대감 덕분에 식물은 당신의 손길과 존재에 반응합니다. 그래서 상당수의 식물 초민감자가 정원 가꾸기를 즐기거나 관련 계통의 일에 발을 들여놓습니다. 농업이나 원예, 식물 연구, 정원 디자인, 조경 건축, 꽃꽂이에 종사하거나, 산림청에서 일하는 거죠. 이런 초민감자는 근처에 식물이나 자연 세계가 있어야 건강하고 행복해집니다.

식물 초민감자는 한의사나 허벌리스트(허브 활용 전문가)처럼 치유자가 될 수도 있습니다. 꽃 치료법을 사용하는 사람들도 있는데요. 에드워드 바흐(Edward Bach)가 개발한 동종요법(비슷한 성질을 가진 물질로 질병을 치료하는 방법-역주)의 하나로, 꽃 에센스를 액체 형태로 증류해서 다양한 질병을 치료하죠. 자연과 조화롭게 살아가던 고대인들은 식물에 지각과 의식, 지능이 있다고 생각했습니다. 지금도 토착 부족의 치료사들은 식물과 영적 세계 사이의 메신저 역할을 합니다. 식물의 아름다운 노랫소리를 들으며 약초에 치유력을 불어넣죠.

하지만 이런 초민감자는 식물의 고통을 느껴 괴로워질 수 있습니다. 상처를 입거나 죽어가는 식물을 감지하는 겁니다. 인간의 손에 파괴된 삼림의 비통한 심정도 느낍니다. 식물이 해를 입으면 당신의 몸도 아프죠. 이런 고통을 없애려면, 식물에게 전염된 감정과 신체 감각을 인식하고 호흡을 통해 불편감을 몸 밖으로 내보내야 합니다. 그리고 지구상의 모든 식물에게 사랑과 축복을 끊임없이 보내주세요.

지구 초민감자

지구 초민감자의 몸은 지구의 여러 변화에 맞춰져 있습니다. 뇌우의 힘과 달의 사랑스러움, 태양의 온기에 관능적이고 정력적으로 반응하죠. 당신이 이런 유형의 초민감자라면 당신의 신체는 지구에 발생하는 일과 밀접하게 연결돼 있습니다. 지구의 아름다움과 생명력이 당신을 성장시키며 지탱해주죠. 그래서 폭포 같은 곳에서 정기를 얻는 느낌을 받기도 합니다. 바다와 조수는 다른 사람들보다 당신에게 특히 큰 영향을 줍니다. 당신은 날씨와 일광의 변화에도 민감합니다. 그래서 계절성 정서 장애를 겪을 확률이 높죠. 낮이 짧고 금세 어두워지는 겨울이 오면 다른 사람들보다 유독 더 우울해지는 겁니다.

지구와 지구의 모든 구성물, 우주는 당신에게 가족과도 같습니다. 저에게도 달과 별은 언제나 든든한 동반자였습니다. 한 워크숍 참석자는 밤에 클럽이나 바에 놀러가는 것보다 별을 바라보는 걸 더 즐긴다고 하더군요. 저도 어릴 때부터 하늘을 올려다보며 저의 진정한 집은 저 위에 있다고 생각했습니다.

당신이 이런 유형의 초민감자라면, 당신의 몸은 지구와 밀접하게 연결돼 있습니다. 지구가 우리를 얼마나 사랑하는지 느낄 수 있겠죠. 당신은 지구에 일어나는 변화를 마치 자기 몸에서 발생하는 것처럼 느낄 겁니다. 그래서 지구가 다치면 당신도 아프고, 불안해지거나, 건강에 문제가 생깁니다. 지구가 행복하면 당신도 행복하고, 지구가 고통스러워하면 당신도 그렇죠.

지구 초민감자는 자연재해를 자주 예언하거나, 피해가 발생할 때 자기 몸으로 강력하게 느낍니다. 한 내담자는 이렇게 고백했습니다. "지진이 일어나기 직전에 잠이 깰 때가 많아요. 그러고 나면 쾅! 하면서 땅이 흔들려요." 또 다른 사람은 이렇게 털어놓았죠. "지진이 나거나 화산이 분출하기 전에 몸이 마구 떨려요. 내가 밟고 있는 땅은 단단한데도, 그렇지 않은 듯한 기분이 들죠." 그리고 "지난번 쓰나미 때, 저는 곤히 자다가 갑자기 어지럽고 공포에 질린 상태로 깨어났어요."라는 환자도 있었습니다. 제가 아는 한 초민감자 친구는 치명적인 기름 유출 사고가 일어나자, 마치 자기가 피를 흘리는 것 같은 기분이 들었다고 합니다. 지구에 극적인 변화가 일어날 때 자신의 몸이 어떻게 반응하는지 살펴보세요. 그럼 어떤 상황에서 그런 감정을 느끼는지 알게 되고, 같은 사고가 발생할 때 셀프케어 방법을 활용할 수 있습니다.

지구 초민감자는 태양 플레어(태양 표면의 폭발 현상-역주)에 특히 민감할 수 있습니다. 태양의 자기폭풍이 지구 주변은 물론이고 우리 몸을 둘러싼 자기장에도 영향을 주기 때문입니다. 강력한 태양 활동이 일어나면 지진과 화산 분출, 허리케인, 토네이도 등이 뒤따르는 것으로 추정됩니다. 이런 시기에 지구 초민감자는 두통이나 급격한 기분 변화, 불안감, 심계항진(심장 박동이 불규칙적으로 증가하는 증상-역주) 등을 겪을 수 있습니다. 태양 플레어가 우울증과 불안증, 자살, 양극성 장애의 발생률을 높인다는 연구 결과도 있죠. 태양은 지구 생명의 근원이기 때문에, 우리는 1억 5천만km 거리에서도 태양의 변화를 느낄 수 있습니다. 게다가 초민감자는 이를 훨씬 증폭해서 느끼죠.

이런 초민감자가 활력을 유지하고 능력을 극대화하려면, 지구와 자주 접속해야 합니다. 숲속이나 바닷가, 산처럼 지구와 교감할 수 있는 편안한 장소에서 시간을 보내세요. 지구와의 유대감을 높이려면 깨끗하고 건강한 유기농 식품을 섭취하세요. 직접 길러서 먹으면 더 좋습니다. 정크푸드를 섭취하면 지구의 에너지를 받아들일 수 없어서, 서로 분리될 수밖에 없습니다. 또한, 어싱을 정기적으로 연습해야 합니다. 땅에 반듯하게 누워서 지구의 힘과 긍정성을 빨아들이는 건 특히 좋은 방법입니다. 맨발로 풀밭을 걸으세요. 호수나 강, 바다를 헤치며 걷거나 헤엄을 치세요. 별을 바라보세요.

전통적으로 지구는 '어머니(Mother Earth)'로서 존경과 대접을 받았으며, 자연이 주는 치유력은 '지구의학(earth medicine)'이라고 불렸습니다. 소중한 지구를 최선을 다해 아껴주면, 우리도 지구의학의 혜택을 볼 수 있습니다. 그것이 인간의 목적 중 하나이며, 지구 초민감자가 행복하고 건강하며 온전하게 살아갈 방법입니다.

동물 초민감자

동물 초민감자는 동물의 생각을 읽고, 그들과 의사소통하는 특별한 능력이 있습니다. 심지어 특정한 동물의 심리를 치료하는 '호스 위스퍼러'나 '도그 위스퍼러' 같은 경우도 있죠. 당신도 이런 유형의 초민감자라면, 동물들이 두렵거나 화가 났는지, 외롭거나 불안해하는지 알아차릴 수 있을 겁니다. 동물의 감정을 이해하면 치료의 손길을 내밀 수 있죠. 당신이 어디를 가든 동물들은 그 뒤를 따르고, 당신은 그들의 존재를 기뻐합니다. 그래서 구조 동물 보호소나 동물 권익단체, 동물 병원에서 일하든지, 다른 방식으로 동물을 도울 수도 있죠.

'동물 커뮤니케이터'라고도 하는 동물 초민감자는 인류 역사에서 언제나 존재했습니다. 동물 수호성인으로 불리는 아시시의 프란치스코 성인은 토끼, 사슴, 물고기 등의 '형제·자매들'과 대화를 나누었다고 전해지며, 늑대까지 길들였다고 합니다. 종교화에서 묘사하듯 온갖 동물이 그에게로 모여들었습니다. 동물 친구들하고만 지내는 은둔 기간을 자주 가졌다고 하는데, 이는 내향적인 초민감자의 전형적인 모습입니다. 새떼를 대상으로 설교를 하는 것으로도 유명

했죠. 성 프란치스코는 동물에 관해 이런 말을 남겼습니다. "우리에게는 더 높은 차원의 사명이 있습니다. 동물이 우리를 필요로 할 때 그들을 도와주는 겁니다."

동물 초민감자는 동물이 사람에게 깊게 공감할 수 있으며, 우리의 감정과 의도를 느낀다는 사실을 알 겁니다. 집에서 키우는 강아지나 고양이는 당신이 슬프거나 괴로울 때 조건 없는 사랑으로 응답하죠. 동물과 잘 어울리는 당신은 그들에게서 위험 경보나 행복의 징조 같은 직관적인 가르침을 받을 수도 있습니다. 부족 토착민들은 동물이 우리의 생각을 읽는다고 믿습니다. 당신도 그들의 생각을 읽을 수 있습니다. 그들의 필요를 듣고 채워줄 수 있죠. 동물 초민감자는 동물의 행복을 위해 싸우는 헌신적인 용사입니다.

동물이 주는 강력한 계시

직관적 초민감자는 모든 유형의 민감한 사람들이 그렇듯이 동물에게서 지혜와 보호를 얻을 수 있습니다. 북미 원주민 문화에서 어떤 동물은 인간에게 치유의 가르침을 줍니다. 그러한 교훈을 깨달으면 자신의 삶에 적절한 변화를 줄 수 있죠. 예를 들어, 돌고래는 평화와 조화, 놀이를 상징합니다. 돌고래 떼를 목격하는 건 자신에게서 그러한 특성을 끌어내라는 신호죠. 거미는 창의력을 상징하고, 개미는 인내와 끈기를 나타냅니다. 당신이 가는 길에 반복해서 등장하는 동물이 있는지 주의를 기울이세요. 그리고 그들의 가르침을 따르세요.

인디언 주술사들은 스트레스가 심하고 위험한 상황에서 동물이 우리의 협력자가 되어 준다고 말합니다. 초민감자에게는 매우 귀중한 도움이죠. 아래에 소개된 명상법으로 당신을 보호할 재규어의 힘을 불러내세요. 저는 특별한 보호가 필요할 때 이 방법을 씁니다. 특히 너무 많은 부정적인 기운이 빠른 속도로 다가올 때 효과적이죠. 재규어는 에너지 뱀파이어로부터 우리를 지켜주는 사납고 끈기 있는 수호자입니다.

─── **방어 전략** ───

재규어 명상법

중간에 방해받지 않을 조용한 장소를 찾으세요. 편안한 자세로 앉습니다. 심호흡을 하며 내면의 중심을 잡고 스트레스를 내보냅니다. 이렇게 평온한 상태로 가슴 깊은 곳에서부터 재규어의 영혼을 불러 나를 지켜달라고 부탁하세요. 재규어의 존재가 나타나는 걸 느껴보세요. 우아하고 강력한 존재가 당신의 에너지장 주변을 돌며 그것을 둘러싸는 모습을 상상하세요. 침입자나 부정적인 힘이 다가오지 못하도록 당신을 지켜주는 겁니다. 재규어의 생김새를 머릿속으로 그려보세요. 아름답고 강렬한 눈은 사랑을 머금고 있으며, 미끈한 몸은 기품 있고 단호하게 움직이죠. 재규어가 보호해주는 원 안에서 당신은 안전하다는 확신을 가지세요.

　명상을 마치며 마음속으로 재규어에게 고마움을 표하세요. 필요할 때는 언제든지 다시 부탁할 수 있다고 생각하세요. 마음이 든든해질 겁니다. 이제 천천히 부드럽게 눈을 뜹니다. 현재의 시간과 공간으로 돌아와 적응하세요. 자신의 몸으로 완전히 복귀한 다음, 주변 환경을 주의 깊게 의식하며 거기에 맞춰가세요.

재규어 명상법 외에 자신과 잘 맞고 부정적인 에너지로부터 보호해주는 다른 동물을 불러 비슷한 명상을 시험해 봐도 좋습니다.

~~~~~~

직관적 초민감자는 자기 자신을 활짝 열어젖힐수록 다른 차원으로부터 더 많은 비전과 가르침을 받을 수 있습니다. 이렇게 얻은 정보는 당신과 당신이 도와주는 사람들의 삶을 풍요롭게 해줄 것입니다.

직관의 과부하를 막는 법

일반적인 초민감자가 일상에서 감각 과부하를 겪는 것처럼, 직관적 초민감자도 비국소적 인풋으로 인해 과부하에 걸릴 수 있습니다. 감정 이입이 최고조에 이르면 우리도 멈출 수가 없습니다. 왜 이런 일이 생길까요? 우리가 가는 곳마다 직관적 정보를 퍼부어대기 때문에 에너지의 맹공격을 받아 기진맥진해지는 겁니다. 무서울 정도로 정확한 꿈을 꾸거나 예감이 들었는데, 우리 힘으로 결과를 바꿀 수 없을 때도 스트레스를 받습니다. 이렇게 압도되지 않으려면 자기에게 맞는 리듬을 찾아 조절해야 합니다. 아래의 방법을 사용하면 안정을 유지하는 데 도움이 될 겁니다.

직관의 과부하로부터 자신을 지키는 법

- **내면의 목소리와 대화하라.** 잠시 쉬면서 나에게 더 편한 리듬을 찾고 싶다면, 내면의 목소리에게 속도를 늦춰달라고 부탁하세요. 직감은 그냥 생겨나는 게 아닙니다. 적극적이고 의식적으로 직관과의 연결 상태를 발전시켜야 합니다.

- **목격자의 시선을 키워라.** 직관에 연결될 때는 중립적인 상태를 유지하세요. 많은 경우에 초민감자의 역할은 단순히 목격자가 되는 것입니다. 고대 예언자들은 이런 신성한 의무를 잘 이해하고 있었죠. 혼자서 이런 질문을 하실지도 모르겠습니다. "내가 왜 죽음이나 질병, 다른 고통스러운 상황을 느껴야 하지? 내가 막을 수도 없는데 이런 걸 봐서 뭐해." 하지만 목격하는 행위 자체가 밝은 빛이 되어준다는 사실을 명심하세요. 문제에 개입하는 건 당신이 할 일이 아니고, 개입한다고 해결할 수도 없습니다. 대신 그런 상황에서 사람들에게 등불을 비추고 축복해줄 수는 있죠. 이렇게 거룩한 행위를 통해 다른 사람들을 기적적으로 도울 수 있습니다.

- **당신은 다른 사람의 운명에 책임이 없다.** 인간은 누구나 스스로 길을 걸어갈 존엄성이 있다는 사실을 끊임없이 상기하세요. 그러면 직관적으로 얻은 정보에 불필요한 책임감을 느끼는 일을 피할 수 있습니다.

- **빛을 떠올려라.** 하얗고 신성한 빛이 당신의 정수리로 쏟아져 들어

오는 동시에, 어둠이 발밑으로 흘러 나가는 모습을 상상하세요. 이런 식으로 당신 몸속에 긍정적인 에너지가 돌고 해로운 에너지가 배출되면, 위압감을 느끼는 일이 줄어들 겁니다.

~~~~~~~~~~~~~~~~~~~~~~~~~~~~~~~

일단 직관에 자신감을 느끼면, 직관적 경험에 압도당하는 일이 줄어듭니다. 위에 제시된 방법 말고도 4장에서 알려드린 전략을 활용하면 직관적 차원에서 겪는 공의존(codependency) 문제를 해결할 수 있습니다. 그러면 집중력 있고, 명확하며, 힘 있는 상태를 유지할 수 있죠. 직관적 초민감자는 일차원 세계 너머를 탐험하는 신비를 맛볼 수 있습니다. 그리고 특정한 민감성이 계발되면, 의식의 다양한 차원을 여행하게 되죠.

직관에 접속되면 우리는 일차원 현실이 아닌 신성한 시간으로 들어갑니다. 고대 그리스에서는 시간을 두 가지 개념으로 나누어 생각했습니다. '크로노스'는 초, 분, 시, 월, 년으로 측정되는 시계의 시간입니다. 주로 '아버지의 시간'으로 상징되어, 지치고 구부정한 모습으로 긴 낫과 모래시계를 들고 있는 수염 난 노인으로 표현되죠. 침울한 저승사자를 닮기도 했습니다. 또한 크로노스는 갈등과 고난의 영역과 관련된 것으로 간주될 때가 많습니다.

반면 '카이로스'는 신성한 시간으로, 시의적절한 사건이 발생하기 좋은 최상의 순간을 가리킵니다. 일차원적 시간과 공간을 벗어난 비순차적이며 무한한 상태죠. '몰입의 순간'이라고 하는 바로 그 시간입니다. 카이로스는 완벽한 타이밍에 동시성이 일어나는 영역입니다. 또한 일차원의 시간에서 마주하지 않았던 사람이나 공간에 친숙함을 느끼는 데자뷔의 영역이기도 하죠. 카이로스는 영원하고 신비로운 지혜가 담긴 마법의 장소입니다. 물리적인 지도를 보고 찾아갈 수 있는 곳이 아니라, 직관을 통해서만 도달할 수 있죠. 카이로스는 직관적 초민감자의 영역입니다. 자신의 능력을 계발하면 다양한 직관적 경험이 더욱 자연스럽고 편안하게 느껴질 겁니다.

∿ 초민감자 선언 ∿

나는 내 직관을 존중할 것이다.

나는 내 꿈을 경청할 것이다.

나는 내면의 목소리에 의문을 제기하지 않을 것이다.

나는 직관과 다른 삶의 영역 사이에 균형을 찾아서 민감성을
최대한으로 발휘하며 온전한 내 모습으로 살아갈 것이다.

맺음말

The Empath's Survival Guide

초민감자라는 축복

초민감자의 여정은 평생 계속됩니다. 민감한 사람은 감사해야 할 것이 많습니다. 당신은 강렬한 열정과 기쁨을 경험할 수 있습니다. 큰 그림을 아주 깊은 수준으로 인식할 수도 있죠. 아름다움과 우아함, 삶의 에너지에 주파수를 맞출 수 있으며, 뛰어난 동정심으로 남을 도울 수 있습니다. 당신은 무정하거나 무관심하지 않고 냉담하지도 않습니다. 민감함 덕분에 친절하고, 여리며, 늘 깨어 있죠.

초민감자는 자연과 특별한 관계를 맺습니다. 당신은 동물과 꽃, 나무, 구름에 유대감을 느낍니다. 도시의 건물보다는 황야의 평화로움과 사막의 고요함, 레드록 캐니언(미국 네바다주에 있는 붉은 협곡-역주)과 수풀의 장엄함, 바다의 광활함에 마음이 끌리죠. 사랑스러운 달빛을 온몸으로 음미할 수도 있습니다. 자연의 평온함과 하나가 되는 법도 알고 있습니다. 또한, 우리의 어머니인 지구를 지키고, 소중한 자원을 보존하고 싶어 하죠.

초민감자인 당신에게는 자기 자신과 가족들은 물론이고 세상 모두를 긍정적으로 변화시킬 힘이 있습니다. 저는 초민감자들이 대를 이어 내려온 집안의 부정적인 패턴을 끊도록 '선택'됐다는 걸 여러 번 목격했습니다. 의식적으로 그런 역할을 자처하지 않아도, 운명적으로 과제를 이행하죠. 자기 자신을 치유하고 민감성을 소중히 여기게 된 초민감자는 가족 안에서 반복돼온 학대와 방치, 중독의 패턴을 단호하게 거부합니다. 그럼 대대로 이어진 고통이 그들의 대에서 끊어지죠. 초민감자는 상처를 회복하고 자신의 재능을 받아들이는 과정을 통해 가족 전체를 바로잡을 수 있습니다. 주의 깊고 민감한 사람이야말로 변화를 일으킬 적임자니까요.

빛을 향해 나아가기

지구는 엄청난 고통과 엄청난 기쁨으로 가득 차 있죠. 초민감자인 우리의 역할은 민감성을 발휘해서 공익에 기여하고, 무게의 추를 빛쪽으로 끌고 가는 겁니다. 초민감자는 빛의 전사가 되어야 합니다. 어둠을 두려워하지 마세요. 사랑의 힘을 믿으세요. 우리는 세상의 진동수를 높여야 합니다. 강하고, 사랑이 넘치며, 민감한 에너지를 지닌 사람들에 둘러싸여 있으면 어른이나 아이나 더 나은 모습으로 변합니다. 당신이 그런 변화를 불러올 수 있습니다. 당신을 빛나지 못하게 하는 유일한 방해물은 두려움입니다. 우리의 빛을 가로막지 못하도록 내면의 두려움을 치유하는 것이 초민감자들의 임무죠. 그러한 과업을 수행할 때, 혼자가 아니라는 사실을 명심하세요.

연약하면서 동시에 강인한 초민감자는 새로운 리더십의 모델을 제시해줍니다. 우리는 상호 이해를 증진시켜 리더의 기질을 발휘할 수 있습니다. 그것이 개인과 세계 모두가 평화로워지는 길이죠. 하지만 이런 혁명이 지속되려면, 혁명가들이 내면의 감정과 영성을 갈

고닦으며 앞에서 이끌어야 합니다. 그럴 때 비로소 정치, 사회, 자연환경에 꼭 필요한 긍정적인 변화가 일어날 겁니다. 우리는 초민감자의 민감성으로 사랑의 혁명을 일으켜 세상을 구할 수 있습니다.

저는 환경운동가 데이비드 오어(David Orr)의 이 말을 무척 좋아합니다. "지구에 필요한 건 더 이상 '성공한 사람들'이 아닙니다. 지금 절실한 건 평화주의자와 치유자, 복원가, 스토리텔러, 그리고 모든 형태의 사랑을 하는 사람들입니다. 지구는 우리가 각자의 자리에서 잘 살아가기를 바랍니다. 그래서 세상을 보다 살 만하고 인간미 있는 곳으로 만들겠다며 기꺼이 나서는 도덕적 용기가 있는 사람이 필요하죠. 이런 자질은 우리 문화가 정의하는 성공과는 조금도 관련이 없습니다."

초민감자는 이러한 변화를 불러오는 중추적인 역할을 합니다. 우리의 민감성이야말로 비폭력으로 나아가는 통로죠. 민감성을 열어 두고 힘의 중심을 유지한다면 우리는 치유자도, 복원가도, 선지자도, 사랑하는 자도 될 수 있습니다. 우리의 본질을 두려워할 필요는 없습니다. 제가 드리고 싶은 조언은 선한 일을 하고 선한 사람이 되라는 겁니다. 그러면 나머지는 따라올 테니까요. 이런 목표를 붙드는 게 지금 그 어느 때보다 중요해졌습니다. 세상의 시간이 단축되는 태동이 시작됐기 때문입니다. 우리는 사랑의 편에 서야 합니다. 당신의 힘이 세질수록 세상이 필요로 하는 변화를 더 많이 일으킬 수 있습니다.

자신의 재능을 축하하기

초민감자 기질을 바탕으로 평생 자기 자신과 다른 사람들은 물론이고 더 큰 사회를 위해 봉사하세요. 아래 제시된 훈련을 통해 민감성을 행동으로 옮겼던 기억을 떠올리고, 자신의 재능에 감사를 표하세요.

──────── 자기점검 훈련 ────────
초민감자 기질을 끌어안기

하루에도 몇 번씩 공감 능력을 발휘하면 당신에게도 유익합니다. 잠시 멈춰서 이런 행위가 주는 혜택을 떠올려 보세요.

- 배우자의 고통에 공감하고 깊은 애정에서 우러나온 도움을 줬던 때를 기억해 보세요.
- 자신의 직관에 집중하자 어떤 것이 최선의 선택인지 저절로 깨달아졌던 때를 기억해 보세요. 내면의 소리를 따른 덕분에 올바른 직업이나 올바른 관계, 올바른 지도자를 택할 수 있었죠.
- 너무 두렵고 막막하던 때를 떠올려 보세요. 하지만 스스로를 몰아세우고 공포에 사로잡히는 대신 자기 자신에게 공감과 연민을 보여주었죠. 사랑하는 마음을 먹자 두려운 시기를 견뎌낼 수 있었어요.
- 친구가 아픈 이별을 했을 때 사랑으로 보듬으며 힘든 시기를 극복하게 도와주던 때를 떠올려 보세요.

- 부모나 교사, 돌보미로서 어린아이가 자신의 민감성을 부끄러워 하지 않고 당당히 표현할 수 있게 용기를 주던 때를 기억하세요. 한 아이의 인생에 이런 식으로 빛을 밝혀줬다는 사실에 기뻐하 세요.

~~~~~~

공동체의 힘

자신의 재능을 인식하고 포용하는 것과 더불어 비슷한 사람들이 모인 공동체를 찾으라고 권해드리고 싶습니다. 저는 민감한 사람들이 천성적으로 '상호 공감적'이라고 표현합니다. 자신처럼 긍정적이고 민감한 사람들과 함께하면 민감성이 훨씬 훌륭한 방식으로 증폭된다는 뜻입니다. 10의 힘은 1보다 큰 법이니까요.

서로의 재능을 강화하고 상호 이해를 높이기 위해, 여러분이 사는 지역에서 초민감자 지지그룹을 구성해 보세요. 인원은 소수여도 되고, 많아도 좋습니다. 서로 도울 수 있다는 것이 공동체의 장점이죠. 나를 '봐주는' 사람이 한 사람이라도 있다는 생각은 민감한 이들에게 커다란 위안을 줍니다. 함께 지내다 보면 민감성을 관리할 유익한 시각도 생깁니다. 초민감자는 삶에 압도되어 자기 자신을 너무 진지하게 생각하는 경향이 있는데, 그럴수록 스트레스만 커질 뿐입니다. 이런 일을 이미 겪어보고 극복 전략을 습

> 나는 평소에 전형적인 외톨이지만 진리와 아름다움, 정의를 추구하는 보이지 않는 공동체에 속해 있음을 의식하기에 고립감에 빠지지 않을 수 있습니다.
> – 알베르트 아인슈타인

득한 베테랑 초민감자가 곁에 있으면 자신의 깨달음을 나눠줄 수 있죠. 어떻게 하면 짐을 덜 수 있고, 어떻게 하면 딜레마를 해결할 방법을 찾아 압도되지 않을 수 있는지 전수해주는 겁니다. 지지그룹은 우리가 감각 과부하를 겪을 때 위안과 안정을 줄 수도 있습니다. 책 끝부분에 나오는 '공동체 만들기 : 나만의 초민감자 지지그룹 구성하기'에서 모임을 시작하는 방법에 대해 더 구체적으로 말씀드리겠습니다.

내면의 평화를 찾아가는 길

자기 수용과 내면의 평화, 영적 성장으로 가는 길은 일직선이 아니라 나선형이라는 사실을 명심하세요. 이미 치유됐다고 생각한 문제로 자꾸 다시 돌아가게 될 겁니다. 하지만 이번에는 더욱 심오한 진리가 드러나서 자기 인식이 한층 향상되죠. 그래서 이 길이 더 흥미로운 겁니다. 저는 빛에 더 가까이 다가가기를 갈망합니다. 제 삶의 소용돌이와 사랑의 정신을 깊이 탐구하다 보면 언젠가 그곳에 다다르겠죠. 초민감자는 심연을 품을 줄 압니다. 물론 자기 자신에 대해 깨달으면서 안전한 영역을 벗어나게 될 때도 있겠죠. 이는 매우 고통스러운 시간일 겁니다. 하지만 우리는 그런 과정을 통해 결과적으로 더 밝게 빛나고, 사랑이 넘치며, 영혼과 견고하게 연결된 사람이 됩니다. 인간이 얻을 수 있는 성과 중에 이보다 더 귀중한 건 없죠. 저는 아침에 일어나면 영혼과 마음의 왕국으로 다시 들어가게 해달라고 속으로 요청합니다. 그러고 나면 온 우주를 통틀어 저에게 가장 알맞은 위치에서 하루를 시작하게 되죠.

이 책에서 소개해드린 방법을 활용하면, 여러분도 민감성 때문에 겪는 어려움을 극복하고 초민감자의 여정을 즐길 수 있습니다. 이 책을 읽으면서 경험한 변화를 되새겨 보세요. 초민감자인 자기 자신을 포용하고 난 후, 당신의 삶과 인간관계가 어떻게 향상됐는지 생각해 보세요. 직관에 귀 기울이거나 자신의 욕구를 주장할 때, 또는 혼란 중에 중심을 잡을 때 내가 이만큼 발전했다고 기뻐하세요. 이제 다른 사람을 불편하게 하기 싫어서 내 감정을 숨기지 않는다고 기뻐하세요. 오늘도 갈등이나 의심 없이 아름다운 나 자신을 사랑하고 있다며 기뻐하세요. 이만큼 진보한 것에 감사하세요. 아직 걸음마 수준이라 해도 훌륭합니다. 그러다가 다시 옛 습관으로 돌아가도 걱정할 것 없습니다. 누구나 그럴 때가 있는 거니까요. 어떤 상황에서도 자기 자신을 너그럽게 대하세요.

초민감자인 당신은 인간의 존엄성을 인류에게 되돌려줄 반체제 혁명의 일부입니다. 이미 닦인 길을 가지 않는 당신의 선구자적 모험심에 박수를 보냅니다. 기꺼이 자기 자신을 마주하고, 진실한 욕구를 표현하며, 수없이 넘어지면서도 이 세상을 포기하지 않는 당신의 용기를 칭찬하고 싶습니다.

우리는 민감성과 가슴으로 연결된 초민감자 가족입니다. 서로의 힘과 애정 넘치는 친절에 의지합시다. 우리 한 명 한 명이 존재하며, 가까이서나 멀리서나 마음으로 서로를 응원한다는 단순한 사실에 위안을 받읍시다. 아직 서로 만나보지 못한 경우가 대부분이지만, 진정한 자기 자신을 드러낼 만큼 용기 있는 당신에게 축복과 감사를 보냅니다.

끝으로, 이 여정에서 자신의 민감성을 두고두고 예찬할 수 있는 마지막 선언문을 드립니다.

〜 *초민감자 선언* 〜

나는 나 자신을 소중히 여기고,

살아가면서 나를 소중히 여기는 사람들을

곁에 둘 것을 맹세한다.

나는 민감성으로 내 삶과 이 세상을 더욱 발전시킬 것이다.

나는 초민감자로 살아가는 모험을 기뻐할 것이다.

방어 전략 모음

The Empath's Survival Guide

빠른 참조 목록

이 방어 전략 요약본은 피로와 압박감에서 자신을 지킬 다양한 방법을 간편하게 찾아보고 싶을 때 참조하세요. 셀프케어의 핵심은 감각 과부하의 첫 번째 신호가 나타나거나 다른 사람의 부정적 기운과 스트레스를 흡수하기 시작할 때, 바로 알아차리는 것입니다. 한시라도 빨리 자극을 줄이는 행동을 취하고 중심을 잡아야 완벽한 균형을 이루고 자신을 보호할 수 있습니다. 이 책에서 소개해드린 시각화 및 명상법은 중간중간 적절하게 끊어 읽으며 녹음해두면 유용합니다. 나중에 직접 시행할 때 녹음한 목소리를 재생하고 편안하게 따라 하세요.

1. 방패막 시각화

방패막을 치는 것은 자신을 보호하는 신속한 방법입니다. 해로운 에너지를 차단하면서 긍정적인 에너지 흐름은 받아들이기 위해 이 방법에 의지하는 초민감자들이 많습니다. 이 기술을 자주 사용하시기를 권해드립니다. 어떤 사람이나 장소, 상황이 불편해지는 즉시 방패를 들어 올리세요. 공항에서 대기할 때나 파티에서 에너지 뱀파이어와 대화할 때, 혼잡한 병원 대기실에서 이 방법을 사용하면 좋습니다.

최소한 5분의 시간을 확보해 이 훈련을 해봅니다. 우선 조용하고 안전한 장소를 찾으세요. 도중에 방해받지 않을 만한 곳이어야 합니다. 옷을 헐렁하게 풀고 편안한 자세를 취하세요. 책상다리를 틀고 바닥에 앉아도 되고 의자에 똑바로 앉아도 됩니다. 이제 심호흡을 몇 차례 길게 해봅니다. 들이쉴 때는 흡입하는 공기를 생생히 느끼고, 내쉴 때는 최대한 많은 숨을 내뱉습니다. 호흡의 관능성을 음미하세요. 이를 통해 신성한 생명력인 '프라나(prana)'와 연결될 수 있습니다. 잡생각이 떠오르면 하늘의 구름처럼 떠나보내고, 계속해서 호흡으로 돌아와 내면의 중심을 찾습니다. 에너지의 근원이 발끝에서부터 흘러나와 온몸을 통과해 머리 꼭대기까지 올라가는 것을 느낍니다. 이렇게 에너지 흐름에 집중하면 중심을 유지할 수 있습니다.

힘을 뺀 상태에서 하얀빛이나 분홍빛의 아름다운 방패막이 자신의 몸을 몇 센티미터 두께로 완벽하게 둘러싼 모습을 상상해 보세요. 이 방패막은 여러분을 모든 부정적이고, 고통스럽고, 해롭고, 거슬리는 것들로부터 보호해줍니다. 그 안에서 보호받으며 중심이 잡히고, 행복하며, 활력이 넘치는 자기 자신을 느껴보세요. 부정적인 기운은 방패막에 가로막히지만, 긍정적이고 사랑이 넘치는 기운은 통과해 들어옵니다. 당신의 몸을 보호해주는 방패막의 감각에 익숙해지세요. 다른 사람의 에너지를 흡수하고 있다고 의심이 될 때면 언제든 마음속으로 방패막을 그려보세요. 그만 접고 싶어지면, 나를 지켜준 방패막에게 속으로 "고마워"라고 말합니다. 숨을 길게 들이마시고 내쉰 다음, 천천히 눈을 뜨세요. 원래 있던 장소로 돌아가세요. 그리고 자신의 몸과 100% 하나가 되세요.

2. 그라운딩과 어싱을 시각화하기

과부하가 걸리거나 불안하고 두려울 때, 잠시 조용히 시간을 보내며 자극 수준을 낮추세요. 혼자서 재충전을 하면 긴장을 푸는 데 도움이 됩니다. 이 시각화 방법을 통해 긴장을 풀고 내면의 중심을 되찾으세요. 저는 매일 최소한 5분씩 이 방법을 사용하고, 내담자들에게도 가르쳐줍니다.

문을 닫고 컴퓨터와 휴대폰을 끄세요. 그리고 편안한 자세로 앉아 심호흡을 몇 번 하며 몸의 힘을 뺍니다. 긴장이 녹아내리는 동안 고요와 안정을 느낍니다. 무엇을 할 필요도, 무엇이 될 필요도 없습니다. 그저 호흡만 계속하며 긴장을 푸세요. 잡생각이 떠오르면 하늘의 구름처럼 떠내려 보내세요. 생각을 붙들어두면 안 됩니다. 천천히 숨을 들이마시고 내쉬는 데만 집중하세요. 평정심이 찾아오면서 스트레스가 당신의 몸을 떠나가는 게 느껴질 겁니다.
이제 평온해진 몸 안에 커다란 나무를 그려보세요. 넓고 튼튼한 나무의 몸통이 당신 몸의 중심부를 통해 머리끝부터 발끝까지 뻗어 나갑니다. 몇 분간 멈춰서 나무의 힘과 활기찬 에너지를 느껴보세요. 당신의 발바닥에서 뿌리가 자라나 땅으로 파고들더니 점점 더 깊이 뿌리내리며 견고함이라는 위안을 줍니다. 불안하거나 두려울 때는 이 뿌리에 집중하세요. 뿌리가 당신을 대지에 단단히 고정해서 흔들리지 않게 해줄 겁니다. 삶이 감당하기 힘들 때 이렇게 땅에 뿌리를 박으면 내면의 힘이 생깁니다. 그럼 중심을 유지하며 보호받을 수 있죠. 이제 천천히 눈을 뜨면서 그라운딩의 감각을 계속 느끼세요. 다시 균형이 흔들려도 언제든 이 시각화 방법으로 땅에 뿌리내릴 수 있다는 걸 확신하며 바깥세상으로 돌아가세요.

3. 부신피로증후군을 완화하는 법

부신피로증후군을 극복하려면 기본적인 생활 방식과 식습관을 완전히 바꿔서 에너지를 장시간에 걸쳐 효율적으로 관리해야 합니다.

- **식사는 자연식으로 한다.** 가공식품이나 정크푸드, 글루텐, 설탕, 밀가루를 피합니다.
- **음식에 히말라야 암염을 뿌려 먹는다.** 질이 나쁜 소금은 치워버립니다(고혈압 환자라면 주치의와 정기적으로 소금 섭취량을 점검하세요).
- **운동을 한다.** 가벼운 운동과 스트레칭은 체력과 활력을 키워줍니다.
- **명상을 한다.** 명상은 천연 진통제인 엔도르핀을 증가시키고, 스트레스 호르몬을 감소시킵니다.

- **혈액 검사로 코르티솔 수치를 측정한다.** 코르티솔 수치가 낮으면 주치의의 권고에 따라 천연 코르티솔 보충제를 단기적으로 섭취할 수 있습니다.
- **충분한 휴식을 취한다.** 잠은 체력을 회복시키며 치유 효과도 있습니다.
- 비타민 B군을 매일 복용한다.
- 급성기에는 비타민 C를 매일 2,000~5,000mg씩 복용한다.
- **고용량 비타민 C(10,000~25,000mg) 정맥 주사도 고려해 본다.** 이 방법은 활력과 면역력을 증진시키고 부신의 건강을 돕습니다. 전체론적인 의학에서는 자주 사용하는 치료법입니다. 저는 감기에 걸리면 면역체계를 강화하려고 비타민 C 정맥 주사를 맞습니다.
- **당신의 삶에서 에너지 뱀파이어를 제거한다.** 해로운 사람들로부터 달아나고, 그럴 수 없다면 최소한 분명한 선과 한계를 정해서 그들이 당신의 기운을 빨아먹지 못하게 합니다.

4. 3분 마음 명상

정서적이거나 신체적인 고통을 막으려면, 직접적인 해를 끼치는 상황에서 재빨리 빠져나와 최소한 3분 이상 명상합니다. 집이나 직장, 공원 벤치, 파티장의 화장실 등 어디서든 할 수 있습니다.

눈을 감으세요. 심호흡을 몇 번 하면서 긴장을 풉니다. 그런 다음 손바닥을 가슴 한가운데 있는 '심장 차크라'에 대세요. 노을이나 장미,

바다, 아이의 얼굴 등 당신이 사랑하는 이미지에 집중하세요. 몸과 마음에서 사랑이 자라나는 걸 느끼세요. 애정 어린 기분이 당신을 진정시켜줄 겁니다. 사랑으로 깨끗이 정화되면 해로운 에너지가 몸에서 떠나갑니다. 3분만 시간을 내서 당신 마음속에 있는 자비심을 명상하고, 그 에너지가 당신의 스트레스를 쓸어내는 걸 느껴보세요. 몸의 특정한 부위로 자비심을 보낼 수도 있습니다. 저는 소화기가 제일 약해서 다른 사람의 증상에 전염됐다고 느끼면 배에 손을 대고 자비심을 보내죠. 그러면 고통이 가라앉습니다. 당신은 어느 부위가 제일 예민한가요? 목이 아픈가요? 방광염에 자주 걸리나요? 두통이 있나요? 이런 부위에 자비심을 보내서 해로운 에너지가 머물지 못하게 제거해버리세요.

때로는 자기 자신보다 다른 사람의 건강을 위해 명상하는 게 더 쉽습니다. 그러면 당신의 마음도 열리죠. 자신을 두고 명상이 잘 안 된다면 이 방법을 써보세요.

5. 자신의 몸을 사랑하게 해주는 명상법

몸은 정신이 거하는 성전입니다. 그러니 적이 아닌 동지로 여기세요. 지금부터 소개해드릴 명상법을 따라 하면 몸과 완전히 하나가 되어 더욱 주체적이고 즐거운 삶을 사는 데 도움이 됩니다.

아름다운 공간에서 혼자 명상할 시간을 내세요. 마음을 강제로 침묵시키지 말고 주파수를 바꿔봅니다. 심호흡을 합니다. 숨을 쉴 때마다 들숨과 날숨을 느껴봅니다. 속도를 늦추면 자신의 몸을 더 잘 느낄 수 있습니다. 부정적인 생각이 들면 떠내려가게 하고, 신성한 프라나인 호흡으로 돌아오세요. 숨의 움직임을 느끼면 내면으로 더 깊숙이 들어갈 수 있습니다. 자신의 에너지를 몸과 세포, 각종 기관 안에 붙잡아두세요.

발가락을 의식하세요. 발을 꼼지락거리며 감각이 깨어나는 느낌에 주목합니다. 발목으로 의식을 옮겨보세요. 호흡을 계속하면서 이제 종아리를 타고 올라가 무릎에 집중합니다. 계속 올라가서 이번에는 단단한 허벅지에 정신을 모으고, 그 견고함에 주목하세요. 나를 지탱해줘서 고맙다고 속으로 인사하세요. 그런 다음 외음부와 골반으로 생각을 옮겨갑니다. 이 부위가 뻣뻣한 여성들이 많습니다. 속으로 이렇게 말해주세요. "네가 거기에 있다는 걸 알아. 다시는 너를 배척하지 않을게. 너를 공부하고 사랑할 거야. 너는 나의 일부야."

당신의 의식을 배로 옮겨갑니다. 배에서 긴장감이나 화끈거림, 불쾌함이 느껴지나요? 이 부위는 감정을 처리하는 차크라입니다. 애정을 담아 배를 의식하면서 잘 달래고 치료하세요. 이제 심장 차크라가 있는 가슴에 집중하세요. 조건 없는 사랑의 중심지죠. 가슴과 친해져야 자기 자신을 사랑할 수 있습니다. 심장을 드나드는 긍정적인 에너지의 세찬 흐름을 느껴보세요. 자신을 성장시키는 에너지를 느끼고 싶다면 언제든 이 부위로 돌아오면 됩니다. 이제 의식을 더욱 뻗어서 어깨, 팔, 손목, 손에 차례로 집중합니다. 손가락 하나하나를 느끼며 움직여 보세요. 이 부위들은 전부 심장 차크라의 연장선에 있습니다.

다음에는 목으로 의식을 가져갑니다. 목구멍에는 소통 차크라가 있습니다. 이 부위가 긴장되면 자기 자신을 표현할 수 없다는 걸 유념하세요. 목에 당신의 사랑을 전하세요.

이제 머리에 집중해 봅니다. 아름다운 얼굴과 귀, 입, 눈, 코, 그리고 두 눈썹 사이에 있는 '제3의 눈'을 느껴보세요. 직관력의 근원이죠. 여기에 집중하다 보면 마음의 눈에 보랏빛 소용돌이가 보일 수도 있습니다. 마지막으로 머리 꼭대기로 정신을 옮겨가 봅시다. 여기는 영혼과 연결돼 있는 왕관 차크라이며, 하얀빛의 근원입니다. 정수리에서 뿜어 나오는 영감을 느껴보세요.

명상을 마칠 준비가 됐다면, 몸의 여러 기운을 느끼게 해줘서 고맙다고 속으로 인사하세요. 그리고 이렇게 선언하세요. "나는 육체와 하나가 된 초민감자로서 내 능력을 최대한 발휘할 준비가 됐어." 이제 심호흡을 몇 번 하세요. 그런 다음 천천히, 부드럽게 눈을 뜨세요. 자신의 몸을 그 어느 때보다 생생히 느끼며 원래 있던 곳으로 완전히 돌아가세요.

6. 감각 과부하를 막고 긴장을 푸는 법

원치 않은 에너지를 흡수했을 때 다음의 기본 전략들이 도움이 될 겁니다. 제가 일상생활에서 늘 사용하고, 내담자와 워크숍 참석자들에게 가르쳐드리는 방법이죠.

• **라벤더 에센셜 오일의 향을 들이마셔라.** 눈썹 사이의 공간(제3의 눈)

에 몇 방울 떨어뜨려도 마음이 진정될 겁니다.

- **자연 속에서 지내라.**
- **시간을 현명하게 관리하라.** 혼자만의 시간과 사람들과 어울리는 시간 사이에 균형을 맞추세요. 온전한 정신을 유지하려면 시간 관리가 핵심입니다. 저는 상담 스케줄을 연이어 잡지 않고, 평소에도 하루에 할 일을 너무 많이 계획하지 않습니다. 과부하가 걸렸을 때는 약속을 취소해야 한다는 것도 터득했죠. 이건 모든 초민감자에게 꼭 필요한 기술입니다. 피곤해서 쉬고 싶을 때는 반드시 나가야 한다는 생각을 버리세요.
- **에너지 뱀파이어나 해로운 사람들에게 경계선을 그어라.** "그만해"라는 말 한마디면 충분합니다. 계속 변명을 할 필요도 없습니다. 저는 에너지 뱀파이어의 접근을 단칼에 잘라버립니다. 과부하가 걸렸을 때는 더욱 그래야 하죠.
- **자기 자비를 연습하라.** 자기 자신을 최대한 따뜻하게 대해주세요. 자기를 몰아세우지 마세요. 힘든 하루가 끝난 후에는 "난 최선을 다했어. 괜찮아."라고 말해주세요.
- **최소한 일 년에 한 번씩은 세상에서 벗어나 혼자 휴식하라.** 미리 계획한 휴가를 떠나 자연 속이나 편안한 장소에서 긴장을 풀고 전신을 재조정합니다. 저는 매년 캘리포니아주 빅서(Big Sur)의 에솔렌 인스티튜트에서 민감한 학생들을 대상으로 주말 피정을 진행합니다. 울창한 삼나무 숲과 바다 곁에 자리 잡은 곳이죠. 참가자들은 이 기간에 삶의 속도를 늦추고 직관에 주파수를 맞춰 자신의 영혼과 더욱 깊게 연결됩니다. 또한 저는 개인적으로 매년 자연 속에

서 혼자 휴가를 보내며 일상의 궤도에서 벗어나 저 자신을 회복시
킵니다.

7. 영적인 힘에 마음을 열기

자신이 또 음주나 과식, 다른 중독 행위를 하려 한다면, 잠시 멈춰
서세요. 중독에 빠지기 쉬운 연약한 자기에게서 벗어나 영적인 힘
안으로 들어가는 것이 갈망과 두려움, 불안감을 극복하는 비결이라
는 걸 기억하세요. 지금부터 소개할 영적인 힘에 의지하는 연습을
해보세요. 위압적인 장소에 있는 당신을 훨씬 커다란 의식 속으로
안내할 겁니다. 그곳에서라면 아프지 않으려고 자신의 민감성을 둔
화시킬 필요가 없습니다.

매일 최소한 5분씩 바쁜 일상을 멈추고, 스스로 문제를 해결하려는
노력도 그만둔 채 더 높은 차원의 힘과 연결돼 보세요. 집이나 공원,
대자연의 품처럼 조용한 장소에 앉으세요. 여건이 안 되면 그냥 사
무실 문만 닫아도 좋습니다. 그런 다음 천천히 깊은숨을 쉬면서 몸
의 긴장을 푸세요. 이런저런 잡생각이 방해하면, 저건 하늘을 떠다
니는 구름일 뿐이라고 생각하세요. 생각을 붙잡지 마세요. 계속해서
자신의 호흡 주기로 관심을 돌리세요.
고요하고 평온한 상태에서 영(당신이 어떻게 정의하든)을 내면으로 초
대하세요. 영은 에너지입니다. 자신의 외부가 아닌 내부를 바라보면
성령을 감지하는 게 더 쉬워집니다. 몸과 마음에서 성령을 느끼세

요. 생각을 너무 많이 하지 마세요. 사랑의 온기가 당신의 마음을 활짝 열어젖히고 몸 구석구석으로 흘러드는 것을 느끼세요. 자신의 더 높은 힘, 활기 넘치는 그 감각을 느껴보세요. 온전함을 맛보고 있나요? 정신이 고양되나요? 아무것도 문제가 안 된다는 기분이 드나요? 어떤 감정이든 그것을 만끽하세요. 서두르지 마세요. 부담도 느끼지 마세요. 천천히 아름다운 감각이 스며들게 하세요. 자신의 더 높은 힘이 어떤 느낌인지 알게 되면, 다음부터는 언제든 다시 연결될 수 있습니다.

영에게 구체적인 부탁을 할 수도 있습니다. 예를 들어, "저를 괴롭히는 상사에게 분노하는 일을 그만두게 해주세요"라든지 "사교적인 상황에서 생기는 제 불안감을 없애주세요" 또는 "제 파트너가 저의 민감함을 이해하게 도와주세요" 같은 것들입니다. 최상의 결과를 내려면 한 번 명상할 때 한 가지 부탁에만 집중하세요. 그래야 소원이 더욱 강력해지고, 결과를 추적하기도 쉽습니다.

명상을 마치려면 마음속으로 영에게 "고마워"라고 말한 다음, 존경을 표하는 뜻에서 경건하게 고개를 살짝 숙이세요. 그리고 천천히, 부드럽게 눈을 뜨세요.

8. 냉장고 앞에 명상용 방석을 두기

다음의 방어 기술을 활용하면, 스트레스가 심할 때 폭식 충동을 물리치고, 부정적인 기운으로부터 자신을 보호할 수 있습니다.

냉장고 앞에 명상용 방석을 놔두세요. 폭식 충동이 일어날 때 이 방석이 보이면, 냉장고 문을 여는 대신 명상을 해야겠다는 생각이 들 겁니다. 음식에 손을 대려던 마음을 접고 방석에 앉아 눈을 감아보세요. 천천히 호흡하면서 내면의 중심을 잡습니다. 무엇 때문에 폭식 충동이 일어났는지 찾아보죠. 가족 중 누군가가 내게 화를 냈나요? 외로운 기분이 들었나요? 사람들 틈에서 과부하에 걸렸었나요? 쇼핑몰에 다녀와서 지친 건가요? 자기 자신을 너그럽게 대해주세요. 과식하고 싶다는 강박관념이 밀고 들어오면, 자신의 몸 안에 사랑이 넘쳐흐르는 모습을 상상해 봅니다. 크나큰 사랑이 두려움과 불안을 녹여버리는 순간 만족감이 느껴질 겁니다. 자기 자신을 위로하는 기분을 즐기세요. 당신은 명상을 통해 자신의 기분과 에너지 수치를 안정시킬 힘이 있습니다. 숨을 끝까지 들이마시고 내쉬며, 내겐 아무런 문제도 없다는 확신을 가지세요.

9. 자신의 관계 욕구를 알아내고 표현하기

초민감자는 자신의 욕구를 알고 이를 상대에게 주장해서 자신을 강력하게 보호해야 합니다. 그래야만 관계에서 최선의 능력을 발휘할 수 있죠. 관계에서 뭔가 잘못됐다고 느낀다면 혼자 괴로워하지 말고 파트너에게 문제를 제기하세요. 자기 목소리를 찾는 일은 자신의 힘을 찾는 것과 같습니다. 목소리를 내지 못해서 기본적인 욕구가 채워지지 않으면 지치고 불안해지며 자기만 당하고 있다는 느낌이 들 수 있습니다. 파트너는 당신의 속마음을 읽지 못합니다. 그러니 자신의 행복을 위해 모두 털어놓고 얘기하세요. 다음의 훈련법이 도움이 될 겁니다.

천천히 규칙적으로 호흡하면서 마음을 가라앉힙니다. 기쁜 마음으로 깊은 곳에서 들려오는 내면의 소리에 귀를 기울여 봅니다. 이제 스스로에게 물어보세요. 이 관계에서 꼭 필요하다고 생각되지만 두려워서 말하지 못한 것이 있나? 내가 민감해서 나오는 행동 중에 파트너가 어떤 부분을 가장 지지해줬으면 하는가? 나는 누군가와 함께할 때 언제 가장 편안해지는가? 이런 질문을 비롯해서 궁금한 점을 모두 물어보세요. 그런 다음 답을 파악하려고 애쓰지 말고 직관의 소리에 집중합니다. 몸에서 보내오는 신호에 귀를 기울이세요. 무언가 깨달아지는 느낌이나 직관적 통찰이 마음껏 흘러나오게 하세요. 내가 더욱 강력해지고 보호받고 있다는 느낌을 주는 직감에 특별히 주목하세요.

마음의 문을 계속 열어두세요. 아무것도 검열하지 마세요. 혼자만의 시간이나 침묵의 시간이 더 있었으면 하나요? 때로는 혼자 자고 싶은가요? 더 자주 놀고, 대화하고, 성관계를 맺고 싶은가요? 옳고 그름을 판단하지 말고 직관이 흐르게 놔두세요. 솔직한 감정을 드러내세요. 부끄러워하거나 감출 필요는 없습니다. 자신의 별난 성격과 민감성을 넓은 마음으로 받아들이세요. 스스로를 사랑하는 감정이 더욱 진실한 답을 가져올 겁니다.

무엇을 할 때 기분이 좋은지(그리고 언제 기분이 나쁜지) 규정하는 것만으로도 부정적인 에너지가 배출되어 자기 자신을 보호할 수 있습니다. 질문의 답을 다 찾았다고 생각되면 얼마간 조용히 앉아서 좋은 감정에 휩싸이는 기쁨을 맛보세요.

10. 고함 금지법을 지키기

초민감자는 상대가 고함을 지르거나 큰소리로 따지면 위압감을 느낍니다. 고함 금지법을 정하고 분노를 떠넘기는 사람들과 선을 그으세요. 파트너와 친구들은 우리의 이런 필요를 인정하고 고함을 지르지 않도록 조심해야 합니다. 저는 저 자신을 보호하기 위해 집 안에서 이 규칙을 엄격하게 적용합니다. 어떤 초민감자는 제게 이렇게 하소연을 했습니다. "저는 큰소리가 오가는 걸 못 견뎌요. 몸속에서 분노가 요동치고 실컷 얻어맞는 듯한 상태가 되거든요. 소리 지르며 싸우고 나면 며칠은 맥을 못 춰요." 또한, 자녀 앞에서는 말싸움을 하지 않도록 주의합니다. 아이들은 자신이 갈등의 원인이라고 생각할 수 있습니다.

11. 나르시시스트로부터 자신을 지키는 법

나르시시스트는 세상이 자기를 중심으로 돌아간다는 듯이 행동합니다. 자기를 지나치게 중요시하며 과도한 권리를 요구하죠. 언제나 관심의 대상이 되어야 하고 끊임없는 칭찬을 원합니다. 극도로 직관적인 경우도 있지만, 그러면 직관력을 이용해 남을 조종하고 자신의 목적을 성취합니다. 다음의 전략을 활용해 그들로부터 자신을 지키세요.

- 나르시시스트의 정서 능력에 대한 기대치를 낮춰라.

- 당신을 조종하도록 내버려두지 마라.

- 당신의 민감성을 존중해줄 거라는 기대를 버려라. 그들은 지극히 냉정하다.

- 나르시시스트와 사랑에 빠지지 마라. 아무리 마음이 끌려도 사력을 다해 도망치세요.

- 나르시시스트인 상사와 일하는 상황을 피하라. 하지만 어쩔 수 없다면, 상사의 반응에 따라 자존감이 흔들리지 않게 하세요.

- 나르시시스트의 마음을 움직이려면 자존심을 어루만져줘라. 무언가를 요청할 때는 그들에게 돌아갈 이익에 초점을 맞춰 말하세요. 예를 들어, 며칠간 업무와 관련된 콘퍼런스에 다녀오고 싶다면, 상사에게 "바람도 쐴 겸 다녀오고 싶어요"라고 하지 말고 "여기에서 배워오는 정보가 회사에 큰 도움이 될 거예요"라고 말하세요. 당신의 요청을 들어주면 나르시시스트에게 어떤 혜택이 돌아가는지를 보여줘야 원하는 결과를 얻을 수 있습니다.

- 나르시시스트와(혹은 완전히 정리해버리고 싶은 누군가와)의 관계를 끝내려면, 무 자르듯 잘라버려라. 모든 연결을 끊고 절대 돌아보지 마세요. 아래와 같이 연결줄을 자르는 시각화나 명예로운 종말을 맞이하는 방법을 사용해도 됩니다.

- 연결줄을 자르는 상상하기. 마음이 평온한 상태에서 두 사람 사이를 연결하는 빛줄기를 머릿속으로 그려봅니다. 내게 뼈아픈 교훈을 준 관계라도, 거기서 배운 것들을 생각하며 고맙다고 속으로 인사하세요. 그리고 단호하게 선포하세요. "이제 우리의 인연을 완전히 끊어내야 할 때야." 그런 다음 상상 속의 가위로 연결줄을 싹둑

잘라서 서로 이어진 에너지로부터 자유로워집니다. 이런 시각화 과정을 통해 관계에서 해방되고 상대방에게 받은 에너지의 잔상을 제거할 수 있습니다.

- **명예로운 종결을 맞이하기.** 주술과도 같은 이 방법은 당신이 관계에서 해방될 수 있게 도와줍니다. 상대방이 계속 생각나거나 상대가 당신을 생각한다는 느낌이 들 때 더욱 효과적이죠. 대자연으로 나가서 긴 나뭇가지를 하나 찾으세요. 그리고 그걸 보면서 "이 관계는 끝났어"라고 선포합니다. 나뭇가지를 부러뜨리고 두 동강을 낸 채로 땅에 버리세요. 그곳을 떠나 뒤를 돌아보지 마세요. 이것으로 종결 의식이 끝난 겁니다.

12. 분노중독자로부터 자신을 지키는 법

분노중독자는 갈등 상황에서 상대를 비난하고, 공격하며, 조종합니다. 자신의 의견을 피력하며 소리를 지를 때도 많습니다. 또한, 사랑하는 사람 앞에서 가장 형편없이 행동하는 경향이 있습니다. 다음의 전략으로 자기 자신을 보호하세요.

- **당신이 자기 말을 듣는다는 걸 분노중독자가 알게 하라.** 그리고 일단 진정한 후에 그 문제를 해결해 보자고 제안합니다. "나도 널 돕고 싶지만 네가 계속 이런 상태면 네 얘기를 들어주기가 힘들어"라고 말하는 겁니다. 그들의 분노에 말려들어 가는 걸 거부하세요.
- **사랑하는 사람과 '소리 지르지 않기' 규칙을 만들어라.** 최소한 당신 앞

에서는 소리를 못 지르게 하세요. 큰소리를 내지 않고도 갈등을 해결할 방법은 많습니다.

- **침착함을 유지하라.** 욱하는 마음에 같이 소리 지르지 마세요. 충동적인 반응은 당신의 기운을 소진하고 상황을 악화시킬 뿐입니다.
- **분노중독자가 고함을 멈추지 않으면 자리를 피하든지, 상대에게 나가달라고 부탁하라.**
- **흥분했다면 잠시 멈춰라.** 그리고 열까지 셉니다. 한숨 돌리면서 싸움이나 싸움에 의한 반응을 가라앉히세요. 마음이 진정된 다음에 상대의 분노에 반응하세요. 그렇지 않으면 화가 난 사람은 더 큰 분노를 당신에게 떠넘길 겁니다.
- **직접 말하는 걸 자제하고, 문자나 이메일, 전화 등 다른 수단을 활용하라.** 이렇게 하면 다른 사람에게 감정을 쏟아내고 싶을 때 조금 더 책임감 있게 행동할 수 있죠.

13. 피해자로부터 자신을 지키는 법

자신이 피해자라는 사고방식을 지닌 에너지 뱀파이어는 '세상이 날 버렸다'는 태도로 초민감자의 진을 뺍니다. 이들은 인생의 문제에 책임을 지려 하지 않습니다. 자신이 겪는 고난을 언제나 남의 탓으로 돌리죠. 그러면 초민감자는 동정심 많은 돌봄이가 되어 '피해자'의 수많은 문제를 해결해주려 합니다. 다음의 전략을 활용해 경계선을 그으세요. 공의존 관계에 빠지거나 그들의 종속자 혹은 상담가가 되지 않도록 주의해야 합니다.

- **동정심을 표하되 명확한 선을 그어라.** 사람들이 당신의 말을 더 잘 들게 하려면 퉁명스러워도, 안달해서도 안 됩니다.
- **3분 통화 기법을 활용하라.** 용건을 짧게 들어본 후에 이렇게 말하세요. "난 네 편이지만 똑같은 얘기를 자꾸 늘어놓으면 오래 들어줄 수가 없어. 네 문제를 도와줄 상담사를 찾는 게 더 나을 것 같아."
- **미소를 지으며 '그만'이라고 말하라.** 상대가 직장 동료라면 미소를 지으며 이렇게 말하세요. "난 좋은 결과를 내야 해서 지금은 긍정적인 생각만 하고 싶어. 프로젝트 마감이 코앞이라 일에만 집중해야 하는 거 알지? 이해해줘서 고마워." 가족이나 친구가 자기 문제를 꺼내 들어도 잠시 공감해준 다음에 미소를 지으며 '그만'이라고 말하세요. 그리고 대화 주제를 돌려서 계속 불만을 털어놓지 못하게 막습니다.
- **보디랭귀지로 제한을 가하라.** 지금이 바로 팔짱을 끼고 시선을 돌려서 당신이 바쁘다는 메시지를 보낼 타이밍입니다.

14. 드라마 퀸/킹으로부터 자신을 지키는 법

드라마 퀸이나 킹은 과도한 정보와 자극으로 민감한 사람을 지치게 합니다. 이들은 자신의 과장된 행동에 대한 상대의 반응을 보고 활력을 느끼기 때문에, 우리가 가만히 있으면 원하는 바를 얻지 못합니다. 그러니 시종일관 반응하지 마세요. 금세 우리에게 흥미를 잃고 자신의 연기를 받아줄 다른 사람을 찾아갈 겁니다. 아래와 같은 전략을 활용하세요.

- **요즘 어떻게 지내는지 묻지 말라.** 모르는 게 낫습니다.

- **심호흡을 하라.** 드라마 퀸이나 킹이 연기를 시작하면 심호흡을 하고 평정심을 유지하세요. 절대 그들의 이야기에 말려들면 안 됩니다.

- **친절하지만 확고한 경계선을 그어라.** 약속을 자꾸 취소하는 친구에게는 이렇게 말하세요. "너한테 안 좋은 일들이 생겨서 안타깝지만, 문제가 다 해결되고 네가 한가해질 때까지는 약속을 잡지 말자." 이렇게 선을 그으면 의사를 명확히 전달하면서, 그들의 행동에 힘을 실어주지 않을 수 있습니다.

15. 지배광과 비평가로부터 자신을 지키는 법

지배광과 비평가는 남이 요구하지도 않는 조언을 입에 달고 삽니다. 우리가 궁금해하든 말든 자기주장을 펼치죠. 이런 충고가 계속되면 초민감자는 지쳐버립니다. 다음의 방법으로 자신을 보호하세요.

- **자신감을 가지되, 이런 유형의 사람에게 이래라저래라 하지 말라.** 상대를 방어적으로 만들 뿐입니다. 대신 이렇게 말하세요. "충고해줘서 고맙지만 이런 일에 어떻게 접근할지는 내가 스스로 생각해 보고 싶어."

- **비난하지 말아 달라고 정중하게 부탁하라.** 감정을 배제한 채 확고히 말합니다. 피해자 놀이는 하지 마세요.

- **지배광이나 비평가 앞에서 무능하다는 기분이 든다면, 내 자존감에 문제**

가 있는지 확인하고 치유에 집중하라. 당신의 마음이 평온할수록 이런 뱀파이어에게 상처받을 확률이 줄어듭니다.

16. 수다쟁이로부터 자신을 지키는 법

수다쟁이는 타인의 생명력을 앗아가는데, 일반인보다 초민감자가 더 큰 타격을 입습니다. 우리는 말을 잘 들어주다 보니, 고질적인 수다쟁이를 너무 오래 참아주는 실수를 범하기도 합니다. 그러다가 기진맥진해지죠. 다음의 방법으로 자신을 보호하세요.

- **수다쟁이는 무언의 신호를 줘도 못 알아듣는다.** 조바심을 내거나 안절부절못하는 것처럼 보여도 소용없습니다. 아무리 힘들어도 말하는 중간에 끼어들어야 합니다.
- **진짜 하고 싶은 말은 "조용히 좀 해. 너 때문에 돌아버리겠어"라도 참는다. 그렇게 하면 상대는 방어적인 태도를 보이거나 화를 낸다.** 대신 미소를 지으며 부드러운 말투로 이렇게 말하세요. "말씀하시는 도중에 죄송하지만, 제가 다른 파티 참석자를 만나봐야 해서요." 또는 "약속이 있어서 이만 가봐야겠어요"라고 해도 됩니다. 사회적으로 용인되는 변명이자, 저도 가끔 사용하는 "화장실에 가봐야 해서요"도 좋습니다.
- **감정이나 비난이 섞이지 않은 말투로 부탁하라.** "나도 한마디 보탤 말이 있어. 내가 토론에 같이 참여해도 될까?"라고 해보세요. 불쾌한 기색이 없이 이런 뜻을 전달하면 상대는 더 잘 들어줍니다.

- **농담을 활용하라.** 서로 잘 아는 사이고, 당신을 이해해줄 만한 사람이라면 "제한 시간이 얼마 안 남았어"라고 농담을 해도 좋습니다. 제 이야기가 길어질 때 친한 친구가 쓰는 방법이죠.

17. 수동공격적인 사람으로부터 자신을 보호하는 법

수동공격적인 사람은 웃으면서 분노를 표현합니다. 사탕발림으로 적개심을 가리죠. 하지만 쾌활한 겉모습 이면에 분노가 도사린 것을 직관적으로 감지할 수 있을 겁니다. 다음의 방법으로 자기 자신을 보호하세요.

- **자기 자신을 믿어라.** 이런 사람에 대한 자신의 직감에 의문을 품지 마세요. 그들은 분노를 꼭꼭 숨겨뒀을 뿐이지 분명히 실재합니다. 자신의 직감을 믿으세요.
- **패턴을 인식하고 그런 행동을 다시 하면 상대방에게 항의하라.**
- **한 번에 한 가지 문제 해결에 집중하라. 그래야 수동공격적인 사람이 비난으로 받아들이지 않는다.** 예를 들어, 어떤 친구가 당신의 일을 도와주겠다면서 계속 말만 한다면, 감정을 드러내지 않는 말투로 "지키지 못할 약속이면 하지 말아줘"라고 하세요. 그리고 상대의 반응을 살펴봅니다. 만약에 "미안해. 내가 더 신경 쓸게."라고 하면 그 후로 행동이 변하는지 보세요. 변하지 않는다면 다시 한 번 그 문제를 언급하거나, 신뢰 못 할 사람으로 받아들이고 다시는 부탁하지 마세요.

- **정확한 대답을 못 들었다면 입장을 명확히 밝혀달라고 부탁하라.** 그들이 한 행동에 대해 이야기하며 해결책을 찾는 게 중요합니다. 수동 공격적인 사람은 구체적으로 추궁해야 자기 입장을 표명하거든요.

18. 감정의 숙취를 치료하는 법

최선을 다해 방어해도 '감정의 숙취'를 겪는 경우가 있습니다. 에너지 뱀파이어와 교류하면서 발생한 에너지의 잔재죠. 시간이 꽤 지난 후에도 해로운 감정이 남아서 몸이 피곤하고, 머리가 멍해지며, 심하면 병에 걸리기도 합니다. 그래서 에너지 뱀파이어를 상대하고 나면 회복 시간이 필요합니다. 다음과 같은 방법으로 숙취 증상을 해소할 수 있습니다.

- **샤워 명상을 하라.** 샤워를 할 때 떨어지는 물줄기 밑에 서서 마음속으로 혹은 큰 소리로 이렇게 선언합니다. "내 몸과 마음, 영혼에 남은 부정적인 에너지는 이 물과 함께 씻겨 내려갈 것이다." 그리고 샤워를 통해 정화되고 치유되는 자기 자신을 느껴보세요.
- **천연석을 활용하라.** 블랙 토르말린이나 자수정, 흑요석 같은 천연석을 몸에 지니거나 걸고 다니면 그라운딩에 도움이 되고, 감정의 숙취를 제거할 수 있습니다. 저는 옥으로 된 관음 펜던트를 하고 다니는데, 관음은 중국 전통에서 자비의 여신이자 선의 수호자입니다. 지난 수년간 옥 펜던트가 제 몸의 화학작용과 감정 기복에 따라 시시때때로 변하는 모습을 지켜보는 재미가 쏠쏠했죠.

- **향을 피워라.** 북미 원주민들은 '스머징'이라는 방법으로 약용 혹은 향료작물을 태워 특정 장소에 정체된 부정적인 에너지를 몰아내는 전통이 있습니다. 저는 향모를 즐겨 태웁니다. 공기 중에 은은한 향기가 떠다니면 저의 여성성이 강화되는 느낌을 받죠. 세이지도 효과가 좋습니다. 사이프러스나 유칼립투스, 향나무의 잔가지도 자주 태웁니다. 여러 향을 맡으며 자신이 어떤 식물에 반응하는지 알아보세요.

- **음이온 발생기나 소금 램프를 활용하라.** 이런 장치에서 나오는 음이온은 공기 중의 먼지나 곰팡이 홀씨, 꽃가루, 악취, 담배연기, 박테리아, 바이러스를 제거해줍니다. 집안이나 사무실 등에 남아 있는 부정적인 기운도 없애준다고 하죠. 샤워기를 통해 분사되는 물줄기에서도 음이온이 발생합니다.

- **흰 초에 불을 붙여라.** 명상을 할 분위기가 잡히고, 주변의 불쾌한 에너지도 순식간에 제거됩니다. 흰색은 모든 색상을 포함한 색으로 편안함과 안정감을 주죠.

- **로즈워터 스프레이를 뿌리거나 다른 아로마테라피를 이용하라.** 로즈워터는 은은하고 사랑스러운 향을 내서 감정의 숙취를 완화하는 데 도움이 됩니다. 라벤더나 스피어민트 에센셜 오일도 정신을 고양시키죠. 좋아하는 에센셜 오일을 디퓨저에 넣어 공기 중에 향을 퍼트릴 수도 있습니다. 라벤더나 스피어민트, 향나무(주니퍼), 세이지, 유향, 몰약 등을 사용하세요. 당신은 물론이고 방안의 에너지까지 정화해줄 겁니다. 그러는 동안 고귀한 향을 만끽하세요. 단, 합성 오일에는 유해한 성분이 들어 있으니 피하도록 합니다.

- **대자연으로 나가라.** 나무를 안아보세요. 맨발로 걷거나 온몸을 땅에 붙이고 누워 '어싱'을 하세요. 꽃을 보며 기뻐하세요. 돌멩이를 집어 촉감을 느껴보세요. 신선한 공기를 호흡하면 감정의 숙취가 치유됩니다(산소를 들이마시는 치료법은 술로 인한 숙취에도 사용되죠). 자연의 순수함이 당신의 머릿속과 기분을 회복시켜줄 겁니다.
- **명상을 위한 공간을 만들어라.** 조용한 구석에 탁자를 하나 두고, 초와 향, 꽃, 관음상, 현인의 사진 등을 올려놓으세요. 정결한 공간에서 명상을 하면 긍정성이 보호되고 새로운 에너지가 생성되어 감정의 숙취가 가라앉습니다.
- **정서적 지지자를 찾아라.** 해로운 관계에서 생긴 부정적인 에너지가 계속 남아 있다면, 이를 방출하기 위해 더 큰 도움이 필요할 수도 있습니다. 자신의 상황을 친구나 상담사에게 털어놓으세요. 남아 있는 부정적 기운을 입 밖으로 내뱉어서 쫓아버릴 수 있습니다.

19. 직장에서 에너지 경계선 설정하기

직장 내에서 스트레스를 흡수하면 초민감자는 괴로워질 수밖에 없습니다. 일반 회사의 업무 환경은 시끄럽고 자극적인 경우가 많죠. 정서적으로 힘들거나 주변이 사람들로 복잡할 때, 아래의 방법을 이용해 에너지를 지키세요. 당신이 의지할 수 있는 든든한 보호막을 만들어줄 겁니다.

- 직장이 오픈 스페이스거나 혼잡한 분위기라면, 책상 가장자리에 식물 화

분 혹은 가족이나 애완동물의 사진을 빙 둘러 배치해서 심리적인 장벽을
세우세요.

- 관음상이나 성 프란체스코상, 석가상 등의 종교적인 물건이나 묵주, 수
정, 보호석 등도 에너지 경계선을 만들어줍니다.
- **휴식을 취하세요.** 가끔씩 화장실을 오가며 마음을 안정시키거나 밖
에 나가 산책하면서 신선한 공기를 마십니다.
- **소음 제거 기능이 있는 귀마개나 헤드폰도 유용합니다.** 주변 사람들의
대화나 듣기 싫은 소리를 차단할 수 있죠.
- **시각화 명상하기.** 밝게 빛나는 황금알이 당신의 작업 공간을 에워
싸며 부정적인 기운을 물리친다고 상상하세요. 황금알 안에 있으
면 안전하게 보호받을 수 있습니다.

20. 환자의 감각에 전염되지 않는 법

초민감자가 치유자나 치료자로서의 사명을 추구하면서, 환자의 증
상을 흡수하지 않으려면 어떻게 해야 할까요? 아래의 방법을 참고
하면 내면의 중심을 잡고 맑은 정신을 유지할 수 있습니다. 헬스케
어 전문가라면 누구에게나 도움이 될 겁니다.

- **마음가짐을 바꿔라.** 순교자가 되려 하지 마세요. 당신의 역할은 환
자에게 길을 안내하는 것이지 그들의 고통을 공유하거나 제거하
는 일이 아닙니다. 이렇게 태도를 분명히 하면, 더욱 즐겁게 일하
면서 좋은 결과를 낼 수 있습니다.

- **당신과 환자가 명백히 다른 점을 세 가지 찾아보라.** 치료가 끝난 후 환자의 감정이나 고통으로부터 거리를 두기 위한 논리적인 방법이 있습니다. 당신과 환자의 뚜렷한 차이점 세 가지에 집중하는 겁니다. 예를 들어, 나는 여자고, 저 사람은 남자다. 저 사람은 우울하지만 나는 그렇지 않다. 나는 비건이지만 저 사람은 고기를 먹는다. 이렇게 경계선을 그으면 둘 사이가 확실하게 구분돼서, 불필요한 에너지 흡수를 막을 수 있습니다.

- **남을 고치려 하지 마라.** 사람은 자기 스스로 치유해야만 합니다. 치유 과정의 조력자가 돼줄 수는 있지만, 고통에서 벗어나려면 반드시 스스로 변해야 하죠.

- **공의존에 빠지지 않게 주의하라.** 다른 사람의 상태 개선에 지나친 책임감을 느끼지 않도록 합니다. 환자는 당신이 아닌 자기만의 속도로 변합니다. 물론 감정 문제로 정체돼 있거나 퇴보하는 환자에게 마음이 쓰이는 건 당연합니다. 최대한 조언을 해주되, 성장이 더디거나 장애를 극복하지 못한다고 자책할 필요는 없습니다.

- **자신의 문제를 해결하라.** 우리는 스스로 풀지 못한 문제와 연관된 에너지를 더 잘 흡수합니다. 어떤 환자들이 내 감정의 버튼을 누르는지 주의 깊게 살펴보세요. 그리고 "이 사람이 내 안의 해결되지 않은 문제를 거울처럼 비춰주고 있나?"라고 자문해 봅니다. 자신만의 트리거를 알아내세요. 우울한가요? 버려질까 두려운가요? 거절당할까 두려운가요? 건강이 염려되나요? 친밀감 때문인가요? 자기 안의 트리거와 문제를 치유하는 데 집중하세요. 그러면 예전처럼 남들에게서 이런 에너지를 흡수하는 일이 줄어들 겁니

다. 동료들끼리 서로 감독해주는 그룹을 만들어 자신의 사례를 밝히고, 감정의 트리거에 관해 토론하는 것도 도움이 됩니다. 개인적으로 심리치료를 받아도 좋고요.

21. 엄마들을 위한 명상 : 자기 안의 여신을 느끼기

산모를 비롯한 엄마들이 매일 이 명상을 하면 엔도르핀의 효과로 인해 영적, 정서적, 육체적으로 안정을 찾을 수 있습니다. 또한 긍정적인 에너지 방울이 생겨나 당신을 지켜줄 겁니다.

5분간 천천히 심호흡하세요. 가슴에 손을 얹은 상태로 엄마가 된 자기 자신에게 넘치는 사랑과 감사를 보냅니다. 부모가 된 축복과 은혜, 따뜻함, 아이와의 연결을 느껴보세요. 모든 어머니는 창조의 여신입니다. 자녀를 기르는 건 심오한 사랑의 행위죠. 자기 안에 있는 모성의 여신이 지닌 힘을 느껴보세요. 이 여신은 당신의 일부입니다. 당신은 그녀를 통해 대지와 자연의 모든 주기에 매우 신비로운 방식으로 연결돼 있죠. 고대에는 여러 문화권에서 모성의 여신을 숭배했습니다. 당신 안에 있는 여신의 원시적인 힘을 느끼며 찬양해 보세요.

22. 스트레스 다이얼을 낮은 숫자로 돌리기

초민감자인 아이가 과부하를 느낄 때마다 다음의 시각화 훈련을 통해 마음을 가라앉히고, 스트레스 사이클을 끊을 수 있게 하세요. 이 방법은 집이나 학교에서는 물론이고 친구들과 놀 때도 시행할 수 있습니다. 민감한 아이들을 위한 기본 도구라고 할 수 있죠.

아이가 과잉 자극을 느낄 때 이렇게 말해주세요. "네 앞 탁자에 커다란 다이얼이 있다고 상상해 봐. 거기에 보면 숫자가 차례대로 쓰여 있는데, 제일 왼쪽이 10이고, 제일 오른쪽이 0이야. 지금은 숫자 10에 맞춰져 있어. 이제 네가 10부터 천천히 회전판을 돌리는 거야. 시계방향으로 돌리면 숫자가 점점 작아져. '10, 9, 8, 7, 6, 5, 4, 3, 2, 1' 다음에 0이 올 거야. 이렇게 다이얼을 돌리면서 네가 점점 더 편안해진다고 생각해 봐. 스트레스랑 불안감이 서서히 줄어드는 거야. 그러다가 0이 되면 아주 평온하고 행복해지지."
자녀가 아직 어려서 회전판을 상상하기 힘들다면, 부모가 그림으로 그려서 스트레스 수준이 어디쯤인지 짚어보라고 하세요. 그런 다음 0이 될 때까지 천천히 숫자를 셉니다.

23. 재규어 명상법

중간에 방해받지 않을 조용한 장소를 찾으세요. 편안한 자세로 앉습니다. 심호흡을 하며 내면의 중심을 잡고 스트레스를 내보냅니다.
이렇게 평온한 상태로 가슴 깊은 곳에서부터 재규어의 영혼을 불러 나를 지켜달라고 부탁하세요. 재규어의 존재가 나타나는 걸 느껴 보세요. 우아하고 강력한 존재가 당신의 에너지장 주변을 돌며 그것을 둘러싸는 모습을 상상하세요. 침입자나 부정적인 힘이 다가오지 못하도록 당신을 지켜주는 겁니다. 재규어의 생김새를 머릿속으로 그려보세요. 아름답고 강렬한 눈은 사랑을 머금고 있으며, 미끈한 몸은 기품 있고 단호하게 움직이죠. 재규어가 보호해주는 원 안에서 당신은 안전하다는 확신을 가지세요.

명상을 마치며 마음속으로 재규어에게 고마움을 표하세요. 필요할 때는 언제든지 다시 부탁할 수 있다고 생각하세요. 마음이 든든해질 겁니다. 이제 천천히 부드럽게 눈을 뜹니다. 현재의 시간과 공간으로 돌아와 적응하세요. 자신의 몸으로 완전히 복귀한 다음, 주변 환경을 주의 깊게 의식하며 거기에 맞춰 가세요.

재규어 명상법 외에 자신과 잘 맞고 부정적인 에너지로부터 보호해주는 다른 동물을 불러 비슷한 명상을 시험해 봐도 좋습니다.

24. 직관의 과부하로부터 자신을 지키는 법

직관적 초민감자는 일차원 세계 너머를 탐험하는 신비를 맛볼 수 있습니다. 하지만 이렇게 많은 정보가 한꺼번에 유입될 때 압도되지 않는 게 중요합니다. 그라운딩과 중심 잡기를 생활화하고 겸손한 마음을 유지하면, 자신의 재능을 모두를 위해 더욱 잘 사용할 수 있을 겁니다.

- **내면의 목소리와 대화하라.** 잠시 쉬면서 나에게 더 편한 리듬을 찾고 싶다면, 내면의 목소리에게 속도를 늦춰달라고 부탁하세요. 직감은 그냥 생겨나는 게 아닙니다. 적극적이고 의식적으로 직관과

의 연결 상태를 발전시켜야 합니다.

- **목격자의 시선을 키워라.** 직관에 연결될 때는 중립적인 상태를 유지하세요. 많은 경우에 초민감자의 역할은 단순히 목격자가 되는 것입니다. 고대 예언자들은 이런 신성한 의무를 잘 이해하고 있었죠. 혼자서 이런 질문을 하실지도 모르겠습니다. "내가 왜 죽음이나 질병, 다른 고통스러운 상황을 느껴야 하지? 내가 막을 수도 없는데 이런 걸 봐서 뭐해." 하지만 목격하는 행위 자체가 밝은 빛이 되어준다는 사실을 명심하세요. 문제에 개입하는 건 당신이 할 일이 아니고, 개입한다고 해결할 수도 없습니다. 대신 그런 상황에서 사람들에게 등불을 비추고 축복해줄 수는 있죠. 이렇게 거룩한 행위를 통해 다른 사람들을 기적적으로 도울 수 있습니다.

- **당신은 다른 사람의 운명에 책임이 없다.** 인간은 누구나 스스로 길을 걸어갈 존엄성이 있다는 사실을 끊임없이 상기하세요. 그러면 직관적으로 얻은 정보에 불필요한 책임감을 느끼는 일을 피할 수 있습니다.

- **빛을 떠올려라.** 하얗고 신성한 빛이 당신의 정수리로 쏟아져 들어오는 동시에, 어둠이 발밑으로 흘러 나가는 모습을 상상하세요. 이런 식으로 당신 몸속에 긍정적인 에너지가 돌고 해로운 에너지가 배출되면, 위압감을 느끼는 일이 줄어들 겁니다.

공동체 만들기

The Empath's Survival Guide

나만의 초민감자 지지그룹 구성하기

초민감자는 자신을 '알아봐 주는' 민감하고 다정한 사람들에게 둘러싸여 있을 때 더욱 성장합니다. 비슷한 사람들끼리 공동체를 만들면 생존과 번영에 도움이 되죠. 구성 인원이 소수이든 아니든, 서로 지지해주는 모임 안에 있으면 개개인의 민감성이 자라나고, 힘든 시기에 서로에게 희망을 주며, 안전하게 마음을 열어 더 큰 기쁨을 경험할 수 있습니다.

초민감자 지지그룹 구성을 위한 가이드라인

- 멤버십: 구성원이 초대한 사람만 받을 것인지 참여를 원하는 모든 사람에게 문을 열어둘 것인지 정하세요.
- 장소: 누군가의 집이나 조용한 건물의 회의실, 공원의 한적한 구역에서 모이는 것이 가장 좋습니다.
- 모임 시간과 간격: 구성원들이 가장 원하는 방식을 조사하세요.

예를 들어 매주, 격주, 매달 60~90분 등으로 하면 됩니다.

- 모임의 규모: 최소 2명부터 50명, 혹은 그 이상이 될 수도 있습니다. 어느 정도 선으로 제한하고 싶은지 정하세요.
- 짧은 사명문 만들기: 모임의 목적은 신세 한탄이 아니라 초민감자로서 겪는 문제의 해결이라는 사실을 명확히 밝힙니다.

모임 형식 제안

- **1안**
  - 구성원 중 자원자 한 명을 리더로 삼고 임기는 1~6개월로 한다.
  - 리더는 매번 모임 전에 그룹 안이나 밖에서 발표자를 한 명 정해, 민감한 사람으로 살면서 겪은 문제와 해결 경험을 나눠주도록 부탁한다.
  - 리더가 구성원들을 맞이하고 모임에 앞서 사명문을 읽는다.
  - 2분간 그룹 명상을 하거나 조용히 긴장을 풀어 모임에 온전히 집중할 수 있는 시간을 보낸다.
  - 발표자가 『나는 초민감자입니다』에서 세 페이지를 골라 읽는다. 그런 다음 10분간 자신이 제시한 주제를 두고 이야기한다.
  - 이제 구성원 모두가 그 주제를 토론한다. 각자의 의견을 내놓는 시간은 한 명당 3~5분으로 제한하고, 언쟁이 오가지 않게 한다.
  - 이야기가 모두 끝나면 책에 나온 훈련 혹은 명상을 5분간 실시한다.
  - 모임을 마치며 리더는 구성원 한 명에게 책에서 가장 좋아하는

초민감자 선언을 읽게 한다.

● **2안**

초민감자 스터디그룹을 만든다. 구성원들은 매번 모임 전에 『나는 초민감자입니다』의 같은 장을 읽는다. 그리고 모임 때 만나서 공부한 내용으로 토론한다.

감사의 말

새 책의 집필 과정을 도우며 초민감자인 저의 민감성을 지지해주신 다음과 같은 분들께 감사의 마음을 전합니다. 훌륭한 출판 에이전트이자 저의 대변인인 리처드 파인. 능력과 인내와 헌신의 상징인 편집자 수전 골런트. 제 구원의 여신이자 어시스턴트이고, 얘기를 들어주는 친구이자 치유자이기도 한 론다 브라이언트. 사랑하는 파트너이자 동지, 저의 짝꿍인 코리 폴섬. 친구이자 저를 비춰주는 거울로, 제가 더욱 깊이 사랑하고 성장하도록 도와주는 베레니스 글래스, 친구이자 동료 작가인 로린 로슈와 카밀 모린(셋이 함께 놀거나 바닷가를 거닐며 우정을 나누는 시간을 제가 얼마나 사랑하는지 모릅니다).

수고해주신 사운즈트루의 멋진 팀원들(타미 사이먼, 헤이븐 아이버슨, 제니퍼 브라운, 미첼 클루트, 웬디 가드너, 키라 로크, 세라 고레츠키, 크리스틴 데이, 그레첸 고든)께도 진심으로 감사합니다.

또한, 제게 영감을 주고 개인적인 이야기를 공개해서 이 책의 탄생에 기여해주신 다음의 분들께 고개 숙여 감사드립니다. 론 알렉산더, 마고 아난드, 바바라 베어드, 짐 벤슨, 바바라 비지우, 앤 벅, 로리 수 브룩웨이, 람 다스, 릴리와 데이비드 둘란, 펠리스 듀나스, 피터 어스킨, 수전 폭슬리, 빅터 펄먼, 패멀라 캐플런, 로라 그린버그, 샌드라 잉거먼, 레지 조던, 미뇬 매카시, 딘 올로프, 맥신 올로프, 메그 맥러플린-윙, 캐시 루이스, 리즈 올슨, 리처드 메츠너 박사, 샬럿 레즈닉, 알 샌즈, 랍비 돈 싱어, 렁 탄, 조시 투버, 메리 윌리엄스.

내담자와 워크숍 참석자들에게 많은 것을 배우며 큰 빚을 졌습니다. 프라이버시 보호를 위해 이름과 인적 사항은 사실과 다르게 바꿨습니다. 6천여 명에 달하는 페이스북 그룹 '초민감자 지지 커뮤니티(Empath Support Community)' 멤버들께도 감사 인사를 드립니다. 초민감자인 자기 자신을 용감하게 받아들이고, 민감성을 발휘해 자신의 삶과 온 세계를 위해 선한 일을 해 나가는 분들이죠.

참고 도서

일레인 아론, 『민감한 사람들의 유쾌한 생존법』, 더난출판사, 2003.

일레인 아론, 『타인보다 민감한 사람의 사랑』, 웅진지식하우스, 2019.

일레인 아론, 『까다롭고 예민한 내 아이, 어떻게 키울까』, 이마고, 2011.

멜로디 비티, 『공동의존자 더 이상은 없다: 타인에게 흔들리지 않고 자신을 돌보는 법』, 학지사, 2013.

Borba, Michele. *Unselfie: Why Empathetic Kids Succeed in Our All-About-Me World*. New York: Touchstone, 2016

Bradshaw, John. *Healing the Shame That Binds You*. Deerfield Beach, FL: Health Communications, 1988

수전 케인, 『콰이어트: 시끄러운 세상에서 조용히 세상을 움직이는 힘』, 알에이치코리아, 2012.

Chödrön, Pema. *When Things Fall Apart: Heart Advice for Difficult Times*. Boulder, CO: Shambhala Press, 1996.

Eden, Donna and David Feinstein. *Energy Medicine: Balancing Your Body's Energies for Optimal Health, Joy and Vitality*. The Penguin Group, 2008.

Naparstek, Belleruth. *Your Sixth Sense: Unlocking the Power of Your Intuition*. San Francisco: Harper One, 1997

Ram Dass. *Be Here Now*. New York: Crown Publishing Group, 1971.

샤론 살스버그, 『붓다의 러브레터』, 정신세계사, 2005.

에르하르트 톨레, 『지금 이 순간을 살아라』, 양문, 2008.

조 비테일, 이하레아카라 휴 렌, 『호오포노포노의 비밀: 부와 건강, 평화를 부르는 하와이인들의 지혜』, 판미동, 2011.

Zeff, Ted. *The Strong, Sensitive Boy*. San Ramon, CA: Prana Publishing, 2010.

나는 초민감자입니다

초판 1쇄 발행 2019년 8월 20일
초판 6쇄 발행 2024년 11월 15일

지은이 주디스 올로프
옮긴이 최지원

발행인 정상우
편집인 주정림
디자인 오필민 디자인
펴낸곳 (주)라이팅하우스
출판신고 제2022-000174호(2012년 5월 23일)
주소 경기도 고양시 덕양구 으뜸로 110, 오피스동 1401호
주문전화 070-7542-8070 팩스 0505-116-8965
이메일 book@writinghouse.co.kr
홈페이지 www.writinghouse.co.kr